复杂装备研制质量风险传导分析：方法与应用

杨　敏　周晟瀚　魏法杰　常文兵　著

科 学 出 版 社

北 京

内 容 简 介

质量风险是指由于质量问题影响装备研制的进度、性能、费用、安全等目标实现的风险事件。本书首先分析复杂装备研制过程中的主要质量风险因素以及常用分析方法的优缺点，介绍如何利用技术成熟模型度量化分析影响质量的技术风险，如何利用因果贝叶斯网络、基于模糊相关的方法和蒙特卡罗仿真构建风险传导分析模型并应用于复杂装备研制质量风险传导分析。其次对风险传导分析中专家概率判断的抽取与集成方法进行专门分析，以便更好地使用这些模型和方法。最后提供一个复杂装备研制过程中的真实案例，展示这些传导分析和控制方法的应用及效果。

本书是面向实际应用的学术专著，可供复杂系统开发中风险传导分析的研究者和装备研制风险管理的实践者，以及工程风险管理相关专业的研究生和高年级本科生参考。

图书在版编目（CIP）数据

复杂装备研制质量风险传导分析：方法与应用 / 杨敏等著. —北京：科学出版社，2018.2

　ISBN 978-7-03-055015-6

　Ⅰ. ①复… Ⅱ. ①杨… Ⅲ. ①军事装备-研制-质量管理-中国 Ⅳ. ①E242

　中国版本图书馆 CIP 数据核字（2017）第 264141 号

责任编辑：王丹妮／责任校对：王晓茜
责任印制：吴兆东／封面设计：无极书装

科 学 出 版 社 出版
北京东黄城根北街 16 号
邮政编码：100717
http://www.sciencep.com

北京教园印刷有限公司印刷
科学出版社发行　各地新华书店经销

*

2018 年 2 月第 一 版　开本：720 × 1000　1/16
2018 年 2 月第一次印刷　印张：13
字数：262 000

定价：88.00 元
（如有印装质量问题，我社负责调换）

前　　言

质量风险是指由于质量问题影响装备研制的进度、性能、费用等目标实现的风险事件。随着质量风险因素在复杂装备研制体系内的多向传导,风险可能被放大甚至被激化,从而严重影响装备研制工作,形成不可接受的质量风险。近年来,我军武器装备更新换代步伐加快,研制生产强度大幅提高,由此带来的质量风险更高、更难控制,质量保证难度更大,对质量风险传导的分析和控制成为一个紧迫且重要的问题。

本书是对复杂装备研制过程中质量风险传导分析研究和应用的一个系统总结,全书分为8章,第1章绪论,简要介绍风险传导的基本概念和相关理论、复杂装备研制中的质量风险及传导分析的常用方法;第2章介绍目前大型复杂装备研制的特点和质量风险识别与分析的主要方法,给出某型无人机研制中主要风险因素的分析案例;第3章介绍基于技术成熟度的质量风险量化评估方法和发动机设计风险评价案例;第4章介绍基于因果贝叶斯网络的质量风险传导建模与分析方法,并给出一个在某型空面导弹大型地面试验的应用案例;第5章介绍基于云模型的TOPSIS(techniques for order preference by similarity to ideal solution)、影响图等风险量化分析方法,利用这些方法对复杂装备研制的概念设计和初步设计阶段的风险进行建模评估;第6章介绍基于蒙特卡罗仿真的风险传导分析方法,给出供应商延迟交付风险传导的仿真分析案例;第7章介绍质量风险传导分析中的专家判断抽取与集成的基本概念、常用的方法,提出一个基于贝叶斯网络融合的专家判断集成模型和相应应用案例;第8章介绍某型空面导弹大型地面试验中的质量风险传导分析与控制的案例。

本书是作者课题组全体成员的结果,除了作者,高春雨、郭文彧、郭亚兵、胡陈、雷景淞、李琛、李磊、李权葆、鲁雪峰、庞娇子、乔通、乔小朵、时倩、田爽、王凤天、杨林超、袁丹、苑晓鹏、张凡、张佳宁、张洁、张雪等参与了本书的研究与稿件整理、校对工作,作出了很多贡献。

作者衷心感谢中航工业防务科研一部无人机项目办公室、中航贵州飞机有限责任公司、中航工业江西洪都航空工业集团有限责任公司、中航工业洛阳电光设备研究所、北京航空航天大学无人驾驶飞行器设计研究所等单位对本书研究工作的大力支持和帮助。

感谢编辑李莉的耐心和专业的工作,让本书能以更好的面目展示给读者。

　　本书的研究获得了国家自然科学基金（编号：71271014、71332003、71501007）、国防技术基础科研项目（编号：JSJC2013601C023、Z132012A002、Z132014A001）和航空科学基金项目（编号：2014ZG51075、2017ZG51081）的资助，在此表示衷心的感谢。

　　本书借鉴、参考和引用了国内外许多学者的研究，在此一并表示感谢。书中难免存在不足之处，恳请读者批评指正。

作　者

2017 年 8 月

目　录

第1章 绪　　论

1.1　风险的定义与度量

1. 风险定义

风险广泛存在于现实生活的各个领域中，人们的背景和知识储备的不同，直接导致其对风险的认识与分析角度不同。在绝大多数风险分析中，通常考虑两方面的内容：风险发生可能性和风险发生后果[1-4]。然而在不同领域中侧重点不同，例如，金融领域一般用损失或收益的方差大小表示风险，侧重考虑出现损失的可能性大小；政府部门通常把可能导致重大社会动荡、重大人员伤亡的事件视为重大风险，侧重后果损失的严重程度；而在保险行业则同时考虑不确定性后果发生的可能性大小和损失的严重程度[5, 6]。

一般来说，风险是在特定环境和时间段内，实际结果相对于预期结果的不确定性，更一般地讲，风险是不确定性对目标的影响[7]，用函数形式可表示为

$$R = F(P, C) \tag{1.1}$$

其中，R 为风险；P 为发生概率；C 为偏离目标的后果。在复杂装备研制工程中，决策者更关注达不到预定目标的情况，即损失的大小[8]。本书中如无明确说明，风险后果就意味着风险损失。

2. 风险发生机制

根据风险的产生机理，风险因子诱发风险事件，同时风险事件爆发时不同的条件造成不同的风险损失后果。为了后面进行风险识别和风险传导建模研究，在这里有必要对风险因素、风险事件以及风险损失（后果）等术语进行分析。

（1）风险因素。风险因素是指产生或影响风险事件并造成相应后果的要素。按照可见性，风险因素可分为有形的和无形的两类。有形的风险因素通常表现为可见的，如不满足要求的产品、恶劣的天气等。无形的风险因素通常表现为认知因素，如个人道德因素产生的欺诈，无意识造成的不谨慎、疏漏等。

（2）风险事件。风险事件是指直接引起损失的随机事件。它具有损害性和不确定性，如汽车制动失灵、飞机被鸟击中、油料泄漏都属于风险事件，它们的发生对相关的人或物造成损害，并且事件具有不确定性，无法事先确定。

（3）风险损失。风险损失是风险事件产生的后果。在复杂装备研制过程中，

项目目标通常由性能、进度、费用、安全等组成，相应的风险表现为达不到这些目标的程度及对应的可能性[9, 10]。显然，风险因素是导致风险损失的内在原因，风险事件则是造成风险损失的外在表征，风险因素通过风险事件起作用[11]，其逻辑关系如图 1.1 所示。

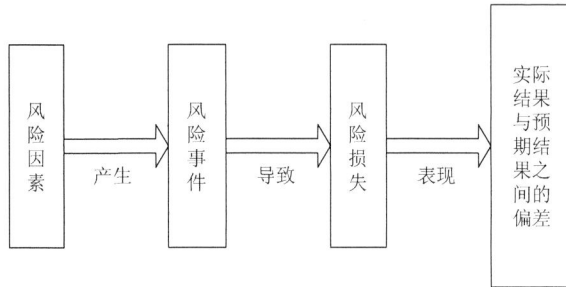

图 1.1　风险因素、风险事件与风险损失间的逻辑关系图

3. 风险的度量

由于对风险的定义不同，风险的度量也有不同的形式。其中应用较为广泛的主要有以下四种风险度量方式[5]。

（1）方差。设项目 A 的收益为 e，且 e 的概率密度函数为 $f(e)$，期望为 e^*，则方差 σ^2 为

$$\sigma^2 = \int_{-\infty}^{+\infty} (e-e^*)^2 f(e)\mathrm{d}e \qquad (1.2)$$

以方差为指标来衡量风险的大小时，方差越大则风险越大。

（2）自方差。当关注的重点为可能的损失时，可以用自方差 s^2 度量风险。ε 为预先设定的收益临界值，即收益小于 ε 的部分为风险：

$$s^2 = \int_{-\infty}^{\varepsilon} (e-\varepsilon)^2 f(e)\mathrm{d}e \qquad (1.3)$$

（3）临界概率。临界概率描述收益小于临界值 ε 的概率，其定义为

$$P(e<\varepsilon) = \int_{-\infty}^{\varepsilon} f(e)\mathrm{d}e \qquad (1.4)$$

（4）Fishburn 定义。这种定义结合了自方差和临界概率的定义[12]：

$$R(A) = \int_{-\infty}^{\varepsilon} (\varepsilon-e)^\lambda f(e)\mathrm{d}e \qquad (1.5)$$

当 $\lambda=2$ 时，式（1.5）就是自方差；当 $\lambda=0$ 时，式（1.5）为临界概率。

1.2 风险传导机理

1.2.1 多米诺骨牌理论和能量释放理论

风险传导的实质是将风险看成一个实体，风险之间的联系就是实体之间的影响，这种影响主要体现为一种因果关系，即一个风险会导致另外某个或某些风险发生。国内学者李存斌等将这种传导关系用数学定义为：对于目标风险 y，和初始风险 x_i 之间有某种对应关系 f，使得初始风险 x_i 满足 $y = f(x_i)$，则称 $x \rightarrow y$ 的变化过程为风险传导，对应关系 f 称为风险传导函数[13, 14]。

有多种理论可以表示这种传导机理，经典理论有多米诺骨牌理论和能量释放理论。

1. 多米诺骨牌理论

20 世纪 30 年代初，Heinrich 提出了多米诺骨牌理论。该理论指出风险的发生过程可分为五步[11]，如图 1.2 所示。

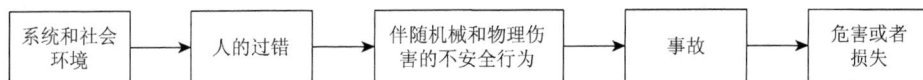

图 1.2 风险发生五步骤

多米诺骨牌理论的核心是通过去除关键步骤进行风险管理，如当多米诺骨牌开始坍塌时，抽取掉中间的一些牌就能阻止其之后的坍陷。该理论潜在假设风险事件逐一线性传导，最终结果是某一风险事件的必然后果[15]，因此很难解释风险因素和风险事件的复杂因果关系，也导致其在进行一些不规则风险因素量化建模时适用性较差。

2. 能量释放理论

能量释放理论由 Haddon 在 1966 年创立。该理论提出利用风险能量的概念来描述和分析疾病与灾难等的防控，并取得不错的效果。此后，Haddon 矩阵越来越广泛地应用于社会、医学和灾害防控等风险管理方面，取得了广泛的肯定。

该理论是一种定性风险分析方法，核心思想是通过分析风险发生前、发生时和发生后的环境，承受者及风险能量源的状态改变的情况，建立起 Haddon 矩阵，进而分析风险能量源与风险结果之间的关系，最后给出风险控制的相关建议[11, 15]。

能量释放理论认为当系统所接受的能量超过其承受范围时，风险便会发生，风险承受者因此遭受损失。该理论包括三个基本要素：风险环境 X、风险承受者 Y、风险能量源 E，它们的相互关系是 $X \rightarrow \begin{cases} Y \\ E \end{cases}$。在此对应关系描述中，$X$、$Y$ 和 E 的关系式只是定性分析的方式，没有定量分析的相关数学模型。

Haddon 矩阵是能量释放理论的主要工具，形式如表 1.1 所示。

表 1.1　Haddon 矩阵

事件所处阶段	事件发生前（Fore）	事件发生时（Cur）	事件发生后（After）
风险环境（X）	Fore-X	Cur-X	After-X
风险承受者（Y）	Fore-Y	Cur-Y	After-Y
风险能量源（E）	Fore-E	Cur-E	After-E

当只存在单个能量源时，考察 X、Y 和 E 在不同时期的特征。若 X 在各个时期的变化不大，认为 E 是直接影响 Y 的，而与 X 的关系不大，得出 E 和 Y 之间的关系；再进一步比较 Y 和 E 在不同时期的对应关系，则得出 E 影响 Y 的主要阶段（Fore||Cur||After）。若 X 在各个时期的变化较大，则认为 E 在影响 Y 时，存在改变 X 的现象，可以通过改变 X 的状态来限制 E 对 Y 的作用。

当存在多个能量源时，建立对应的多个 Haddon 矩阵，进行两两比较，比较能量源 A 和 B 作用下 X 和 Y 在不同时期的特征得出主能量源。在存在多个风险能量源对风险承受者产生影响时，就需要建立相应数量的 Haddon 矩阵，然后进行相互比较确定主要风险能量源，之后再按照上述方法进行风险控制。

能量释放理论的主要局限在于缺乏定量分析工具，不适合建立定量的风险分析模型，导致其结果可信度较差。

1.2.2　风险传导要素

1. 风险源

风险源是研究风险传导的出发点，后续风险之所以能产生是因为有风险源的存在，它本身也是风险，是影响目标实现的不确定性因素，主要包括系统内部或者外部环境的不确定性变化。

2. 风险产生者

风险产生者是研究传导的一个区域时的最初风险，而风险源是整个研究问题的最初风险。风险产生者可能是在先接收其他地方传导过来的风险之后，再将风险向其能影响的地方传导出去[16]。

3. 风险传导的载体

1）风险传导载体的内涵

在风险传导的过程中，由于事物的普遍联系，风险会依附于某些物体（载体），在风险网络中按照某种线路进行流动影响（可称为风险能量流）。因此，风险网络中那些承载或传导风险能量流的事物就是风险传导载体[11, 17]，如信息、技术、人才、材料、产品等，它们是风险传导载体内涵最突出的体现[16]。

2）风险传导载体的分类

风险传导载体可按照载体的形式和层次进行分类。

（1）根据载体的形式分类。按形式，风险传导载体分为显性传导载体和隐性传导载体，如图 1.3 所示。

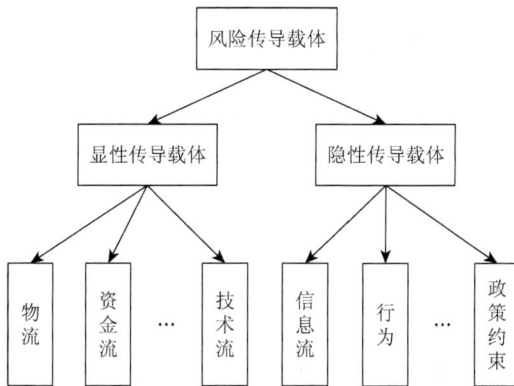

图 1.3 按传导载体的形式分类

（2）根据载体的层次分类。按层次，风险传导载体可分为微观和宏观两大类，主要按照载体所承载的风险源在系统内部还是外部而划分。微观传导载体是指对系统内部的风险进行传导的载体；而将外部环境中的风险传递给系统，并对系统的正常运营造成不利影响的载体称为宏观传导载体，如图 1.4 所示。

4. 风险流

风险传导具有流动性等形象特征，为了更好地描述系统风险的传导规律，可以将风险看作一种能量：能量越大，风险越大[18]。而风险能量存在于风险源当中，由于内外环境的影响，风险能量从风险源中迸发出来，通过风险载体的传导，向系统的各个节点不断蔓延，风险能量到达系统节点之后，与节点内部的风险能量

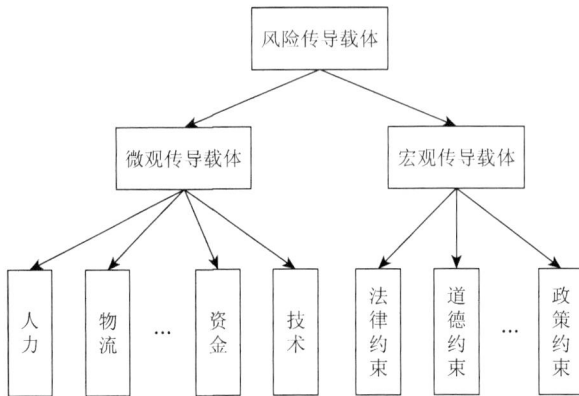

图 1.4　按传导载体的层次分类

汇合交融改变节点的状态，最终导致风险事件并引发相应的风险损失。这种风险能量又称为风险流。

5. 风险接受者

风险接受者与风险产生者对应，是风险传导后吸收的地方。如果没有它，风险传导就无从谈起，因为这时风险就没有了完整的流动链。

6. 风险阈值

风险阈值是指某一时刻风险接受者能承受风险的最大值。当风险接受者无法容纳这个风险时，风险便会溢出到与之相关的其他节点，在风险载体的承载下，在系统内部流动和蔓延，形成风险在系统中的动态流动的现象。

1.2.3　风险传导的基本结构

风险传导尽管路径复杂，但通常由若干基本传导结构组成，通过分析这些基本传导结构，可以构建复杂系统中的风险传导分析模型。

一般来说，风险传导存在四种基本结构，现实中的风险传导网络最终都可以通过这四种基本结构组合而成[13]。

1. 串行传导结构

串行传导结构是指风险的传导结构形成链式，风险是按照节点的先后顺序依次进行传导并进行影响的，如图 1.5 所示。

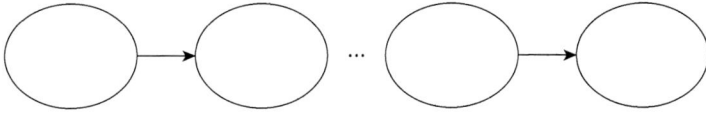

图 1.5　风险的串行传导结构

2. 并行传导结构

并行传导结构是指多个风险并行进行传递,而这些风险因素相互之间不影响,如图 1.6 所示。

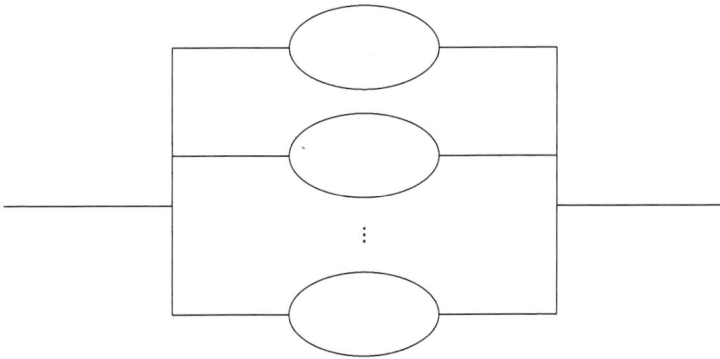

图 1.6　风险的并行传导结构

3. 与型传导结构

与型传导结构如图 1.7 所示。这种风险结构类型表示下层节点的所有风险必须同时传递给上层风险节点,同时对上层节点产生影响。

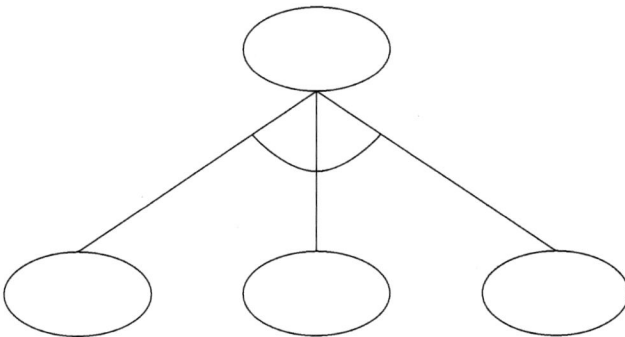

图 1.7　风险的与型传导结构

4. 或型传导结构

或型传导结构如图 1.8 所示。只要下层风险节点有一个风险发生，其风险就可以传递到上层的风险节点，而不用等下层其他风险节点风险的发生。

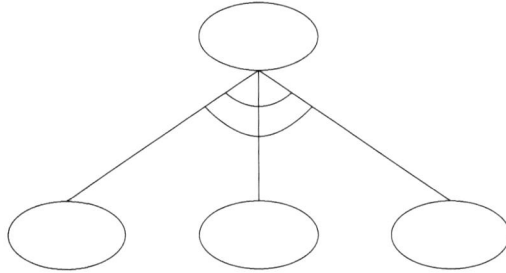

图 1.8　风险的或型传导结构

如果风险事件用一个随机变量刻画，以上四种基本结构可以简化为三种情况，分别是顺连关系、分连关系和汇连关系，风险事件间传导关系可用若干条件概率分布来描述，整个风险传导网络就可以用一个因果贝叶斯网络来表达，具体情况参见第 4 章。

1.3　复杂装备研制中的质量风险及风险传导分析

1.3.1　复杂装备研制中的质量风险及传导

质量风险是由于技术因素而造成质量问题，从而影响装备研制的进度、性能、费用、安全等目标的实现的风险事件。质量风险涉及初步设计、详细设计、制造、部装、总装、测试、试验试飞等研制阶段，包括设计方法、工艺方法、主要设施设备、关键原材料、关键元器件、关键加工技术、装配技术、测试试验技术、技术环境，以及技术人员结构等多个方面。复杂装备，如飞机、舰船、运载火箭等，其研制具有周期长、投资大、技术风险高、参研单位广、产业链长、多系统集成、多家单位协作、产业附加值高、影响因素多等特点，研制过程所需的原材料、零部件的提供以及子系统的研制涉及数量众多的供应厂商和大量的活动，存在大量质量风险因素[9, 10]。

复杂装备研制过程涉及的零部件与技术参数要达到 10^7 量级，所需的通信、导航、控制等设备的提供要涉及几十到几百家供应商，构成了一个结构复杂的装备研制体系，这为质量风险的传导提供了可能[19, 20]。质量风险在研制体系各个方向上传导的广泛性体现在以下两个方面：一方面，由于参研主体众多，项目管理过程复杂，不同管理计划之间可能相互脱节，各种不确定因素广泛存在，而围绕研发目标建立的供应网络具有临时性，也就是说供求主体之间客观存在着对抗性的短期合作博弈关系，这种关系会导致独立主体可能利用信息优势借助供应渠道来进行风险的规避与转移，从而激发了风险因素在项目型供应链内部的传导，而研制体系外部的各种环境、政治因素也会向内部传导风险；另一方面，由于复杂装备研制要运用大量的新技术、新工艺、新材料等，这会导致进度、费用、性能风险在供应链上的传导与放大，而相应的检测试验手段可能存在滞后性，不能及时发现其性能可靠性方面存在的潜在风险因素，这种潜在风险也很可能会沿着供应链传导、放大。

近年来，我国装备建设得到了充分重视，装备建设投入不断增大，新型尖端装备系统经历了跨越式发展。随着我国装备性能的提高、系统规模的扩大，对经济可承受性和进度的要求也更加苛刻，装备研制项目中的风险传导问题也逐渐凸显出来。典型的情况是我国自行研制的某型地空导弹系统，历时近 20 年，耗资数十亿元，由国内数百家科研院所和企业共同参与。在该系统研制过程中，技术、工艺、材料等质量风险因素造成的性能、进度和费用风险在研制单位中不断传导、扩散和放大，最终导致装备的性能指标不断降低，多次追加经费和延长进度，极大地影响了装备定型和战斗力的形成。

随着质量风险在研制体系内的多向传导，在特定情况下，风险可能被放大甚至被激化，进而更严重地影响装备研制工作的质量，形成不可接受的质量风险。近年来，我军武器装备更新换代步伐加快，研制生产强度大幅提高，由此带来的质量风险更高、更难控制，质量保证难度更大。同时，在复杂的研制体系中，各种交叉进行的工作更容易引起质量风险的传导、扩散和放大。因此有必要研究复杂装备研制质量风险传导机理、传导形式，构建风险传导量化分析模型，探索相应的控制技术，采取有效的技术和管理措施，规避或降低质量风险，全面提升质量风险的管控能力。

1.3.2 风险传导分析的常见工具与方法

1. 云模型

由于在装备质量风险传导建模过程中，风险因子节点风险量的大小、风险之间的耦合程度的大小等都需要专家的定性分析和历史数据等来进行定性

的判断。如何将这些定性的语言定量化，一直是一个难题。云模型作为定性
与定量转化的工具，能够将专家的定性语言值描述与科学的定量计算结合起
来，将语言值表达的定性信息转化为定量数据的范围及其分布规律，或把精
确数值有效转换为恰当的定性语言值进行分析。模糊集理论主要使用隶属度
来表示模糊事物的主要性质——亦此亦彼性。在这个过程中，隶属函数是模
糊集合的主要部分，也是最难明确的部分。传统模糊集理论的不彻底性是使
用精确的隶属函数来表达模糊集造成的，为解决这个问题，有研究者提出了
云模型。

云模型主要反映了人类认识或者实物概念中的两种不确定性：模糊性（边界
亦此亦彼性）、随机性（发生概率），构建定性与定量之间的相互映射关系，从而
将两者完全集成起来，云模型中将上述特性进行描述的工具就是云[21, 22]。

云模型以自然语言中的基本语言为切入点，将定性概念通过数学运算转
换为一个个定量化表述的数值，更形象地说是将其转换成论域中的一个个点。
转换的过程带有随机性和偶然性。每一个离散点都代表一个随机事件，类似
于概率分布函数的表述。模糊性可通过云滴的确定度来反映，作为一个随机
值，模糊性也可以采用概率分布函数进行描述。由此可见，云模型是云精确
数值与定性语言之间的一个有效的转换工具，因此可用于质量风险传导的量
化度量。

第 5 章展示如何利用云模型解决风险分析中的语义刻画问题。

2. 因果贝叶斯网络

贝叶斯网络（Bayesian network，BN）是一种概率图模型，由 Pearl[23] 首先提
出。当贝叶斯网络中的有向边表示的是因果关系时，该贝叶斯网络成为因果贝叶
斯网络（causal Bayesian network，CBN）[24]。

因果贝叶斯网络 $\mathcal{B}$ 的有向无环图 $\mathcal{G}$ 中的节点表示论域中的随机变量 $\{X_1,$
$X_2,\cdots,X_n\}$，它们可以是可观察到的变量，或隐变量、未知参数等。存在因果关
系（或非条件独立）的变量或命题则用箭头来连接。若两个节点间以一个单向箭
头连接在一起，则表示其中一个是父节点，另一个是子节点，两节点间存在一个
条件概率值。令 $\mathrm{Pa}_{X_i}^{\mathcal{G}}$ 表示 X_i 在 $\mathcal{G}$ 中的父节点，$\mathrm{NonDescendants}_{X_i}$ 表示 X_i 在图中的
非后代节点变量，则有如下局部独立性。

对于每个变量 X_i：$X_i \perp \mathrm{NonDescendants}_{X_i} | \mathrm{Pa}_{X_i}^{\mathcal{G}}$。

换句话说，局部独立性表明，在给定父节点条件下，每个节点 X_i 与其非后代
节点条件独立，这大大简化了贝叶斯网络的分析。

图 1.9 展示了一个简单的贝叶斯网络。

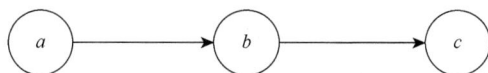

图 1.9 贝叶斯网络示例

节点 c 的条件概率分布 $p_c = p(c \mid a,b) = p(c \mid b)$ ，相应地，联合概率分布如下：

$$p(a,b,c) = p(a)p(b \mid a)p(c \mid b) \tag{1.6}$$

一般地，因果贝叶斯网络中变量的联合分布满足 $P(X_1, X_2, \cdots, X_n) = \prod_{i=1}^{n} P(X_i \mid$

$\mathrm{Pa}_{X_i}^{\mathcal{G}})$ 。这个等式又称为贝叶斯网的链式法则。单个因子 $\prod_{i=1}^{n} P(X_i \mid \mathrm{Pa}_{X_i}^{\mathcal{G}})$ 称为条件

概率分布（conditional probability distribution，CPD）或局部概率模型。

因果贝叶斯网络是一种概率模型，通过历史数据或/和专家判断得出风险之间影响或者说传导的量化关系，是有效控制风险的基础。

第 4 章将展示如何利用因果贝叶斯网络对质量风险传导过程进行建模和分析。

3. 影响图

影响图由 Howard 和 Matheson 在 1981 年开发[25, 26]，是贝叶斯决策理论与图论结合的产物，是决策树方法的延伸，也是贝叶斯网络的泛化[27]。

影响图作为建模工具，有如下特点：①一种依据概率表征影响的不确定性的模型；②能够很好地表示出影响要素之间或者影响要素与影响对象之间的关系；③调整方便，可以在不改变其他部位结构的情况下根据实际情况对相应部位进行删除或者增加影响节点的操作；④影响图拓扑层的构建能够很好地综合专家意见和历史数据，同时数据层数据的选择弹性很大[28]。

在分析复杂装备研制质量风险传导时，影响图具有以下优势：①装备研制过程中的决策节点、风险因子节点与损失节点正好对应影响图的三类节点，即决策节点、机会节点与价值节点；②影响图从拓扑层、函数层、数据层三个层次对所描述系统进行分析，拓扑层展示系统的直观结构，函数层揭示系统中各节点精确的函数关系结构，而数据层则从操作层面对具体系统进行定量的阐述。质量风险节点间的关系和风险的传导路径正好可以对应影响图的拓扑层[29, 30]。

第 5 章将展示如何利用影响图分析风险传导及决策问题。

4. 仿真

仿真是对复杂系统动态行为分析的有力工具，当系统元素众多、关系复杂时，风险传导的数学模型要么难建立，要么难分析，此时仿真成为首选工具[31]。

蒙特卡罗仿真是其中主要的方法。它是一种通过构造概率模型并对其进行随

机试验来解算数学问题的方法，其原理是：建立所研究的系统的概率模型，采用某种特定方法产生随机数和随机变量，仿真随机事件，对结果进行统计处理，从而得到问题的解。

　　蒙特卡罗仿真的实质是利用服从某种分布的随机数来模拟现实系统中可能出现的随机现象。由于每次模拟试验只能描述所观察系统可能出现的一次情况，在进行大量次数的模拟试验后，根据概率论的中心极限定理和大数定理，即可得出有价值的统计结论。

　　在复杂装备研制过程中，可以对装备质量形成过程建立概率模型，利用蒙特卡罗仿真模拟风险传导过程，可以容纳更多的复杂装备研制要素，其结果可与其他理论工具得到的结果进行交叉验证，提高分析的可信度[32, 33]。第 6 章将介绍如何利用蒙特卡罗仿真解决某型装备研制中供应商风险传导问题。

第2章　复杂装备研制质量风险因素识别

2.1　复杂装备研制的主要工作和挑战

复杂装备是指客户需求复杂、产品组成复杂、技术新颖、制造过程复杂、项目管理复杂的一类装备，如大型航空器、航天器、大型舰船、航空发动机等。复杂装备研制主要是进行装备的研究、设计以及试制的工作，期间通常会面临以下风险：外部环境不确定、研制复杂、技术不成熟、研制人员能力限制、研制管理不科学等，上述因素都可能导致研制失败。目前，复杂装备研制过程中存在的突出挑战如下。

（1）现代装备研制风险程度提高。随着高新技术的广泛应用，信息化作战平台、精确化制导武器和一大批新概念武器相继出现，构成了信息化的新型装备体系，这将使装备的作战效能发生质变，这种质变的背后是装备研制的质变，它增加了装备研制的复杂性和风险。从立项、装备的战技指标的确定、设计和开发、采购到生产和服务过程中，技术、进度、费用、安全等方面存在大量风险。

（2）质量风险管理手段落后，风险防范意识缺乏。主要表现在：第一，风险防范意识缺乏，不主动、积极地规避风险；第二，存在一定的侥幸心理，不重视管理和控制风险；第三，全员质量意识偏弱；第四，质量风险管理行为偏差。

（3）缺乏科学、系统、合理的质量风险监管体系。首先，组织管理体制不够健全，没有充分有效地建立质量风险控制监督组织机构；其次，质量风险流程缺乏统一的标准和机制。

（4）质量风险控制监督的技术手段落后、人员素质不高。首先，风险分析方法落后、单一，做不到全面、系统地识别风险因素，并以此评估风险等级；其次，质量风险控制监督工作缺乏有经验的管理人员；最后，目前在装备研制过程中仅在个别阶段开展质量风险控制工作，无法对风险的动态变化进行有效应对。

（5）装备质量需求与现阶段能力不匹配。使用方对装备质量需求高于设计制造能力导致需求难以满足，增加装备质量风险。承制单位的预研论证不充分、设计上存在缺陷和工艺基础不配套，导致承制单位的实现能力不足。

（6）承制单位的设计计划不完善。在装备开始研制之前，承制单位没有根据使用方的产品性能等要求及自身的特点制订一个相应的研制计划，导致研制的盲目性。

（7）研制试验的基础设施和检测手段落后。主要是我国复杂装备研制起步晚、基础差、研制经费不足等，使得复杂装备研制试验的基础设施和检测鉴定手段还不够完善，影响和制约复杂装备研制技术水平的提高，导致许多风险隐患。

（8）质量风险控制监督人才能力不足。其主要表现在：全体人员对装备的质量风险认识的态度和程度不够、质量管理和监控人员的能力与要求不符、人员队伍人才流失严重和培训不足导致人员素质难以提升。

（9）装备生产能力不足。有些装备科研机构具有一定的科研能力，即可以按照设计要求不断进行研发、改进，但是研发出来的产品还应该由专门的生产部门生产，但往往一些科研机构没有足够的生产能力，需要借助其他生产单位进行生产，而且生产过程又往往不受科研机构控制，这样也可能导致设计产品与生产产品不一致的风险。

（10）研发项目预算不充分。研发项目的花费成本没有一个准确的数额，而研发是关注未来的项目，成本费用预算的不确定性，可能导致成本上升的风险。

（11）草率签订研发合同。合同是最终确定双方合作关系的具有法律效力的文件，有些承制单位不愿花费过多精力在合同签订上，往往依照标准合同文本草率签订。在实际研发过程中会发生很多不确定情况，而这些不确定情况如果没有在合同中加以说明，双方的责任和权利问题就会出现混乱。

以上种种挑战都会对复杂装备质量风险产生影响，有些直接与质量风险相关，因此识别这些风险因素就是复杂装备质量风险传导的必要前提。

2.2　复杂装备研制质量风险因素识别的主要方法

本节介绍复杂装备研制质量风险因素识别及分析的主要方法。这些方法大多是通用的、在实际工作中得到验证的方法[34]，实际应用时，需要根据任务特征和时间、经费等约束条件选择合适的方法[35]。

2.2.1　信息收集法

1. 专家会议法

按照一定的标准或公认的准则挑选一定数目的专家，遵照特定的方法、形式组织上述专家参与会议，解决的问题有如下几种：对未来不确定性事件作出预测；评价与分析当前新出现的、复杂的、难以理解的现象；提供现象背后的逻辑。这种模式发挥了专家群体的指挥，又称为专家会议法。值得注意的是，头脑风暴法（brain storming）就属于专家会议法的应用实例。

专家会议法促进与会专家交流、学习，相互启迪，完善个人的想法、意见；同时组内与组外时时刻刻发生着信息的传递与反馈，每个专家不断更新数据、信息来源，这种形式对与会专家产生一定程度的鞭策与鼓励，使专家产生思维共鸣，这样，不论任务内容是什么、所处情境如何，专家都能高效地聚焦于问题，提高专家的产出效率。

专家会议法在实际使用时要依据以下原则：①选定的专家应该具有足够的专业才能；②会议中让与会专家回答的问题尽可能简洁、明确，同时保证每一次向与会专家咨询的问题在规定数量之下，以免出现与会专家疲劳的现象，影响问题回答质量；③向与会专家咨询的问题尽可能集中在同一领域，问题难度设计应该由易到难，力求最大限度地激发与会专家的兴趣；④会议组织方尽量避免向与会专家施加压力，避免出现与会专家意见高度统一的现象。

2. 德尔菲法

德尔菲法（Delphi method）也称专家调查法，建立在群体判断优于个体判断的假设基础上，现已广泛使用在预测、政策制定等场合[36]。

德尔菲法是一种结构化的方法，具有四个典型特征，见表 2.1。

表 2.1　德尔菲法四个典型特征

特征	描述
匿名	参与调查的专家通常是匿名的，专家之间无法相互讨论，只与调查员联络，以确保专家判断的独立性
信息流结构化	参与调查的专家仅从调查员处接收问卷和反馈信息，调查员处理问卷，过滤无关信息，从而避免面对面讨论的诸多负面效应
有规律的反馈	德尔菲法通常具有 3～4 轮反馈，专家可以充分参考他人意见改变或坚持自己的判断。这一过程是匿名的，因此可以避免群体讨论中为颜面而固执己见的情况
调查员的重要作用	调查员设计问卷，负责与专家联络，同时需要处理问卷并给出恰当的反馈信息，是德尔菲法的灵魂人物

德尔菲法的一般过程如下。

（1）组成专家小组。按照判断任务的问题特征选择相应专家，人数要保持在一个恰当的范围。

（2）提出判断任务及要求，并提供背景资料，可以咨询专家还需要补充哪些材料。然后，由各专家独立给出自己的判断，并说明作出判断的理由，给出书面回复。

（3）对各位专家第一次判断的意见进行汇总，用图表的形式展示出来，进行对比，再将汇总意见分发给各位专家，让专家比较自己与他人的意见，修改自己的意见和判断。也可以对各位专家的意见进行整理，或请更加资深的专家加以评论，然后再把这些意见分发给各位专家，以便他们参考后修改自己的意见和判断。

（4）重复步骤（3），直到有相对统一的判断，或者专家不再改变自己的判断，一般要经过 3~4 轮。

（5）对专家的判断进行综合集成，给出判断结论并分析判断中的差异性。

此方法存在的优缺点见表 2.2。

表 2.2　德尔菲法的优缺点

优点	缺点
较好地综合多个专家的经验和知识得到一致性的判断	要经历多次反复调查，需要较长时间和较大的费用
专家能够高效获取他人意见同时保持独立性，克服群体思维的弱点	问卷设计、分析、反馈的要求高
流程规范，结构化，易于操作	

德尔菲法适用于缺乏可靠科学规律或过于复杂、单人无法完成的判断任务场合。

3. 名义小组法

名义小组法（nominal group technique，NGT）的适用情况包括以下几种：①任务所处的情景新、无法获取完整的信息；②目标问题很大程度上依赖于与会专家的主观分析、评价，其中一种比较特殊的情景是，多个决策制定者由于某些原因出现意见冲突，不能采用定量分析法，退而求其次，采用定性分析的方法；③当决策问题非常复杂，现有的定量分析方法与计算无法处理时，不得不采用定性分析方法。

管理者先选择一部分资深人员作为小组成员，并将决策问题相关的信息提供给他们，起初避免小组成员相互交流，让他们独立思考，要求每个人尽可能写出自己的备选方案和意见，然后再按顺序让专家叙述各自的建议和计划。接下来，需要所有小组成员对备选方案投票，根据投票结果，确定所要的方案，当然，管理者最后仍有权决定是否接受这一方案。

2.2.2　故障树

故障树是故障关系的图形表示，得到预计可能发生的非期望事件，这种方法通过逻辑门的方式展示所有可信的路径，非期望事件可能通过这些路径发生，故障树自顶向下形成（例如，从非期望事件到引起故障的基本事件），这些逻辑门表示故障沿着树向上传递的通道，事件可以追溯到无法再向前延伸，可能由于缺乏信息，也可能由于无法识别等其他原因[37]。

逻辑门主要由"与"门和"或"门组成，它们能够表明前导事件的发生需要一个还是多个故障的发生，故障树拓展完成后，每个基本事件会分配到一定的频率/概率，按照这个树状图的逻辑，可以计算出顶端事件所伴随的风险。

故障树评估通常分为六步。

（1）定义分析的范畴。明确评估的目的和范围，以及所作的基本假设。

（2）熟悉试验流程的设计、功能和操作。应对试验流程加以描述，让所有评估成员能够理解。

（3）识别顶端事件。识别这个利用故障树方法来评估的事件，这个事件通常由危险条件引起，或是系统无法提供期望性能的情形。

（4）构造故障树。分解顶端事件，识别基本事件。

（5）分析故障树。为故障树基本事件设置频率和概率，以便量化顶端事件风险。

（6）结果记录。应包含团队执行所有工作的证明资料、执行所需的信息以及团队所得到的结果和相关结论。

2.2.3　失效模式和影响分析

失效模式和影响分析（failure modes and effects analysis，FMEA）的目的是通过调查每个装备研制流程项的失效模式，识别流程相关的潜在危险[38, 39]。由于失效之间的复杂相互关系，对于那些需要多于一个流程项发生失效的质量风险因素，FMEA 很难识别，分析过程需要以下几个步骤。

（1）描述。最初需要详细描述这个装备研制过程，以便于分解功能型分层或可靠区域的图表，评估团队还需要对每个部门所执行的不同活动进行详细描述，包括模式成功或失效的描述。

（2）建立研究的基本原则和目的。应声明评估的目的和范畴，以及如何展示这些结果、这些结果之间有何联系、还需要进行哪些深入研究。

（3）执行研究。对于这个流程分解得到的图示，首先应识别各个系统或子系统的所有条目，搜集这些条目的所有可能失效模式，接下来识别由这个失效模式最可能产生的故障，评估它们对这个流程的影响。

（4）结果报告。这个报告应包括步骤（1）中的图示、一份分析的详细记录、一份总结、可行的建议、对于流程产生巨大影响的故障等。

2.2.4　因果贝叶斯网络

因果贝叶斯网络是描述因果关系的一种方法，由一个有向无环图和对应的联合概率分布组成[24]。有向无环图的节点表示变量，在风险分析领域，节点对应各风险事件；节点之间的弧表示变量之间的因果联系，此外每个节点都有一个相关的概率表（实际应用大多数是离散情况），称为节点概率表（node probability table，NPT），可以用来描述风险事件发生的概率。因果贝叶斯网络的关键特点是，它使人们能够对风险传导进行建模和推理。

输入观测得来的数据并利用它们来更新概率，称为传播。理论上，可以在因果贝叶斯网络的任何节点输入任意数量的观测值，并利用传播来更新所有未观测到的变量的边际概率。这是因果贝叶斯网络相较于其他类型的推理或经典的统计分析方法所独有的优势。一般而言，因果贝叶斯网络具有以下优势。

（1）模型因果逻辑清晰，这一关键优势使得因果贝叶斯网络与经典的统计分析方法形成鲜明的对比，经典的统计分析方法单纯依赖数据。例如，回归模型是一种标准的方法，这种方法不仅不能融合专家判断，在数据不足的情况下，也无法解释变量之间的因果关系。当使用回归模型预测软件实效时，由于缺乏足够的数据，回归模型预测精度过低，但是因果贝叶斯网络却可以做到精确地预测。同样，回归模型不能适应未来过程的变化。简而言之，回归模型通常是用来描述过去的，但用于预测未来是很糟糕的。

（2）由结果逆推原因或由原因预测结果，每当在因果贝叶斯网络的任一节点输入观测值时，因果贝叶斯网络将更新每个未知变量的概率分布。因此，在子节点中输入观测结果将导致逆向传播，即修正父节点的概率分布，反之亦然。这种对不确定性的逆向推理在其他方法中是不可能的。

（3）根据新的证据更新甚至推翻以前的信念。

（4）用不完整的数据进行预测，当任何新观测值到达时，该模型会为所有未知变量生成修正的概率分布。如果没有观察到，那么模型只是假设先验分布。

（5）融合不同类型的证据，包括主观信念和客观数据。

（6）不同于黑箱模型（如经典回归模型和神经网络），因果贝叶斯网络中没有隐藏的变量，其推理机制基于贝叶斯定理。

除此之外，因果贝叶斯网络易于理解和解释，有明显的语义和强大的不确定性问题处理能力，可有效地进行多源信息融合，在风险分析领域中获得广泛应用[40]。

因果贝叶斯网络在风险应用中主要存在三个突出的挑战[40-42]：①如何在历史数据较少的情况下，仅依靠专家判断，建立一个相对客观的因果网络；②因果贝叶斯网络参数估计，事实上许多风险事件相互影响，若采用条件概率来刻画风险事件之间的相互影响，计算复杂性会大幅度增加；③因果贝叶斯网络不能准确地处理连续变量节点，只有当每个节点是离散时（高斯分布变量除外），因果贝叶斯网络的精确推断才能实现。

2.2.5　根原因分析

对之前发生过的重大事故或损失进行的归因分析称作根原因分析（root cause analysis，RCA）。RCA 寻找的是造成事故或损失发生的根本或决定性原因[43]。

RCA 可适用的情景多，如事故调查、系统故障分析、质量控制、经营过程诊断、系统风险识别和分析、管理与控制等。

RCA 输入数据来源一般可以分为以下几类：①经验数据，来自以往的重大故障或损失；②类似数据，类似故障或损失获取的数据；③模拟仿真数据，为验证某一假设，虚拟出的测试数据。

RCA 的基本过程包括如下步骤。

（1）组建团队。

（2）确定 RCA 的范围及目标。

（3）搜集有关故障或损失的数据及证据。

（4）结构化分析，寻找原因。

（5）找出解决方案并提出建议。

（6）执行建议。

（7）核实所执行建议的成效。

其中结构化分析方法包括：5-why 法（即反复询问"为什么"，以剥离主原因层及次原因层）；失效模式和影响分析；故障树分析；鱼骨图（鱼刺图）；帕累托分析等。

RCA 的主要优点是可以让合适的专家利用结构化方法在团队环境下工作，主要局限在于需要花费很大精力寻找合适的专家或者足够的恰当数据。

2.3　某型无人机研制的主要风险因素

无人机是无人驾驶飞机的简称，是一种以无线电遥控或由自身程序控制为主的不载人飞机，是由飞行器平台、地面控制站、数据链组成的系统[44]，在无人机试飞过程中，造成飞行安全隐患的因素比有人机更为复杂[45]。

本节给出一个某型无人机研制的主要风险因素清单，采用的识别方法是信息收集法和专家会议法的结合。该清单对风险描述采用了"实体+动作+风险状态"的创新表示方法，主要是便于后续的风险分析。

无人机的研制通常可以划分为若干连续阶段[46]，某型无人机研制各阶段主要风险因素如表 2.3 所示。

表 2.3　某型无人机研制各阶段主要风险因素

风险编号	风险因素（名称）			风险描述与风险状态度量
	实体	动作	风险状态	
立项论证阶段				
1.1	要求		不明确	
1.2	指标	要求	不合理（过高或矛盾）	甲方坚持提指标，但是很难达到这个指标（技术、费用、时间等），或两个指标相互矛盾，升限、高原起降指标达不到
1.3	研制困难程度	认识	不足	过度自信，对关键技术认识不足，未考虑关键技术指标的代价对系统进度、费用的影响
方案论证阶段				
2.2.1	人员	配备	不足	多项目并行工作导致人员配备不齐全
2.2.2	人员	能力	不足	
2.3	贯标		未按照新标准	出现新的标准，没有及时按照新标准编制
2.4	专家	选择	不合格	专家专业覆盖面不够广，有的其他领域专家会提出基本概念的问题，浪费时间
2.5	工作计划	编制	不合理	工作进度计划编制与实际不符，人员配备与实际情况不符
2.6.1	合同	签订	不合理	进度，经费
2.6.2	技术协议	签订	不明确，不全面，不及时	技术要求不明确，有遗漏，没有按照研制总要求实行
2.7	任务书	下发	不明确，不全面，不及时	对专业室提要求不明确，有遗漏，没有按照研制总要求实行
2.8	技术方案	编制	考虑不周到	包括机身设计，机上设备布置，雷达验证，机体重量控制，发动机关键设备设计，应急测控链路对全球定位系统干扰，系统可靠性指标等
方案设计阶段				
3.1	飞机外形		变更	
3.2	雷达尺寸重量		过大	为了实现雷达小型化（尺寸、重量）
3.3	机载设备	布置	不合理	走线，电磁兼容，可达性，可维修性
3.4	测控设备功率	加大	产生干扰	天线之间相互干扰，导致系统不正常工作
3.5	机体重量		超重	影响航时，影响系统指标，影响起飞重量
3.6	关键设备（发动机）技术状态	变更	不满足指标要求	增加重量，影响可靠性
3.7	系统可靠性指标		未达标	新研设备过多

续表

风险编号	风险因素（名称）			风险描述与风险状态度量
	实体	动作	风险状态	
总装调试阶段				
4.1	总装生产调试		出问题	设计中未考虑安装工艺试验等可实现情况，导致设计更改或工艺更改
4.2	加工工艺		不稳定	设计更改频繁，导致加工工艺不稳定，影响质量进度
4.3	工艺安装		要求过高	管道任务设备等提出过高安装精度要求，对航线、侦察目标精度造成影响
4.4	工装、工具		不适用	机舱内空间有限，缺乏适宜的工装、工具，增加工作量，降低保障性
4.5	材料		未充分验证	机体用国产材料替代进口材料，增加机体重量，延误进度，增加费用
4.6	图纸资料、工艺工装		不全或不配套	为抢进度，在资料不全的情况下开始总装，影响质量
4.7	研制合同（或技术协议）		未签订	使用方原因，使得状态标识不清，影响进度，增加费用
4.8	对供方	约束	缺乏机制	两总系统机制不清，研制总体无法制约供货方，导致研制进度无法保证
4.9	产品	设计	更改	属正常情况，不可避免，影响进度
4.10	关键工艺工序	质量控制	不够	工艺问题或人员素质问题，影响质量
4.11	设备	改变技术状态	未经充分验证	设备频繁更改，会经常影响系统总装调试，影响进度
试验阶段				
5.1	试验计划		未编制	技术状态管理不到位，影响试验安排
5.2	试验环境要求和极端情况	考虑	不充分	准备不充分，影响进度
5.3	关键数据	置信度	无法满足规范要求	受环境条件限制，遗留隐患，影响质量
5.4	试验方案		不合理	方案设计不合理或条件不足，影响质量
5.5	重大更改		未验证	受条件限制，影响质量
5.6	问题	分析	不深入	认识不充分或问题解决不彻底，遗留隐患
5.7	不成熟技术		未验证	不具备验证条件，影响质量，造成隐患
研制试飞阶段				
6.1	产品更改	飞行	未验证	受条件、进度等约束，影响安全或任务完成
6.2	飞行		受限制	气象或机场限制，影响计划
6.3	设备故障		未按计划飞行	不可避免，影响计划
6.4	预案		不足	方案设计不科学，影响飞行安全
6.5	人员经验		不足	不熟悉方案，经验不足，演练不够，影响飞行安全
6.6	故障问题	解决	不及时	故障拖延进度
6.7	飞行中操控人员	判断	失误	经验不足，判断失误，影响飞行安全
6.8	气象条件		变化	天有不测风云，影响飞行安全

为了进行风险因素传导机理分析，在风险识别时必须做一些更细致的工作，例如，针对无人机科研试飞阶段，首先需要对该流程的作业进行分析，如图 2.1 所示。

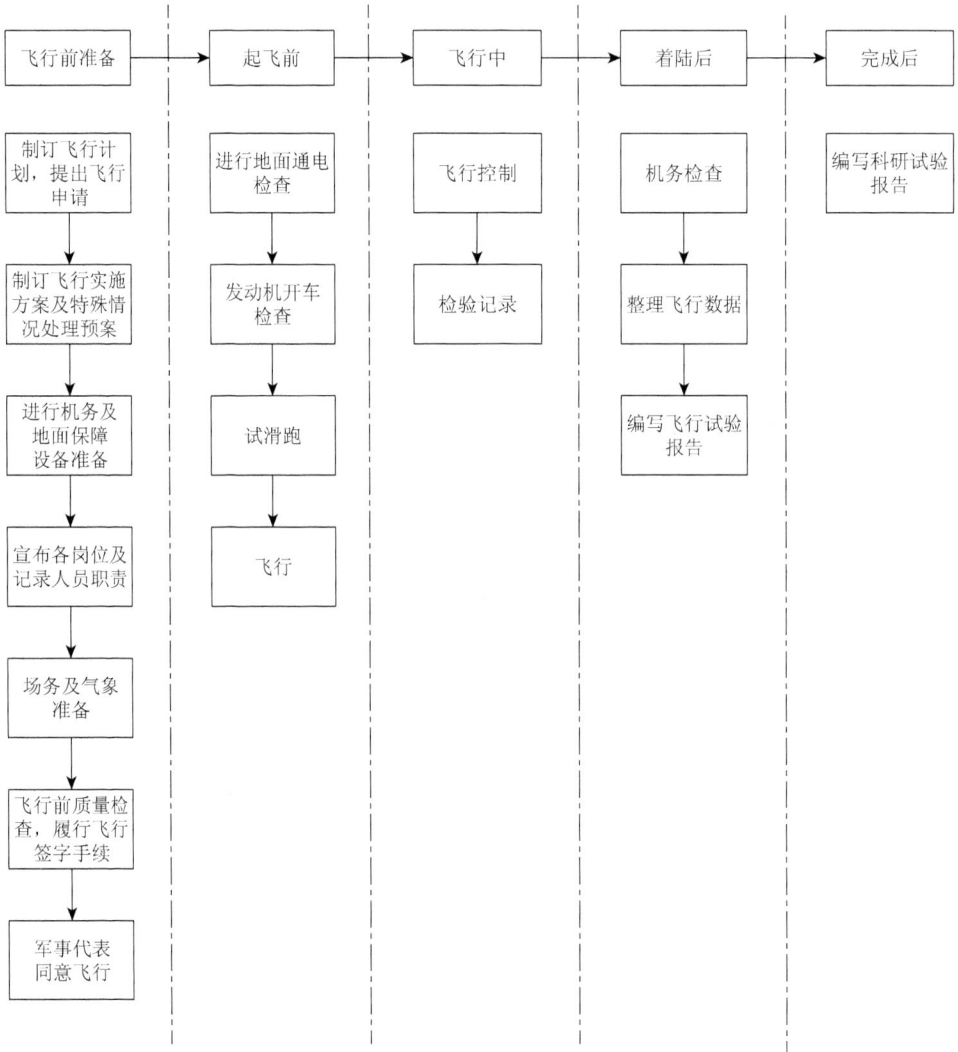

图 2.1　某型无人机科研试飞流程分析

接下来采用专家深度访谈法，识别试飞阶段的风险因素及其传导关系，如表 2.4 所示。

表 2.4　某型无人机科研试飞风险因素传导分析

风险编号	风险因素（名称）			风险描述与风险状态度量	直接责任部门	受到哪些风险的直接影响
	实体	动作	风险状态			
	研制（试飞）					
1	人员经验		不足	不熟悉方案，经验不足，演练不够	总师	
2	飞行试验大纲项目	设置	不充分	考核科目无法完成，有漏项，影响进度	总体室	1
3	预案		不足	方案设计不科学	总设计师	1，6
4	方案		更改	某些原因导致试飞方案变更	专业科室	1
5	气象条件		变化	天有不测风云，影响飞行安全和任务完成，这里指的是飞行过程中的气象变化		
6	产品更改		未验证	受条件、进度等约束，影响安全或任务完成，影响试飞预案	总师（技术线）	
7	起飞		受限制	机场限制，影响计划，试飞人员必须在机场待命，等机场通知再过去试飞，有的时候会等很长时间机场才允许试飞	与机场协调的部门（指挥线），试飞属于在外的工作，会有专门的团队过去进行试飞，一般各个主要负责人都会在那里	
8	故障问题	解决	不及时	受故障影响，会影响进度	总质量师	1
9	设备	故障	未按计划飞行	不可避免，影响计划，影响安全和进度	专业科室	8
10	飞行中操控人员	判断	失误	经验不足，判断失误，影响飞行安全，影响任务完成	操作手（操作手包括三类，飞行控制类、链路控制类以及任务载荷控制类，这里是飞行控制操作手）	1
11	关键岗位人员		不到位	例如，某部分的负责人生病住院了，没法下达指令，无法飞行，影响飞行安全和任务完成	总指挥	3
12	进度		拖延	进度拖延会增加经费	总师	7，9，2，4
13	飞行		不安全	飞行安全是指飞机安全飞回来，不考虑是否完成任务	总师	5，6，9，10，11
14	任务		无法完成	任务是指每次飞行要实现的目标，如无人机要抓取坦克位置，或者分辨出装甲车和坦克	总师	5，10，11
15	经费		增加		总会计师	12

　　上述风险识别和风险间相互影响的工作是后续风险传导建模、评估和控制的前提与基础。

第3章 基于技术成熟度的质量风险评价研究

3.1 技术成熟度评价标准

3.1.1 复杂装备技术成熟度评价的目的和作用

在复杂装备中，开展技术成熟度评价的目的主要有以下两个[47]：一是帮助工程管理部门及时地掌握复杂装备技术攻关进展、提高决策科学性；二是帮助设计人员及时精确地了解技术发展现状、科学辨识和应对技术风险，降低在复杂装备中应用新技术的风险。

技术成熟度评价适用于复杂装备研制项目管理的全过程。其具体内容包括合同管理、技术管理、资源分配、经费预算、成果评价等，是一种提高科学管理和决策科学性的有效方法。其主要作用如下[48,49]：①对于项目中关键技术和关键技术元素的识别，提供了一种有效的方法，对于项目中使用的不同技术的关键程度，提供了评价和分类的准则，有助于攻克关键技术；②对于项目关键技术发展状况的评价，提供了统一度量的标准和科学量化的评价方法，有助于统筹兼顾项目中的各项技术，促进协调发展；③提供了一种识别项目技术风险的方法，有利于项目承研方梳理项目的关键技术及其发展状态、认识技术发展的不平衡和差距，并使研制计划有所侧重，有利于选择应用合适的技术或技术组合，科学应对技术风险；④提供了项目风险管理的工具，提供了管理部门在考虑技术开发和转阶段决策时需要的重要参考，避免了采用不成熟的技术，防止其进入项目的下一个阶段并造成不良后果，又可尽量减少本阶段的成本；⑤为一种型号工程项目设定了接受预研成果的要求，有助于准确判断预研成果是否达到进入工程研制阶段的要求，有利于将预研和工程衔接起来；⑥可以用于科研项目评价、科研成果鉴定、项目转阶段决策，也可对技术自主、项目成本等进行决策和估算提供支持。

3.1.2 复杂装备技术成熟度评价的应用范围

（1）复杂装备技术成熟度评价适用于特定的项目和研制阶段。特定的项目指的是有创新技术、技术风险高，或是引进了新技术的项目。研制阶段指的是项目的前期和中期，还包括基础研究和预先研究阶段。

（2）仅部分技术需要开展技术成熟度评价工作。技术成熟度评价中，对关键技术有严格的定义。对于一个没有严格意义上的关键技术的项目，为了完成任务，它也需要克服许多技术难点，但是它并不存在技术成熟度的评价问题。

（3）技术成熟度不是工程成熟度。之所以划分技术成熟度的等级，针对的是技术的成熟过程，其重在关键技术的成熟过程。在工程研发的过程中，关键技术不断成熟，但是其成熟过程与工程研发过程很难对应起来。

（4）技术成熟度不关注研发过程的质量和管理问题。技术成熟度评价的是技术的成熟度，所以它关注的是关键技术本身的成熟程度，至于研发过程中的质量和管理问题，其本身并不涉及，但是技术成熟度的高低将直接影响研制的质量、进度、费用、安全的目标实现。

3.1.3　复杂装备技术成熟度评价模型的基本概念

技术成熟度等级（technology readiness level，TRL）是指对技术成熟度进行量度和评测的一种标准。TRL 不仅可以评价某一特定技术的成熟度，也可评价不同技术对同一项目目标的满足程度。

针对不同的对象，TRL 的定义都会有所不同，但是在基本的原理上是相同的，只是在具体的要求上有所侧重。而美国国防部对 TRL 的定义，是现在应用最广的一个技术成熟度评价通用准则[50, 51]，其九级技术成熟度等级标准划分见表 3.1。

表 3.1　美国国防部对 TRL 的定义

TRL	定义
1	观察到并报道了与该项技术有关的原理
2	形成了技术概念或应用设想
3	运用分析和实验的手段验证概念或关键性功能
4	在实验室中验证部件或面包板
5	在相应的环境中验证了部件或面包板
6	在相应的环境中演示了系统/分系统的模型或原型
7	在使用环境中演示了系统原型
8	实际系统完成，并完成试验和演示
9	任务的成功执行验证了实际系统

下面是美国国防部的九个 TRL 的各级内涵的进一步解释。

1）TRL1 解释

定义：观察到并报道了与该项技术有关的原理。

解释：①技术成熟过程中的最低级别；②通过探索研究，得出与该项技术有关的基本原理；③深入研究了已有的原理和理论，提出了新理论。

2）TRL2 解释

定义：形成了技术概念或应用设想。

解释：①创新活动开始；②基于基本原理，提出了实际应用的设想；③没有证据或者详细的分析来证明这一设想，只是推测出来的。

3）TRL3 解释

定义：运用分析和实验的手段验证概念或关键性功能。

解释：①该级别的主要任务是，使得技术概念和应用设想通过可行性论证，与此同时可以进行技术研发活动；②在分析了应用设想之后，计算、分析并且预测该技术可以支持的基本功能。

4）TRL4 解释

定义：在实验室中验证部件或面包板。

解释：①基本技术部件开始进行集成；②集成所得到的原理样机相对于最终系统是低技术状态逼真度的；③该原理样机是部件或分系统级的。

5）TRL5 解释

定义：在相应的环境中验证了部件或面包板。

解释：①该级别的典型状态是，在中逼真度模拟的使用环境中，对部件或分系统的演示样机进行验证；②相对于最终系统，演示样机是中技术状态逼真度的；③该演示样机是部件、分系统或者系统级的。

6）TRL6 解释

定义：在相应的环境中演示了系统/分系统的模型或原型。

解释：①该级别的典型状态是，在高逼真度模拟的使用环境中，对分系统或系统级原型样机进行验证；②相对于最终系统，原型样机是高技术状态逼真度的；③该原型样机是分系统或者系统级的。

7）TRL7 解释

定义：在使用环境中演示了系统原型。

解释：①该级别的典型状态是，在常见的使用环境中，对系统级工程样机进行验证；②工程样机与最终系统的技术状态基本相同；③该工程样机是系统级的。

8）TRL8 解释

定义：实际系统完成，并完成试验和演示。

解释：①该级别的主要任务是，开发方的测试与评估；②产品开发结束，产品达到最终的技术状态；③测试平台是预期使用环境和平台。

9）TRL9 解释

定义：任务的成功执行验证了实际系统。

解释：①该级别的典型状态是，产品通过了实际使用验证，战技指标全部达到要求；②产品达到了最终的技术状态要求；③具有批量生产、稳定生产和使用保障的能力。

在上面的 TRL 定义中，提到了几个专业概念，分别是关键技术元素、演示环境、技术载体和逼真度，下面进行简单的介绍。

关键技术元素（critical technology element，CTE）是指在规定的时间、规定的费用范围之内为完成项目设定的性能要求和任务必须依靠的新技术。CTE 可以是硬件技术也可以是软件技术。

演示环境包括使用环境、典型使用环境、模拟使用环境和实验室环境。使用环境即产品执行任务时所处的环境。典型使用环境的典型之处在于其涵盖了使用环境的所有关键的组成部分，是典型的真实的使用环境。模拟使用环境属于使用环境，它并不是真实的，而且只是模拟了部分关键因素，但是其能够对技术的验证提供一定的压力。它的种类有很多，包括地面环境、空间环境或者实验室环境，具体种类根据验证的需要确定。实验室环境不是真实环境，一般用来验证技术功能和性能的基本原理。

技术载体包括原理样机、演示样机、原型样机、工程样机和产品。原理样机没有具体的工程型号，在预研初期，其技术参数通常已确定。外形上没有很严格的要求，一般是按照一定的比例缩放尺寸和性能，只要求在功能上接近或达到使用要求。其组成部分是关键技术载体的部件及其他部件，作用在于验证设计是否正确和工作是否协调。相较于原理样机，演示样机包括了更多的部件。其作用在于在工程研制之前，利用演示试验验证主要的功能和性能。其适合在外场甚至是典型使用环境中进行试验。原型样机与最终的飞行器几乎一样，其演示了最终飞行器的外形、尺寸、功能。工程样机是在工程研制过程中，针对特定工程型号要求设计的原型。产品是指承研单位交付用户使用的最终系统。

逼真度是指当前状态相对于最终要求状态的相似程度，其可描述的包括技术载体的功能、性能、形状、接口、尺寸、质量、工艺以及当前试验或演示环境等。通常有三种分类，即低逼真度、中逼真度、高逼真度。

3.1.4　复杂装备技术成熟度评价模型框架

技术成熟度模型（technology maturity model，TMM）是生命周期理念具体运用的一个成果。任何事物的发展都有一个生长发育到成熟的过程，技术成熟度模型描述的就是技术发展的过程。针对技术发展过程的各个环节的运行情况，建立标准，定义层次，根据各环节运行情况满足标准的程度，判断其成熟度层次，并且计算出其与标准的差距，不断地改善。技术成熟度模型具有五个特点：①每个模型的变化趋势都是从低级到高级的，即从混乱逐步走向有序，并且持续改进和优化；②用几个有限的成熟层次将事物的发展过程简化，但每个模型的提升过程依旧清晰可见；③这些层次的划分有一定的标准；④在发展过程中，事物的层次逐个提升，每个层次都至关重要，不可忽略；⑤最后一层不同模型有不同名称，但体现的都是持续改进的思想。

本小节结合 TRL 的通用准则、复杂装备的特点和技术成熟度评价方法建立了一个复杂装备技术成熟度评价模型。该模型共分为九个等级，从较低的能力等级到较高的能力等级依次变化。在此通过导弹系统的环形激光陀螺的技术成熟度方案对九个等级进行解释，具体如下。

（1）TRL1 级：要求已经掌握技术的基本原理。处于此水平的项目通常是对一项技术的基本特性的理论研究。

例如，发明了气体激光器。气体激光器的发明可以作为环形激光陀螺的基础。

（2）TRL2 级：要求已经明确技术概念及其实际应用。研究人员获得技术的基本原理后，可以假设其实际应用，因此此步骤是项目创新的开始。然而由于只是假设，没有充分的论据，处于此水平的项目仍处于理论研究阶段。

例如，设想在导弹系统中应用环形激光陀螺，利用环形气体激光器在系统转动时正反两束光随转动而产生频率差的效应，该效应对系统的角速度或转角十分敏感。

（3）TRL3 级：用解析和试验的方法验证技术概念中的关键功能与特性，证明复杂装备的 CTE 所采用的各个单项技术的预研结果。处于此水平的项目尚未集成，不具有代表性。

例如，研制了基于气体激光器的环形激光器样品，该样品验证了它可以用作角速度传感器的技术概念，说明了研制环形激光陀螺的可行性。

（4）TRL4 级：在 TRL4 级，要求在实验室环境中验证复杂装备技术模块或基本子系统技术，集成基本技术模块。其与最终系统仍有较大差距，可信度不高。处于此水平的项目通常要在实验室中集成特定硬件。

例如，在温度、冲击、振动和加速度负载的环境中，对基于环形激光脱落的惯性测量装置的原理样机进行了验证。

（5）TRL5 级：要求在相关环境中验证复杂装备技术模块或基本子系统技术。子系统的可信度显著提高。集成基本技术模块与实际支撑单元，进而能在仿真环境中测试技术。处于此水平的项目通常要对模块进行高可信度的实验室集成。

例如，由惯性测量单元、全球定位系统接收机、控制系统和飞行计算机组成的制导套件在高逼真度硬件回路中进行了演示。

（6）TRL6 级：测试的原型系统需要优于 TRL5 级，并且在相关环境中验证系统（或子系统）技术模块或原型。对于航空技术实用性论证过程来说，这是一个很大的飞跃。处于此水平的项目通常要在高可信度的实验室或仿真运行环境中测试原型。

例如，在期望的冲击、振动、高度和温度环境以及高逼真度的硬件回路中对真实的、准备飞行的制导套件进行了演示。

（7）TRL7 级：要求在运行环境中验证系统技术原型，并且获取论证的相关消息。在 TRL6 级的基础上，技术取得了大幅度提高，系统技术原型已接近或达到了预期运行系统的水平。

例如，装备了制导套件的导弹及全系统成功进行了多次飞行演示。

（8）TRL8 级：要求通过试验验证系统技术符合要求。证明在预期的条件下，技术可以使其最终形式得以应用。此级往往代表着论证工作的结束。

例如，开发方对最终状态的导弹进行了测试和评估。

（9）TRL9 级：要求成功地执行任务来确认系统技术符合要求。

例如，通过成功地执行任务，验证了导弹系统符合要求。

3.2　基于技术成熟度的技术风险识别

3.2.1　工作分解结构与技术分解结构

工作分解结构指的是在项目的研制生产过程中，将所有的必需工作从上至下逐级分解，形成一套层次体系。它是一种项目管理工具。

分解时需要遵循以下两个原则：第一，该层次体系的中心是研制和生成的产品，组成部分是产品（硬件和软件）项目、服务项目和资料项目；第二，它完全限定了产品项目的工作，并表示了各项工作之间以及它们与最终产品之间的关系[52]。

目前，在我国武器装备及航空型号项目研制管理中，工作分解结构已经得到广泛运用。在技术成熟度评价中，工作分解结构用于确定 CTE 的初选范围。在航空型号系统中，工作分解结构一般由两大部分构成：系统的组成结构、研制过程的重要活动和手段。

（1）系统的组成结构：工作分解结构的基本构成部分，它是可交付产品物理结构的细分。这种工作分解结构具有有形的产品输出：软件、飞机、飞行器、发动机等，所有这些都具有自然结构。

（2）研制过程的重要活动和手段：指的是在研发的过程中决定任务能否成功的关键性活动和措施。例如，系统研发过程中，总体设计是重要活动；保证系统成功研发，测试和评估是重要手段。

将工作分解结构中的组件分解成关键技术单元的组合，形成一个技术分解结构，即具有特定技术单元作为端点的分层体系结构。

3.2.2　CTE 识别方法

对于重大工程，正确选择 CTE 是至关重要的。如果工程初期，确定 CTE 时就出现错误，之后又未及时发现，则会给工程的进展带来重大的风险；如果误将常见技术错误地认定为 CTE，进而重点突破，则会浪费时间、经费及人员[53]。

1）CTE 的识别原则

满足以下两个条件，一项技术才可成为 CTE。

（1）对使用需求、成本或研制计划有重大影响。

（2）进行开发和演示具有很高的风险。

上述两个条件说明，一项技术作为 CTE 应该同时具备两个特性。

（1）重要性：对武器装备系统的性能、研发进程或者全生命周期费用有重要影响，或在促进国防科技自主创新和整体水平的提高方面发挥重要作用。

（2）高风险性：要达到使用环境中的功能和性能要求，往往具有高的风险。这种开发或者演示的高风险一般是由条件（2）或者其他原因引起的。这些原因主要包括：技术很新颖、经过一定修改、改进较大、应用环境和条件变化较大、将在新环境中运行、期望性能变得更好。

综上所述，CTE 就是对系统具有重要影响的高风险技术。这些技术应纳入技术成熟度评价过程，严格管理。

2）CTE 的颗粒度

CTE 的颗粒度，即 CTE 所处的工作分解结构中的层次。其一般由专家讨论确定，没有标准，具体取决于项目管理的需求。例如，在中华人民共和国审计署审查重大型号的技术时，CTE 出现在整个系统工作分解结构的第一个层次；欧洲太空局对未来发射器的 TRL 评价中，CTE 的颗粒度很细。

CTE 颗粒度与技术成熟度评价的目的密切相关。对于技术研究的基层承研单位，应该从技术风险的角度对工作分解结构中的底层 CTE 进行评价。对重大项目的管理组织机构来说，需要考虑项目的进度、资金需求的宏观管理，会更加关注整个系统的第一层次和第二层次（或第三层次）。此外，CTE 在工作分解结构中不一定是同一层次水平，为了把握项目的整体趋势，可能需要在一个关键系统中对所有的工作分解结构进行一般性评价。

对于重大工程来说，其技术成熟度评价需要控制 CTE 出现的层次。处于较低层次上的项目，如果对其进行 2～3 个层次的分解，将 CTE 确定于此层次。这样

CTE 将处于工作分解结构的 6～7 级，层次太低，涉及的关键技术多，若逐一评价，工作量太大，难以准确合理地制定评价准则。

3.3　基于技术成熟度的技术风险量化

通过 CTE 的识别原则，可以判断一项技术是不是 CTE。还可利用技术关键程度评价方法进一步将 CTE 划分为不同重要程度类别。技术关键程度评价的目的是依据重要程度划分 CTE 并有区别地管理，提升效率。即从工程的 CTE 中筛选出那些在项目管理上更值得关注的技术，对其进行重点管理。

技术关键程度可分解为两个因素：技术重要性、技术困难度。既重要又难以实现的技术才是关键性的技术。评价技术重要性与技术困难度，需要将它们进一步分解为若干个评价要素或判据。利用技术与评价要素或判据的符合程度综合评价出其重要性与困难度[54]。

1）技术重要性评价

技术重要性指的是该技术对于整个工程成败的重要性或贡献度。技术重要性分为三类：Ⅰ类（很重要）、Ⅱ类（重要）、Ⅲ类（一般）。

针对以下问题进行分析后，可以得到该项技术的重要性等级。

（1）对于该型号达到或提高关键作战性能的重要性或贡献度，可以分为影响重大、影响较大、影响轻微三种。

（2）对重要战术指标的影响灵敏度：如果该项技术达到的功能和性能与系统的期望相比产生了较小的不符合，该项工程的关键程度作战性能受到影响的严重程度。

（3）当重要战术技术指标无法满足时，是否有措施和协调余地，以及对运行需求、成本和计划所造成影响的大小。可以分为如下两种情况：①无措施，无协调余地，导致工程下马或暂缓执行，或使用效能降低；②有措施，有协调余地，但是导致整体、关键子系统或重要单机的技术方案被推翻，对工期和成本有重大、较大或轻微影响。

据此，可通过技术重要性评价检查单对技术重要性作出评价，如表 3.2 所示。根据每一条提示项的判断结果，采用定性分析和综合的方法，评价出技术重要性（Ⅰ类、Ⅱ类、Ⅲ类）。评价时以技术达到的重要性最高的检查项为标准。

表 3.2　技术重要性评价检查单

重要性		技术重要性评价检查要点
Ⅰ类	很重要	1. 对重要攻关技术指标影响重大，若技术不能达到要求，则重要攻关技术指标要求无法满足，无措施和协调余地，导致整个工程下马，或暂缓执行；

重要性		技术重要性评价检查要点
Ⅰ类	很重要	2. 对重要攻关技术指标影响重大，若技术不能达到要求，则重要攻关技术指标要求无法满足，虽然有措施和协调余地，但将导致整体、关键子系统或重要单机的技术方案被推翻，对整个型号研制计划和成本产生重大影响
Ⅱ类	重要	1. 对重要攻关技术指标影响很大，若技术不能达到要求，则重要攻关技术指标要求部分未达到，使用效能降低； 2. 对重要攻关技术指标影响很大，若技术不能达到要求，则重要攻关技术指标阶段目标未达到，后续措施可行性无充分依据； 3. 对重要攻关技术指标影响很大，若技术不能达到要求，则重要攻关技术指标要求无法满足，虽然有措施和协调余地，但将导致关键子系统或重要单机的技术方案被推翻或反复，对局部研制规划和成本影响较大
Ⅲ类	一般	1. 对重要攻关技术指标影响轻微，若技术不能达到要求，则部分攻关技术指标要求无法满足，有措施，对下一阶段工作影响轻微； 2. 对重要攻关技术指标影响轻微，关键子系统或重要单机技术方案被推翻，但备用方案准备充分并可立即启用，对相关的系统及单机的技术状态没有太大影响，对局部研制计划影响轻微

2）技术困难度评价

技术困难度是指成功研发该项技术的困难程度。技术困难度可分为三类：Ⅰ类（很困难）、Ⅱ类（困难）、Ⅲ类（一般）。往往从理论、技术、验证三个方面评价。

（1）理论：主要考察作为技术研发基础的理论是否需要改进。改进程度包括三类：较大突破、较大改进和一定改进。

（2）技术：主要考察技术跨度。技术跨度包括三类：重大突破或革新、较大改良或进化、沿用或适度改进。

（3）验证：主要考察验证难度。验证难度包括充分验证的难度，建立验证环境的难度，分析、建模和仿真的难度。

据此，可通过技术困难度评价检查单评价技术困难度，如表 3.3 所示。表 3.3 以在理论、技术和验证三个方面所满足的困难度最高的检查项为标准。

表 3.3　技术困难度评价检查单

编号	类别	困难度		技术困难度评价检查要点
1	理论	Ⅰ	很困难	需要基础理论取得重大或较大突破
		Ⅱ	困难	需要对已有理论作较大改进
		Ⅲ	一般	沿用成熟的基础理论或需要作一定改进
2	技术	Ⅰ	很困难	需要研发全新技术或取得较大突破
		Ⅱ	困难	需要对已有技术进行较大改进
		Ⅲ	一般	沿用已有成熟技术或需要作一定改进

续表

编号	类别	困难度		技术困难度评价检查要点
3	验证	I	很困难	1. 典型使用环境中的试验无法充分考核； 2. 建立模拟使用环境的难度很大，模拟使用环境中的试验无法考核或考核不充分； 3. 针对不能充分考核的部分，没有成熟的理论分析方法，又无法进行仿真模拟
		II	困难	1. 典型使用环境中的试验可以进行比较充分的考核； 2. 建立模拟使用环境的难度较大，模拟使用环境中的试验考核不充分； 3. 理论分析和仿真模拟不能真实模拟实际使用环境，只能在典型使用环境中考核
		III	一般	1. 典型使用环境中的试验可以进行全面的考核； 2. 建立模拟使用环境的难度不大，模拟使用环境中的试验可以充分验证； 3. 有成熟的理论分析方法，可以进行比较全面的仿真模拟

　　将"技术关键程度 = 技术重要性 × 技术困难度"的定义和表 3.4 所列技术关键程度综合评价矩阵相结合，可对技术的关键程度进行评价，其评价步骤如下。

表 3.4　技术关键程度综合评价矩阵

技术困难度	技术重要性		
	I 类（很重要）	II 类（重要）	III 类（一般）
I 类（很困难）	A 类（重大）	B 类（重点）	C 类（一般）
II 类（困难）	B 类（重点）	B 类（重点）	C 类（一般）
III 类（一般）	C 类（一般）	C 类（一般）	C 类（一般）

　　（1）使用技术重要性评价检查单评价该项技术的重要性。
　　（2）使用技术困难度评价检查单评价该项技术的困难度。
　　（3）综合前两项评价结果，使用技术关键程度综合评价矩阵评价该项技术的关键程度。
　　由该矩阵可以得到：当技术的重要性、困难度分别为"很重要""很困难"时，此技术为 A 类技术；至少有一项为"一般"的为 C 类技术；除此之外，均为 B 类技术。
　　通过前面的技术关键程度评价方法，能够从工程的 CTE 中筛选出在项目管理上更加值得关注的重大技术，但是，在型号研发过程中，一项技术的关键程度并不是一成不变的。这是因为随着技术的研发，一方面，一些技术难点得到了突破，其关键程度也随之降低；另一方面，由于认识的局限性，在开始阶段认为关键程度低的某些技术可能在研发的中后期发现其关键程度较高。

但是技术关键程度的这种动态特性，并不影响一项重大工程，管理机关应该注意尽早发现关键技术，并且随着工程的进展还应该对技术的关键程度变化进行跟踪，以适时调整管理重点。

3.4 基于工程数据采集的发动机设计风险评价

本节以某型号发动机研制为例介绍技术成熟度评价方法，通过工作分解结构、CTE识别，并利用采集的各个研制阶段中的具体状态信息，映射到TRL各级中，然后结合技术当前的情况来评价TRL级别，完成自我评价。

3.4.1 技术状态属性信息采集

采集之前需要分析清楚有哪些属性、有几个重要的研制阶段、有哪些技术属性参数等问题。

此案例中，考察的主要研制阶段从基础研究到试样阶段，主要技术状态包括阶段目标、设计功能、设计性能、形态特性（比例、尺寸）、组成完备性、材料与工艺、样机性质等方面。具体技术属性参数见表3.5，表3.5详细列出了该CTE全寿命周期的重要技术状态。

表 3.5 CTE 的技术状态属性表

研制阶段		技术状态						
		阶段目标	设计功能	设计性能	形态特性	组成完备性	材料与工艺	样机性质
基础研究		完成发动机特性仿真研究	进行设计参数优化，预估发动机特性	推力量级：X_1N、X_2N；真空比冲：$\geqslant I_1$m/s	仿真模型为发动机1:1数字模型	零组件单项技术仿真研究	仿真研究无材料与工艺要求	原理性数字样机
预研		实现发动机关键技术突破	验证关键技术可行性	推力量级：X_3N；身部最高温度：$\leqslant T_1$℃；发动机响应时间：$t_1$ms；真空比冲：$\geqslant I_2$m/s	使用发动机缩比试验件，验证关键技术	零组件单向技术研究	演示验证样机，零组件可采用低成本材料和法兰连接方式	关键技术演示样机
工程研制	模样	验证发动机方案可行性	实现动力执行系统功能，为动力系统提供控制力	推力量级：X_1N、X_2N；身部最高温度：$\leqslant T_2$℃；发动机响应时间：$t_2$ms；真空比冲：$\geqslant I_3$m/s；经过地面环境试验考核	采用发动机1:1比例试验件	试验发动机方案，产品组成与飞行试验产品相同	产品的加工工艺，所有材料均以最终选用产品材料相同	发动机方案样机

续表

研制阶段		技术状态						
		阶段目标	设计功能	设计性能	形态特性	组成完备性	材料与工艺	样机性质
工程研制	初样	通过环境适应性及可靠性试验	实现动力执行系统功能；为动力系统提供控制力	推力量级：X_1N、X_2N；身部最高温度：$\leq T_2$℃；发动机响应时间：$t_2$ms；真空比冲：$\geq I_3$m/s；经过总体环境试验考核	与飞行试验状态真实产品一致	环境适应性及可靠性试验，产品组成与飞行试验产品一致	产品的加工工艺，所有材料均与最终选用产品材料一致	环境适应性及可靠性样机
	试样	参与完成飞行试验	实现动力执行系统功能；为动力系统提供控制力	推力量级：X_1N、X_2N；身部最高温度：$\leq T_2$℃；发动机响应时间：$t_2$ms；真空比冲：$\geq I_3$m/s；经过飞行环境试验考核	与飞行试验状态真实产品一致	系统飞行试验研究，产品组成与飞行试验产品相同	产品的加工工艺，所有材料均与最终选用产品材料相同	飞行试验产品

3.4.2　试验内容和试验环境信息采集

采集之前需分析清楚该 CTE 的使用环境的属性及参数以及该 CTE 在各个研制阶段要进行哪些重要的验证试验，这些试验环境的重要属性和参数是什么。

要分析真实飞行环境的属性和参数，据此确定各个研制阶段所需的试验内容和试验环境。相关信息如表 3.6 所示。

表 3.6　CTE 的各个研制阶段要进行的重要的验证试验及试验环境

研制阶段		试验环境				
		实验室环境	地面环境	模拟使用环境	典型使用环境	使用环境
基础研究		仿真环境：发动机特性仿真	—	—	—	—
预研		仿真环境：发动机特性仿真。实验室环境：喷注器液流试验	地面试验台环境：X_3N 发动机地面试验	—	—	—
工程研制	模样	实验室环境：喷注器液流试验	地面试验台环境：X_1N、X_2N 发动机地面试验	—	—	—
	初样	实验室环境：喷注器液流试验		模拟力学环境，中逼真度模拟环境：模拟力学环境试验。高逼真度模拟环境：X_1N、X_2N 发动机模拟环境试验	—	—

续表

研制阶段		试验环境				
		实验室环境	地面环境	模拟使用环境	典型使用环境	使用环境
工程研制	试样	实验室环境：喷注器液流试验	—	—	真实飞行环境：飞行试验	—
批产		—	—	—	—	真实飞行环境：发动机批抽检试验；飞行试验

3.4.3　集成关系信息采集

采集之前需分析研制过程中使用、直接集成该 CTE 的部件、单机、分系统以及重要接口部件等。

经过分析，该 CTE 要集成的为主要单机、子系统、分系统，直至系统。详细信息如表 3.7 所示。

表 3.7　CTE 与其他部件或分系统的关系

研制阶段		集成关系			
		主要单机	子系统	分系统	系统
基础研究		原理性数字样机			
预研		缩比试验件			
工程研制	模样	推力室、控制阀	动力执行系统		
	初样	推力室、控制阀	动力执行系统	动力系统	
	试样	推力室、控制阀	动力执行系统	动力系统	飞行器

3.4.4　技术成熟度三个特性的联系

通过分析技术状态、试验环境和集成关系三个特性的相关内容，并对其进行汇总分析，得出该 CTE 的各种技术状态、集成关系和试验环境在各个阶段的关系，如表 3.8 所示。

表 3.8　CTE 各种技术状态、集成关系和试验环境之间的关系

研制阶段		对应关系			
		技术状态	集成关系	试验环境	试验内容
基础研究		数字样机技术状态	尚未集成发动机	仿真环境	发动机传热特性仿真
预研		关键技术攻关；演示验证技术状态	发动机单机	仿真环境；地面试验环境	发动机原理样机试验
工程研制	模样	模样技术状态	发动机单机	地面试验环境	发动机方案试验
	初样	初样技术状态	动力执行系统	模拟力学环境；高逼真度模拟环境	模拟动力环境试验；发动机模拟环境试验
	试样	试样技术状态	飞行器系统	真实飞行环境	动力系统抽检试验；飞行试验

3.4.5　CTE 技术信息、TRL 级别与风险的映射关系

经过前面的分析，CTE 必要的基本信息已收集，下一步将 CTE 的实际状况和计划安排分别映射到 TRL 各等级中，并对应不同风险级别。结合 TRL 各级特点，得到该 CTE 的技术信息、TRL 级别与风险等级的初步映射表，见表 3.9。

表 3.9　CTE 技术信息、TRL 级别与风险等级的初步映射表

风险等级	TRL 级别	考核对象		验证环境
		CTE 的技术状态	CTE 在系统中的集成度	
I	3	发动机 1∶1 数字模型/仿真数字模型	发动机数字模型	数学分析环境
	4	发动机缩尺样机	发动机单机	实验室环境、地面试验环境
II	5	发动机 1∶1 样机	发动机单机	中逼真度模拟环境
	6	发动机环境适应性样机	发动机单机、动力系统	高逼真度模拟环境
III	7	发动机功能可靠性样机	飞行器系统	真实飞行环境

该初步映射表还可以在后续技术研发中细化，作为某型发动机研制技术决策的重要依据。

第4章 基于因果贝叶斯网络的质量风险传导建模与分析

4.1 贝叶斯网络

4.1.1 贝叶斯网络简介

贝叶斯网络将图论和概率论结合，提供了具有严密理论基础的在不确定条件下推理的数学工具，其奠基者 Pearl 因此获得了 2011 年图灵奖。

一个贝叶斯网络 N 是由一个有向无环图（directed acyclic graph，DAG）$\mathcal{G}$ 和对应的联合概率分布 P 构成的，其中节点代表随机变量，节点之间的边代表变量之间的直接依赖关系[24]。因此建立一个贝叶斯网络模型一般分成两步，第一步是确定有向无环图 $\mathcal{G}$，称为结构建模；第二步就是确定概率分布 P，称为参数建模，这可以通过明确各个节点的概率分布达到。

贝叶斯网络将事件的最终概率分布 P 与 n 维离散变量 $V = \{X_1, X_2, \cdots, X_n\}$ 建立联系，其中 n 是贝叶斯网络中所包含的节点数量，$X_i (i=1,2,\cdots,n)$ 代表此贝叶斯网络中的节点。此概率分布 P 可以由一系列条件概率的乘积来表示，每个条件概率由相关变量在图中的上一级关系给出。可以表示成 $P(X_1, X_2, \cdots, X_n) = \prod_{i=1}^{n} P(X_i | \mathrm{Pa}_{X_i}^{\mathcal{G}}, Z_i)$。其中 $\mathrm{Pa}_{X_i}^{\mathcal{G}}$ 表示 X_i 在 $\mathcal{G}$ 中的父节点，Z_i 是除 $\mathrm{Pa}_{X_i}^{\mathcal{G}}$ 所涉及的节点以外的任意 X_i 的祖先节点，根据贝叶斯网络的马尔可夫条件：$P(X_i | \mathrm{Pa}_{X_i}^{\mathcal{G}}, Z_i) = P(X_i | \mathrm{Pa}_{X_i}^{\mathcal{G}})$，因此，$P(X_1, X_2, \cdots, X_n) = \prod_{i=1}^{n} P(X_i | \mathrm{Pa}_{X_i}^{\mathcal{G}})$，这就是说一旦父代给定，每个变量的概率与图中的非下属分支无关，由 $P(X_i | \mathrm{Pa}_{X_i}^{\mathcal{G}})$ 就能完全获得 X_i 的条件概率分布。

4.1.2 确定网络结构

确定贝叶斯网络结构的一般步骤如下[55]。

（1）选定一组刻画问题的随机变量 $\{X_1, X_2, \cdots, X_n\}$。

（2）选择一个变量顺序 $\alpha = \{X_1, X_2, \cdots, X_n\}$。

（3）从一个空图出发，按照顺序 α 逐个将变量加入 ξ 中。

（4）在加入变量 X_i 时，ξ 中的变量包括 $X_1, X_2, \cdots, X_{i-1}$。

确定了贝叶斯网络结构之后，一般会涉及网络结构评价，下面引入贝叶斯网络结构学习的概念。

设 $X_1, X_2, \cdots, X_n$ 是一组随机变量，$D = (D_1, D_2, \cdots, D_m)$ 是关于这些变量的一组数据，贝叶斯网络结构学习是指确定一个相对于 D 在某种意义下最优的贝叶斯网络。假设 g 是一个以 $X_1, X_2, \cdots, X_n$ 为节点的贝叶斯网络结构，那么 g 相对于数据 D 的优劣可以用评分函数来度量，常用的评分函数包括 CH（Cooper-Herskovits）评分、贝叶斯信息准则（Bayesion information criterion，BIC）评分等[55-57]。

对于贝叶斯网络 (g, θ_g)，根据最大似然估计原则，相对于数据 D 最优的参数值 θ_g^*，应使 $\log(P(D \mid g, \theta_g))$ 达到最大，即

$$\log(P(D \mid g, \theta_g^*)) = \sup_{\theta_g} \log(P(D \mid g, \theta_g)) \tag{4.1}$$

则二元组 (g, θ_g) 的对数似然函数记为

$$l(g^*, \theta_{g^*}^* \mid D) = \max_g \sup_{\theta_g} l(g, \theta_g \mid D) \tag{4.2}$$

注意：本书中 log 函数对任何底数来说等式均成立，所以不指出具体底数。

贝叶斯网络结构学习包括两个步骤：第一步，寻找最优结构 g^*；第二步，优化参数 θ_{g^*}。

对于任一网络 g，定义：

$$l^*(g \mid D) = \sup_{\theta_g} l(g, \theta_g \mid D) \tag{4.3}$$

作为网络结构 g 的函数，$l^*(g \mid D)$ 称为优参对数似然函数，最优结构 g^* 满足：

$$l^*(g^* \mid D) = \max_g l^*(g \mid D) \tag{4.4}$$

称为最大优参似然准则。

设数据 D 是完整的，P 是 D 的经验分布，则有

$$l^*(g \mid D) = -m \sum_{i=1}^{n} H_P(X_i \mid \pi_g(X_i)) \tag{4.5}$$

其中，H 为基于分布 P、给定 $\pi_g(X_i)$ 时 X_i 的条件熵。

在一个贝叶斯网络结构中，如果任意两个节点之间都有一条边，则称该网络是完全的。但是，使优参似然函数达到最大的网络结构 g^* 是完全的，根据这种方法得到的贝叶斯网络结构复杂，参数众多，会导致过度拟合，因此最大优参似然准则并不适用于最优模型的选择[58]。

对于 CH 评分，用 $P(g)$ 表示结构先验分布，用 $p(\theta_g \mid g)$ 表示参数先验分布，假设参数先验分布满足狄利克雷分布，则 CH 评分函数可以表示为

$$l(g|D) = \sum_{i=1}^{n} \sum_{j=1}^{q_i} \left[\log\left(\frac{\Gamma(\alpha_{ij*})}{\Gamma(\alpha_{ij*} + m_{ij*})} \right) + \sum_{k=1}^{r_i} \log\left(\frac{\Gamma(\alpha_{ijk} + m_{ijk})}{\Gamma(\alpha_{ijk})} \right) \right] \qquad (4.6)$$

其中，n 为变量的个数；q_i 为父节点 $\pi(X_i)$ 的取值组合的个数；α 为狄利克雷分布的参数；r_i 为节点 X_i 的取值个数。

BIC 评分可以表示为

$$\log(P(D|g)) \approx \log(P(D|g,\theta^*)) - \frac{d}{2}\log m \qquad (4.7)$$

其中，θ^* 为最大似然估计；d 为 $\prod_{i=1}^{n} q_i(r_i - 1)$；$m$ 为样本量。

上述贝叶斯评分法具有很高的计算复杂度，为简化计算，Cooper 和 Herskovits[59]提出了 K2 算法。

对于包含变量 $X_1, X_2, \cdots, X_n$ 的一组已知数据 D，每一列代表一个参数在各次试验中的状态取值。K2 算法的目的是寻找 CH 评分高的模型，出于计算复杂度的考虑，K2 不是直接寻找 CH 评分最高的模型，而是用一个变量排序 ρ 和一个正整数 u 来限制搜索空间，在这个空间范围内搜索最优模型 g，其中 g 中的任一变量的父节点个数不超过 u，ρ 是 g 的一个拓扑序。为了简化模型评分的计算，K2 假设所有参数先验分布都是均匀分布。

K2 算法的出发点是一个包含所有节点，但没有边的无边图。在搜索过程中，K2 按顺序逐个考察 ρ 中的变量，确定其父节点，然后添加相应的边。对于某一个变量 X_j，假设 K2 已经找到了它的一些父节点 π_j，如果 $|\pi_j| < u$，即 X_j 的父节点个数还未达到 u，那么就继续寻找父节点。具体来讲，该算法的计算步骤如下。

（1）定义一个包含所有节点的无边图 g。

（2）给出每个节点的旧家族评分 $V_{\text{old}} = \text{CH}((X_j, \pi_j)|D)$。

（3）从 X_1 开始逐个考察变量。

（4）对于 X_j，考虑 X_j 之前的非 X_j 父节点的所有变量 X_i，计算所有的 $V_{\text{new}} = \text{CH}((X_j, \pi_j \bigcup \{X_i\})|D)$。

（5）找出最大的 V_{new} 和相应的 X_i。

（6）如果 $V_{\text{new}} > V_{\text{old}}$ 并且 $|\pi_j| < u$，用 V_{new} 代替 V_{old}，在 g 中添加边 $X_i \rightarrow X_j$。

（7）否则考虑 ρ 中的下一个 X_j，进入步骤（4），直到所有节点全部考虑进来。

（8）得到模型 g，结束。

其中评分函数的计算方法为

$$V(i,\pi_i) = \prod_{j=1}^{q_i} \frac{(d_i - 1)!}{(\alpha_{ij} + d_i - 1)!} \prod_{k=1}^{d_i} \alpha_{ijk}! \qquad (4.8)$$

其中，d_i 为 X_i 可能的状态的数目；q_i 为父代集合里的元素个数；α_{ijk} 为数据中 X_i 和 X_j 至少有一个取状态 k 的数据个数；α_{ij} 为 α_{ijk} 对 k 的求和。用接近伪代码的图形表示该算法，如图 4.1 所示。

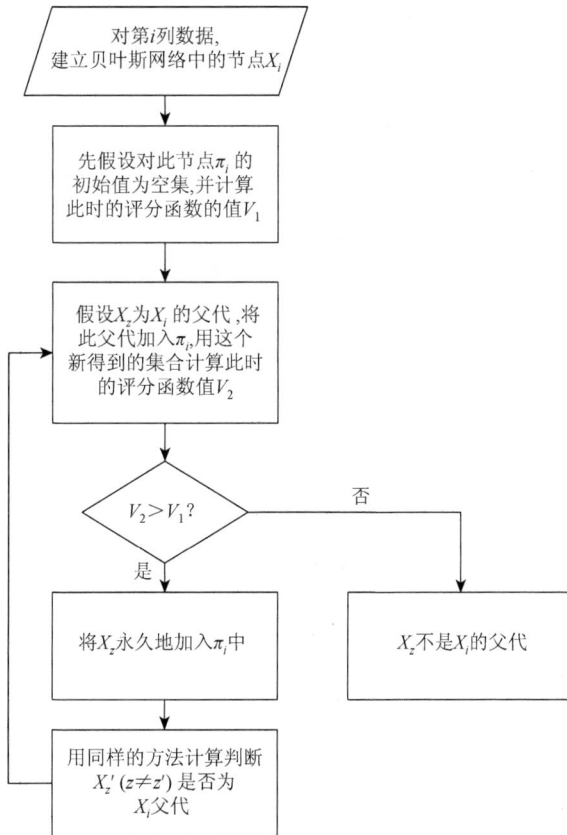

图 4.1　K2 算法示意图

　　K2 算法的主要缺点是对数据的依赖性太大，当样本容量足够小的时候，该算法几乎不可用，而且即使在样本量大时，也需要大量计算时间。

　　此外，基于约束的方法也是常用的贝叶斯网络结构学习方法，如采用局部因果关系简化贝叶斯网络的结构建模，典型的方法是局部因果发现（local causal discovery，LCD）算法[60]。

　　LCD 算法需要假设一个背景知识变量，它是一个独立存在的变量，并不是由其他原因产生的，它反映了特定主题领域的专业知识，很多情况下，可以由专业技术领域（如某个专门试验科目的知识）给出或者由专家给出，从而使得 LCD 算法与特定知识领域能够密切结合。然而，LCD 在实际应用中存在一定的局限性，在因果发现过程中，LCD 会漏掉一些类型的因果关系。此外，LCD 返回的成对的因果关系，并没有使这些成对的因果关系统一起来，这种算法只聚焦于局部的因果关系发现，因此会产生零散的因果关系图，而不是完整的因果关系图，也正是这种原因，LCD 算法才会更简单，运算速度更快。最后，LCD 算法在检验独立性的时候，最多只能以一个变量为条件，否则独立性检验结果会出现相对不可靠的现象。

4.1.3　确定网络参数

贝叶斯网络的参数，即各变量的概率分布，一般是通过数据分析获得的，有时也可以从问题的特性直接得到。但是，当参数很难获取时，就需要借助专家判断，考虑到咨询专家耗费人力和时间，实际应用时必须考虑如何减少参数的个数，降低专家判断的难度，通常这也有利于提高判断结果的质量[40, 61]。本书将在 4.3 节中介绍如何利用贡献度方法，降低判断难度。

下面介绍一些常用的参数估计的方法，以帮助确定各变量的概率分布。

1. 单参数最大似然估计

给定 θ，数据 D 的条件概率 $P(D|\theta)$ 称为 θ 的似然度，记为

$$L(\theta|D) = P(D|\theta) \tag{4.9}$$

如果固定 D 而让 θ 在其定义域上变动，那么 $L(\theta|D)$ 就是 θ 的一个函数，称为 θ 的似然函数，参数 θ 的最大似然估计（maximum likelihood estimation，MLE），是令 $L(\theta|D)$ 达到最大的那个取值 θ^*，即

$$\theta^* = \arg \sup L(\theta|D) \tag{4.10}$$

2. 单参数贝叶斯估计

首先选用一个概率分布 $p(\theta)$ 来总结有关 θ 的先验知识，然后把数据 $D = (D_1, D_2, \cdots, D_n)$ 的影响用似然函数 $L(\theta|D) = P(D|\theta)$ 来归纳，最后使用贝叶斯公式将先验分布和似然函数结合，得到 θ 的后验分布，即

$$p(\theta|D) \propto p(\theta)L(\theta|D) \tag{4.11}$$

这就是 θ 的贝叶斯估计。

3. 单变量网络最大似然估计

考虑一个多值变量 X 组成的贝叶斯网络，设 X 有 r 个取值，$\Omega_X = \{x_1,$

$x_2, \cdots, x_r\}$，网络参数包括 $\theta_i = P(X = x_i)$，用 θ 记向量 $(\theta_1, \theta_2, \cdots, \theta_r)$，由于概率分布的规范性，$\sum\limits_{i=1}^{r} \theta_i = 1$，实际上该网络只有 $r-1$ 个独立的参数。

设有一组数据 $D = (D_1, D_2, \cdots, D_m)$，其中满足 $X = x_i$ 的样本个数是 m_i，则有

$$L(\theta|D) = \prod_{i=1}^{r} \theta_i^{m_i} \tag{4.12}$$

相应的对数似然函数为

$$l(\theta|D) = \sum_{i=1}^{r} m_i \log \theta_i \tag{4.13}$$

得

$$\theta_i^* = \frac{m_i}{m} \tag{4.14}$$

4. 单变量网络贝叶斯估计

一般假设先验分布 $p(\theta)$ 是狄利克雷分布 $D[\alpha_1, \alpha_2, \cdots, \alpha_r]$，即

$$p(\theta) = \frac{\Gamma(\alpha)}{\prod\limits_{i=1}^{r} \Gamma(\alpha_i)} \prod_{i=1}^{r} \theta_i^{\alpha_i - 1} \tag{4.15}$$

得到 θ 的后验分布 $p(\theta|D)$ 为

$$p(\theta|D) \propto \prod_{i=1}^{r} \theta_i^{m_i + \alpha_i - 1} \tag{4.16}$$

得

$$P(D_{m+1} = x_i|D) = \int \theta_i p(\theta|D) \mathrm{d}\theta = \frac{m_i + \alpha_i}{m + \alpha} \tag{4.17}$$

5. 一般网络最大似然估计

考虑一个由 n 个变量 $X = \{X_1, X_2, \cdots, X_n\}$ 组成的贝叶斯网络 N，设其中的节点 X_i 共有 r_i 个取值，其父节点 $\pi(X_i)$ 的取值共有 q_i 个组合。若 X_i 无父节点，$q_i = 1$，那么网络的参数为

$$\theta_{ijk} = P(X_i = k \mid \pi(X_i) = j) \tag{4.18}$$

设 $D = (D_1, D_2, \cdots, D_m)$ 是一组关于 N 的完整数据，则 θ 的对数似然函数为

$$l(\theta|D) = \log\left(\prod_{l=1}^{m} P(D_l \mid \theta)\right) = \sum_{l=1}^{m} \log(P(D_l \mid \theta)) \tag{4.19}$$

定义 $X(i,j,k:D_l)$，若在 D_l 中 $X_i = k$ 且 $\pi(X_i) = j$，则取值为 1，否则取值为 0，那么：

$$\log(P(D_l|\theta)) = \sum_{i=1}^{n}\sum_{j=1}^{q_i}\sum_{k=1}^{r_i}X(i,j,k:D_l)\log\theta_{ijk} \qquad (4.20)$$

定义：

$$m_{ijk} = \sum_{l=1}^{m}X(i,j,k:D_l) \qquad (4.21)$$

则有

$$l(\theta|D) = \sum_{i=1}^{n}\sum_{j=1}^{q_i}\sum_{k=1}^{r_i}m_{ijk}\log\theta_{ijk} \qquad (4.22)$$

那么：

$$\theta_{ijk}^{*} = \begin{cases} \dfrac{m_{ijk}}{\sum\limits_{k=1}^{r_i}m_{ijk}}, & \sum\limits_{k=1}^{r_i}m_{ijk} > 0 \\[4mm] \dfrac{1}{r_i}, & \text{否则} \end{cases} \qquad (4.23)$$

6. 一般网络贝叶斯估计

θ 的似然函数：

$$L(\theta|D) = \prod_{i=1}^{n}\prod_{j=1}^{q_i}\prod_{k=1}^{r_i}\theta_{ijk}^{m_{ijk}} \qquad (4.24)$$

根据贝叶斯公式：

$$p(\theta|D) \propto p(\theta)L(\theta|D) \qquad (4.25)$$

记

$$\theta = \{\theta_{ijk} \mid i=1,2,\cdots,n; j=1,2,\cdots,q_i; k=1,2,\cdots,r_i\} \qquad (4.26)$$

其中，$\theta_{ij\cdot}$ 为由 $\theta_{ij1},\theta_{ij2},\cdots,\theta_{ijr_i}$ 所组成的子向量；$\theta_{i\cdot\cdot}$ 为由 $\theta_{i1\cdot},\theta_{i2\cdot},\cdots,\theta_{iq_i\cdot}$ 所组成的子向量。

这里需要引入三个假设。

（1）全局独立：

$$p(\theta) = \prod_{i=1}^{n}p(\theta_{i\cdot\cdot}) \qquad (4.27)$$

（2）局部独立：

$$p(\theta_{i\cdot\cdot}) = \prod_{j=1}^{q_i}p(\theta_{ij\cdot}) \qquad (4.28)$$

（3）$p(\theta_{ij\cdot})$ 是狄利克雷分布 $D[\alpha_{ij1}, \alpha_{ij2}, \cdots, \alpha_{ijr_i}]$。

根据以上三个假设，有

$$p(\theta) = \prod_{i=1}^{n} p(\theta_{i\cdots}) = \prod_{i=1}^{n} \prod_{j=1}^{q_i} p(\theta_{ij\cdot}) \propto \prod_{i=1}^{n} \prod_{j=1}^{q_i} \prod_{k=1}^{r_i} \theta_{ijk}^{\alpha_{ijk}-1} \tag{4.29}$$

则有

$$p(\theta \mid D) \propto \prod_{i=1}^{n} \prod_{j=1}^{q_i} \prod_{k=1}^{r_i} \theta_{ijk}^{m_{ijk}+\alpha_{ijk}-1} \tag{4.30}$$

4.2　因果关系和因果贝叶斯网络

因果贝叶斯网络是有向边代表因果关系的贝叶斯网络，在贝叶斯网络应用于风险分析时，基本上都隐藏了某种因果关系，即一个风险事件（原因）影响或导致另外一个风险事件发生（结果），因此都属于因果贝叶斯网络。

4.2.1　因果关系与风险传导

因果关系是哲学上的一个恒久话题，有大量精深的分析。有关它到底是客观世界的属性还是人们为认识客观世界而创造的主观概念的争论一直没有结论。所幸的是，在风险管理中，不需要从哲学层面探究它到底是客观实在的还是人们主观认知的，只要求所定义的因果关系能够达到管理的目标即可。

人们谈论因果关系时有两个不同的目的：①为某种现象找出合理的解释，即科学说明（scientific explanation），以发现事件之间的联系、总结法则或通则，从而扩大人们知识的疆界，从这个角度讲，因果关系是经验的一种总结方式；②为某个特殊事件提供因果关系陈述，即将已被了解或被认为是真实的通则应用于特殊的具体案例中。

风险管理活动有两种方式，一是通过预测（forecast）未来关注事件的发生情况，提前采取某种风险应对措施，以获得最佳或满意收益。例如，通过对质量产生过程的数据分析，预测某个质量问题产生的可能性，优化相应的外部质量保证措施，提高质量风险管理效率。二是通过干预（intervention）控制行为改变某事件的发生情况，从而影响未来某事件的发生。例如，通过收集和分析无人机论证、方案、研制、定型、生产、运维等全过程的质量信息，找出影响最终质量的关键因素，针对这些关键因素提出改进措施，提高质量水平，从而降低无人机任务失败事件发生的可能性。

对预测方式来说，仅需要了解事件之间的相关性（association），而对于干预方式来说，则需进一步了解事件之间的因果关系（causality）。风险管理通常要求采取干预措施以在风险和收益之间取得平衡，因此需要特别注意事件之间的因果传导关系。

干预的本质是依据事件间的因果关系，通过直接控制原因（cause）事件来间接控制结果（effect）事件。例如，试飞员飞行时擅自改变试飞计划，可能导致严重的飞行事故，该"试飞计划被擅自改变"事件是难以直接控制的，因此可通过"提高安全意识"来间接控制。干预意味着承认事件之间存在某种传导关系，分析风险事件之间的因果关系就是要弄清楚它们之间的传导途径和机理，这是风险控制的前提。

人们的认识不足（epistemic uncertainty）和某些事物的本质随机性（aleatory uncertainty），导致无法明确事件是否发生，也无法确信事件发生的真正原因，人们对事件的发生，包括因果关系只有一种"置信程度"，称为信念，可用概率和统计理论中的概率分布函数来刻画。随着信息的变化，信念也会发生变化，对于理性的决策者来说，可以用贝叶斯规则进行信念更新。但因果关系不是相关关系，相关关系甚至都不是因果关系的必要条件[62]，因此在相关性基础上还应采用一些特殊处理才能表达因果关系，如贝叶斯网络中的 do 操作[24]。

实践中，人们面临事件（结果）的度量和分类问题。有些事件容易度量，如零件是否发生质量缺陷，可用质量数据与质量标准比较得到；有些却很不容易度量，如风险责任意识是否提高，风险责任意识的度量需要采用一些可度量的替代属性，如参加风险培训的次数和成绩、以往的表现等来间接度量。

此外，人们希望对风险事件进行完全分类，即要求分解出来的事件之间两两互不相容，且事件并集为全部风险样本空间（无法考虑的事件可定义为"其他"事件）。为了降低管理成本，有时并不对所有这些事件进行管理，而仅针对其中管理者所关心的少数重要事件，称为情景（scenario）。

定义事件间的广义因果关系为：事件因果关系 R 指的是在给定条件 S 下，发生事件 C 必然随之发生事件 E，称事件 C 为事件 E 的原因，事件 E 为事件 C 的结果。理解因果关系时，需注意以下几点。

（1）事件反映了客体状态的变化。通过客体的属性可以认知客体，在特定时刻客体属性值集合称为客体的状态，状态的变化用事件来描述。

（2）客体因果作用，在一定条件下，一个客体状态的变化导致另一个客体状态的变化，即一个事件的发生导致另一个事件的发生，称为事件之间的因果关系，前者称为原因，后者称为结果。因果关系实际反映了原因事件到结果事件的传导关系。

（3）因果关系大部分情况下表现为相关关系，但相关关系未必是因果关系。

（4）原因发生在结果之前，不存在互为因果的两个事件，因此因果关系是非自反的。

（5）结果可以看成原因的函数：$E = f(C;S)$，该函数可以是一个概率分布，S 是给定的约束条件，因此因果关系总是相对的、局部的。

（6）因果关系具有天然的传导性，但由于存在多因一果和一因多果现象，任何原因和结果之间存在多条传导路径，要分析特定原因对结果的影响要隔绝其他因素的影响。

发现某种因果关系需要依赖两种观察。

（1）保持给定条件不变的情况下，操纵 C 的发生，观察 E 是否发生。这是自然科学中常用的实验方法，要求实验是独立可重复的。

（2）每当在给定条件时，观察 C 的发生是否随后伴随着 E 的发生。这是一种自然观察，相当于自然实验，需注意的是，这并不必然表示 C 就是 E 的原因，也有可能是 C 和 E 有一个共同原因。

当存在对事件 C、E 的多种因果关系解释（理论）时，对某种因果关系的置信程度依赖于：①在同等假设下（给定条件下），该因果解释是否可以说明更多的经验事实；②在同等经验事实下，该因果解释需要假设条件的多少。

简单地说，就是越简单、解释能力越强的因果关系解释（模型）越好。从某种意义上说，人们将观察的数据通过抽象的因果关系进行组织和整理，形成知识，从而在有限的记忆和计算能力上理解这个复杂的世界。

当一种因果关系解释被普遍接受时，就可以利用它进行管理或法律上的因果推断，厘清责任关系。需要注意的是，管理或法律上只需是普遍接受的，并不要求是事实上的，这是与科学上追求的客观的因果关系不同的。

例如，汉代时人们普遍相信巫蛊术，认为在形似某人的玩偶身上扎针或诅咒会导致该人遭受不幸，因此实行这种巫术的人被认为有罪，将遭受严厉的制裁，如同实施了真刀实枪的杀人一样。

这种情况在现代已被认为是极其荒谬的，在认识这个过程中，以前被普遍接受的因果关系由于得不到经验事实的验证，其信度日益降低，到现在已经不被普遍接受了。

从前面的分析可以得到如下结论：因果关系可以看成事件之间的二元关系，满足传递性、非对称性；原因事件和结果事件可以用随机变量表示；因果关系可随时间细分，即在时间上总可以找到 C 和 E 的一个中间事件 M，使得 M 是 C 的结果又是 E 的原因；对一个因果关系的置信程度，会随着证据（实验或自然实验的结果）发生改变，置信程度是一个主观概念，当证据越来越多的时候，因果关系解释会被普遍接受（因为人是理性的）；在管理中，人们针对普遍接受的因果关系进行责任厘清和控制。

由于给定条件很难固定，事件 C 的发生并不必然地导致 E 发生，仅是一个高概率的发生，这并不影响对因果关系的推断，这种不确定性的考虑已纳入置信度的分析了。

无论原因事件还是结果事件，都可以用随机变量来刻画其不确定性，概率和统计理论就成为风险因素传导分析的有力工具，只不过概率和统计理论上的相关关系并不是因果关系，相同的统计相关关系背后可以有不同的因果关系，如何从给定数据中挖掘出因果关系是当前因果推断和风险传导分析的一个难点。

4.2.2　因果关系传导的三种基本模式

因果关系实质上展示了从原因事件到结果事件的传导过程，包括传递因果关系、多因一果关系和一因多果关系三种基本模式，任何复杂的因果传导机理都可以用这三种基本模式组合表示。

1）传递因果关系

如图 4.2 所示，事件 A 是事件 B 的原因，而事件 B 又是事件 C 的原因。这种关系的特点是给定原因 B 的情况下，A 与 C 是独立的，若知道事件 B 发生了，则 C 的发生情况与 A 无关，即 $P(A,C|B) = P(A|B)\times P(C|B)$。这也说明若存在 A 到 B，B 到 C 的传导关系，则控制中间原因 B，可以切断 A 到 C 的传导。

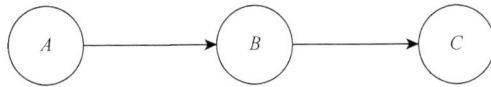

图 4.2　传递因果关系

例如，零件加工偏差（A）会影响装配时公差配合程度（B），公差配合程度又会影响部件的可靠性（C），但是若控制了公差配合程度，如剔除不合格加工零件，则零件加工偏差对部件可靠性就没有影响。

这种情况下，B 称为 C 的直接原因，A 称为 C 的间接原因。

2）多因一果关系

如图 4.3 所示，事件 A 和 B 都是事件 C 的原因，这种关系的特点是，若不知道 C 发生情况，则 A 和 B 相互独立；若知道 C 发生情况，则 A 和 B 就相关了，而且是此消彼长的负相关。

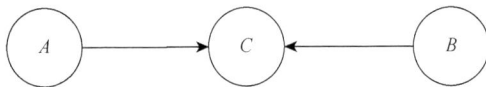

图 4.3　多因一果关系

例如，发动机叶片的材料质量（A）和加工质量（B）是影响叶片寿命（C）的两个原因。当不知道叶片寿命时，材料质量和加工质量是相对独立的，当发现叶片寿命偏低的时候，如果能确定材料质量高，那么可以肯定加工质量低，两者存在负相关关系。

多因一果关系使得在回溯原因时，对背景噪声产生的质量风险有更好的理解，有利于厘定风险责任。

3）一因多果关系

如图 4.4 所示，事件 A 是事件 B、C 的共同原因，这种关系的特点是，若不知道 A 是否发生，则 B、C 相互关联；若知道 A 发生情况，则 B、C 之间是独立的。

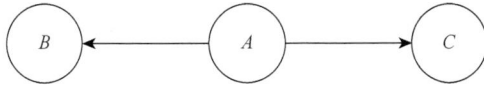

图 4.4　一因多果关系

例如，在统计无人机飞行事故时发现，在多次发生小型事故后面，一般会发生一起严重事故，这并不是说发生多次小事故（B）是大事故发生（C）的原因，而更有可能是有一个未能观察的事件（A），如管理松懈，导致既频繁发生小事故，同时又可能导致发生大事故。当不知道 A 时，B 和 C 是相关的，但当知道 A 的情况，如管理松懈时，那么无论是否知道小事故频繁发生与否，也不能改变对大事故发生可能性的判断，因为可以直接从管理松懈得出对它的判断。

用数学表示就是 $P(B,C|A) = P(B|A) \times P(C|A)$。

4.2.3　因果贝叶斯网络

与贝叶斯网络类似，一个因果贝叶斯网络由一个有向无环图和对应的联合概率分布构成。有向无环图中节点代表原因事件或结果事件，由特定的随机变量表示，有向弧表示原因事件对结果事件的影响（从原因指向结果）；所有节点（随机变量）的联合分布分解为一系列条件概率分布的乘积，每个条件概率分布都是节点在给定其父节点情况下的条件分布，定量描述了其父节点（原因事件）对它（结果事件）的综合影响。

根据因果马尔可夫假设，即给定一个变量 X 的直接原因（X 所有的父节点状态），该变量条件独立于那些不是其直接或间接结果（非后代节点）的变量[60]。因此如果根据经验和已有知识，断定某些变量之间存在因果关系，则利用这个假设可以识别变量间的条件独立关系，从而构造出符合这些经验和知识的因果贝叶斯网络。在此基础上，可利用贝叶斯网络理论对任何风险传导路径进行定量分析，借助灵敏度分析，还可识别关键风险传导路径，提高风险控制效率。

4.3 基于因果贝叶斯网络的风险传导建模

4.1 节中介绍了确定贝叶斯网络结构和参数的方法，在复杂装备风险分析中，经常使用基于流程的因果贝叶斯网络方法构建模型，同时，当模型参数是通过专家咨询得到时，需要耗费大量的人力和时间，因此在实际应用中，有必要简化模型参数，可以采用的方法有：通过分类节点和使用适用于不同节点类型的函数来减少参数的个数，或是采用贡献度来替代条件概率表。

4.3.1 基于流程的因果贝叶斯网络结构建模

因果事件有时间上的先后关系，而作业流程上的先后关系满足因果事件时间上的要求，同时复杂装备研制试验事先都必须设计好试验科目和流程，从试验流程出发识别风险事件之间的因果关系具有巨大的直观优势，而且识别出现的风险事件可以很容易转变成因果贝叶斯网络模型结构，因此基于流程的因果贝叶斯网络风险传导建模的第一步就是从流程出发，考虑管理成本，通过历史资料和专家判断等方法识别各种风险事件，明确之间的因果作用关系，这是后续定量分析风险事件的基础。

基于流程的因果贝叶斯网络风险传导建模过程如下[42]。

1) 作业流程分析

作业流程分析（operation process analysis，OPA）用于分析装备试验的技术过程，识别其流程及对应的干系人，是后续风险事件因果分析和风险责任分配的基础。建议采用业务流程建模（business process modeling，BPM）工具进行分析，如采用 BPM 标准的工具。

在进行 OPA 分析时，要求注意如下原则：①自上而下，先确定里程碑事件，然后逐步细化；②划分的层次要考虑可管理性。可管理性主要体现在三个方面：责任人是否明确；评估（度量）的难易程度；控制［干预（intervention）］手段的成本高低。可管理性会随着管理技术的发展、经验和数据的积累而提高。

例如，无人机试飞试验主要包括试飞试验准备、飞行试验、数据处理归总三个阶段，其流程如图 4.5 所示。

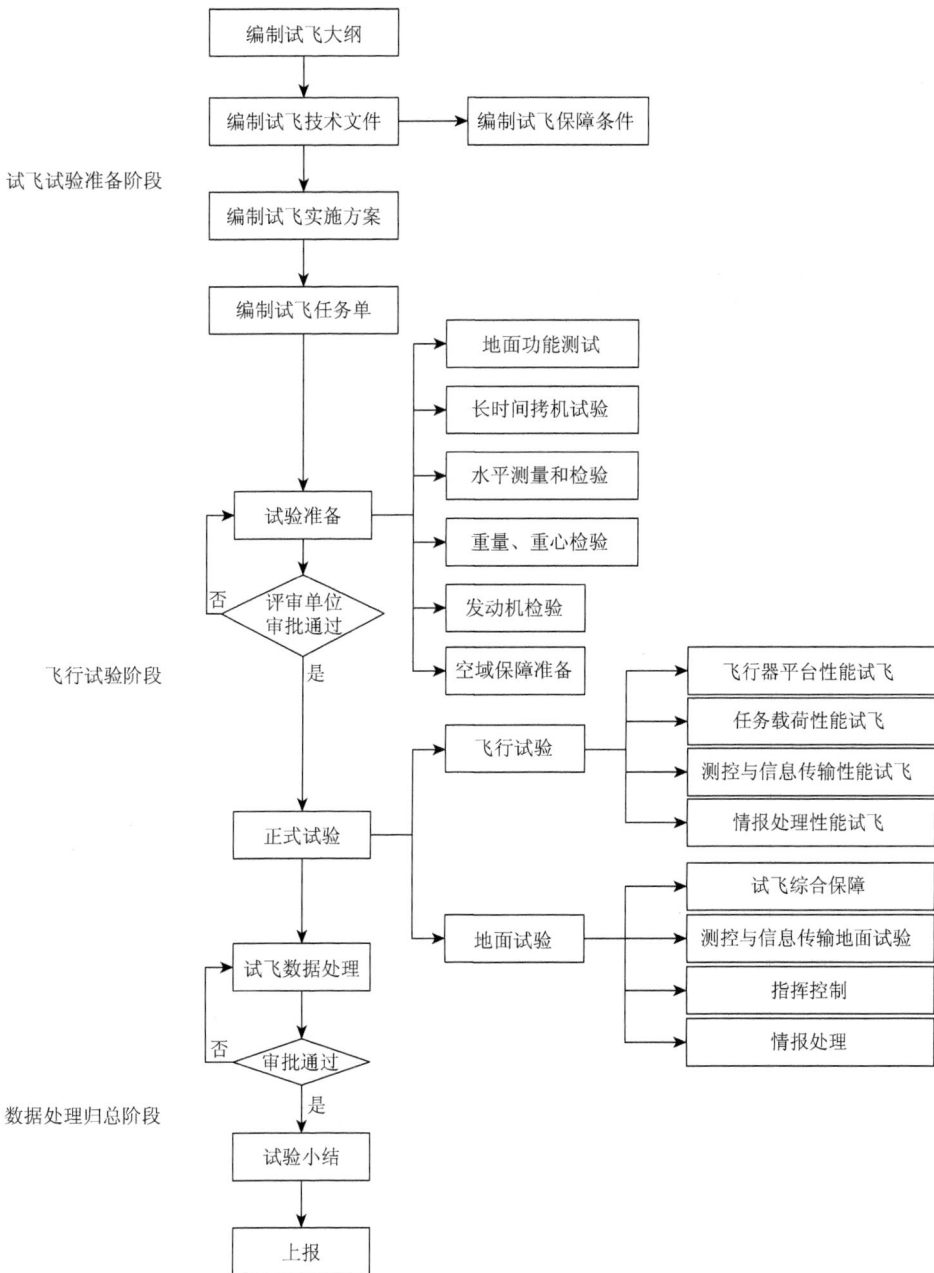

图 4.5　无人机试飞试验流程图

2）识别风险事件

（1）根据 OPA，识别可能出现的风险事件。参与人：管理人员、作业负责人、专家、风险分析人员。方法：历史数据、专家评价（如访谈、头脑风暴法等）、问卷调查等。

（2）风险事件分类。评价风险事件可管理性，将作业流程整合（或分解，一般是整合，因为考虑到管理成本，风险管理层级要求较高），将识别出来的风险事件重新组合（或分解，分解组合的标准就是可管理性）。

风险按可管理性高低可以分为项目内、项目外，组织内、组织外，行业内、行业外等大类。组织外某些风险和行业外几乎所有风险（如政治、法律等背景风险）都会对所有作业有影响，处理时应加入一些辅助变量，通过增加层次，减少后续风险评估时的难度和工作量。

需要注意的是，风险事件的可管理性与组织的管理水平有密切关系，组织管理精细化程度越高，可识别分类的风险事件就可以越详细，同时，可管理性会随着管理技术的发展、经验和数据的积累而提高。

每一个识别出来的质量风险事件可以用一个事件项表示，具体内容如表 4.1 所示，所有这些识别出来的风险构成的集合称为风险登记册。

表 4.1　质量风险因素描述表

事件编号	事件名称	事件描述	度量准则	直接原因	直接后果	干系人及其责任	备注

事件编号是对识别出来的质量风险事件赋予的一个唯一编码，便于管理。

事件名称是对识别出来的质量风险事件的简要描述，可采用"实体+动作+风险状态"的方式表示，如"机载设备+布置+不合理""飞行中操控人员+判断+失误"，相应的风险事件名称就是"机载设备布置不合理"和"飞行中操控人员判断失误"。一些情况下，风险事件名称可以没有"动作"，仅是"实体+风险状态"，如"加工工艺不稳定"。这样做的目的是以最少的文字描述风险事件的对象，便于给出风险事件的度量，同时便于识别其原因和导致的后果。

事件描述是对识别出来的质量风险事件的具体描述，是对"实体""动作""风险"状态的进一步说明。

度量准则是对风险状态的度量，即规定什么情况下是不合理、判断失误和不稳定的，传导模型中参数建模奠定了一个量化的基础，也便于量化风险事件的因果关系。

直接原因是导致该风险事件的原因事件，直接后果是该风险事件导致的直接结果事件。原因和结果事件需要在一定的层级，考虑可管理性后给出。

干系人及其责任指的是涉及该风险事件的个人和组织，他们的责任有所不同，大致可分为四种责任：负责、执行、咨询和会知。负责指的是该干系人对该风险事件负有最终责任,执行指的是该干系人具体执行该作业流程,咨询指的是该作业流程需要向该干系人获取相关信息,会知指的是该流程作业的情况需要向该干系人汇报或通知。当风险事件发生时,通过干系人及其责任条目可以迅速定位责任人,为后续厘定风险责任提供制度维度的分析基础。

例如,在无人机试飞时最主要的安全事故是无人机坠毁、失踪。事故的原因有很多,如人为因素、设备(硬件与软件等)故障、恶劣天气等,其中每种非自然原因后面都会涉及多个作业流程,还会涉及更多的原因。在进行安全事件识别时如果针对每一个作业进行安全事件识别,将会产生大量的结果。对每一个安全事件进行管理在成本上是难以承受的,效果上也容易主次不分。因此,必须根据其可管理性对安全事件进行合并,找出主要的安全事故,分析其内在的因果关系。

这些安全风险事件还需要进一步组合和编号,以便于构造因果贝叶斯网络,如表 4.2 所示。

表 4.2　风险事件分类

一级指标	二级指标	描述	编号
编制大纲风险	试飞工作的目的或科目不明确	不明确目的和科目的试飞可能导致试飞工作无意义	A_1
	技术状态要求存在问题	对某些具体参数的限制要求不合理	A_2
	考核方式存在问题	考核方式不能实现目的	A_3
编制技术文件风险	限制条件过高或过低	要求的气象条件、空域条件、边界条件等限制条件过高或过低	B_1
	技术状态条件不明确	试飞时的技术状态条件要求得不明确	B_2
	技术保障条件不明确	试飞的技术保障条件存在问题	B_3
编制实施方案与任务单风险	任务职责交代不清	具体任务的负责人员交代不清楚	C_1
	试飞内容与目的有出入	编制的试飞科目不能实现试飞目的	C_2
试验准备风险	没按要求进行测试	试验准备和常规具体流程存在出入,有疏漏的地方	D_1
	故障单没归零	故障单没归零	D_2
正式试验风险	系统故障	无人机系统(无人机平台、遥控站、数据链)出现故障	E_1
	人为失误	指挥、操作人员人为失误	E_2
	空域条件不适宜试飞	空间和地域条件不适宜试飞	E_3
数据处理风险	数据处理错误	数据处理计算上有失误	F

3）利用因果贝叶斯网络描述因果关系结构

根据重新组合（或分解）的风险事件，分析其因果作用（必要时需再组合或分解），采用因果贝叶斯网络图来描述此风险事件相互作用的因果结构。

例如，对前面识别出来的无人机安全风险事件，可以依靠专家和以往安全事件分析报告等信息，识别各事件间的因果关系，用因果贝叶斯网络中有向无环图表示出来，如图 4.6 所示，其中总风险就是需要分析、预警或控制的顶层安全风险事件。

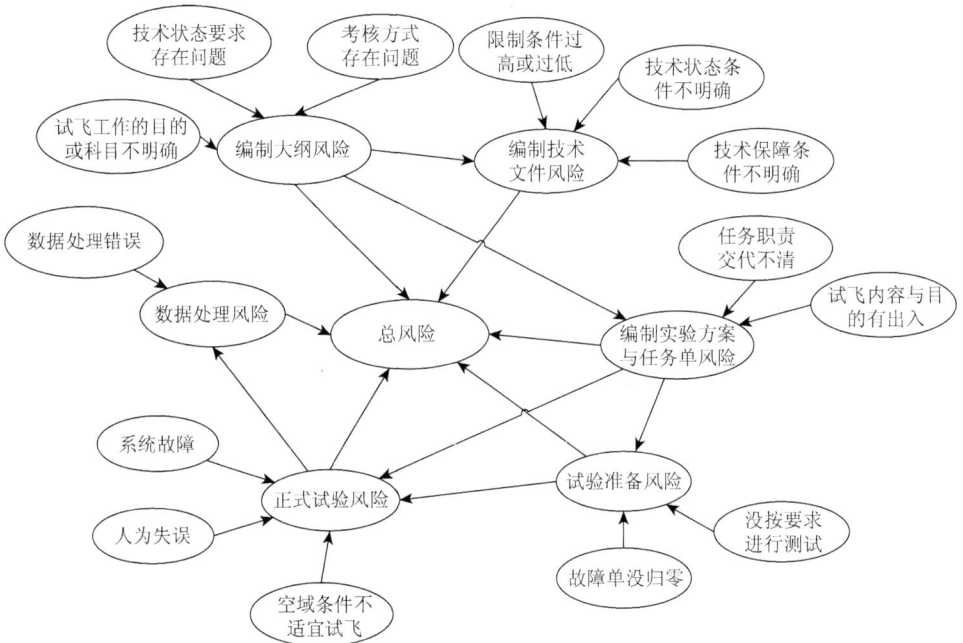

图 4.6　无人机试飞安全风险事件的因果关系图

4.3.2　简化因果贝叶斯网络参数的方法

在实际应用因果贝叶斯网络时，为提高效率，人们开发了许多辅助方法，如贡献度法、节点分类法等。

1. 贡献度法

在历史数据缺乏时，网络参数往往需要专家依靠自身经验给出估计。如果网络参数或参数取值众多，专家判断将面临很大难题。为降低判断难度，可采用节点间贡献度来替代条件概率表。风险事件的父节点对子节点的相对重要程度称为贡献度，这个贡献度就是贝叶斯网络拓扑结构图中连接节点的边的参数[55]。

下面介绍如何利用层次分析法（analytical hierarchy process，AHP）计算贡献度。AHP 要求专家对不同父节点的贡献度进行两两比较，得到两两比较矩阵，通过简单数学计算可得权重 w_i 和最大特征值 λ_{max}，前者就是父节点对子节点的贡献度，后者用于评价专家的判断一致性。

为描述简单，如图 4.7 所示，假设有风险事件集，事件 $\{A_1, A_2, A_3, A\}$，其中事件 A 是事件 A_1、A_2、A_3 的子节点，即由原因 A_1、A_2、A_3 导致风险事件 A 发生。

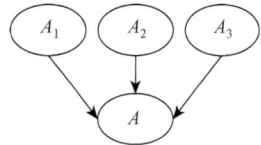

图 4.7　层次结构分析

（1）首先专家通过两两比较判断得到判断矩阵 A：

$$A = \begin{bmatrix} a_{11} & a_{12} & a_{13} \\ a_{21} & a_{22} & a_{23} \\ a_{31} & a_{32} & a_{33} \end{bmatrix} \tag{4.31}$$

（2）将矩阵 A 进行列归一化，得矩阵 B：

$$B = \begin{bmatrix} \dfrac{a_{11}}{a_{11}+a_{21}+a_{31}} & \dfrac{a_{12}}{a_{12}+a_{22}+a_{32}} & \dfrac{a_{13}}{a_{13}+a_{23}+a_{33}} \\ \dfrac{a_{21}}{a_{11}+a_{21}+a_{31}} & \dfrac{a_{22}}{a_{12}+a_{22}+a_{32}} & \dfrac{a_{23}}{a_{13}+a_{23}+a_{33}} \\ \dfrac{a_{31}}{a_{11}+a_{21}+a_{31}} & \dfrac{a_{32}}{a_{12}+a_{22}+a_{32}} & \dfrac{a_{33}}{a_{13}+a_{23}+a_{33}} \end{bmatrix} \tag{4.32}$$

（3）取矩阵 B 每一行元素的平均值得到一个三行一列的矩阵 W：

$$W = \begin{bmatrix} \left(\dfrac{a_{11}}{a_{11}+a_{21}+a_{31}} + \dfrac{a_{12}}{a_{12}+a_{22}+a_{32}} + \dfrac{a_{13}}{a_{13}+a_{23}+a_{33}} \right)/3 \\ \left(\dfrac{a_{21}}{a_{11}+a_{21}+a_{31}} + \dfrac{a_{22}}{a_{12}+a_{22}+a_{32}} + \dfrac{a_{23}}{a_{13}+a_{23}+a_{33}} \right)/3 \\ \left(\dfrac{a_{31}}{a_{11}+a_{21}+a_{31}} + \dfrac{a_{32}}{a_{12}+a_{22}+a_{32}} + \dfrac{a_{33}}{a_{13}+a_{23}+a_{33}} \right)/3 \end{bmatrix} \tag{4.33}$$

矩阵 W 就是判断矩阵 A 的优先特征向量。

（4）计算权重 w_i。上面的计算过程中步骤（3）得到的优先特征向量 W 就是所要求的权重 w_i，即专家给出的贡献度判断。

两两比较矩阵涉及专家的主观判断，因此必须进行一致性检验，为此需要计算一致性指标C.I.（n 为判断矩阵阶数）：

$$\text{C.I.} = \frac{\lambda_{\max} - n}{n-1} \tag{4.34}$$

其中，$\lambda_{\max} = \sum_{i=1}^{i=n} \frac{(AW)_i}{nW_i}$。

然后计算一致性指标C.R.：

$$\text{C.R.} = \frac{\text{C.I.}}{\text{R.I.}} \tag{4.35}$$

其中，R.I. 为随机性指标，两两判断矩阵的阶数越大，其值越大，反映的是在该阶数下专家判断的平均不一致性，因此C.R.反映的是两两判断在该阶数下"合理"的不一致性。R.I.具体数值见表4.3。

表 4.3　不同阶数下的 R.I.值

n	1	2	3	4	5	6	7	8	9	10	11
R.I.	0	0	0.58	0.9	1.12	1.24	1.32	1.41	1.45	1.49	1.51

当C.R.≤0.1时，判断矩阵一致性满足要求，贡献度判断有效，否则需要专家重新进行判断，直到满足一致性要求。

2. 节点分类法

节点分类法由 Fenton 和 Neil[40]提出，目的是简化参数取值判断，主要有标签节点、布尔类型节点和函数节点、有序节点等。

1）标签节点

标签节点指的是取值仅有有限个分类的随机事件，如民航安全事件类型有事故、事故症候、其他安全事故三类。一般情况下，分类的含义需要由建模者自己确定，其名称不一定具有特别含义，标签节点示例见表4.4。

表 4.4　标签节点示例

节点名	状态
学生	Peter、John、Alison、Nicole
损伤	骨碎、韧带损伤、其他
运动	网球、田径、足球

简化标签节点概率表的方法是使用函数表达式——比较表达式, 其具体形式如表 4.5 所示。

表 4.5　比较表达式

表达式	含义
$A == B$	A 等于 B
$A \| B$	A 或 B 为 True
$A \&\& B$	A 和 B 都为 True

if (<条件>, "选择 1", "选择 2") 的意思是, 如果<条件>为 True, 那么 "选择 1" 一定为 True, 反之 "选择 2" 一定为 True。

假设对损伤有如下先验知识。

(1) Alison 和 Nicole 的损伤只可能是韧带损伤。

(2) Peter 的损伤只可能是骨碎。

(3) John 的损伤只可能是 "其他"。

在这种情况下, 对节点 "损伤" 可以使用如下逻辑表达式:

if(学生 == "Alison" || 学生 == "Nicole", "韧带损伤", if(学生 == "Peter", "骨碎", "其他"))

2) 布尔类型节点和函数节点

布尔类型节点代表的事件仅有发生和不发生两种状态。该类节点由于判断简单, 在实际中运用广泛, 而且从概率判断上来说, 任何离散概率分布都可以通过设计一系列布尔类型问题获取专家概率判断, 这也是专家判断抽取的常用技术。当节点和父节点都是布尔类型节点时, 可以引入逻辑操作符来简化节点概率表的构建, 如 OR、AND、NoisyOR、M from N、加权平均等函数。

OR 函数指的是父节点事件中只要有一个为 True, 节点事件就为 True, 其表达式为 if ($A ==$ "True" $\|$ $B ==$ "True", "True", "False")。

AND 函数指的是, 当所有父节点事件为 True 时, 节点事件才为 True, 其表达式为 if ($A ==$ "True" $\&\&$ $B ==$ "True", "True", "False")。

NoisyOR 函数指的是当所有父节点事件对节点事件的影响独立时, 当且仅当其中一个父节点事件为 True, 其他父节点都为 False 时, 节点事件才为 True, 此外还需考虑一个遗漏值 (leak value), 是指当所有父节点事件都为 False, 节点事件为 True 时的概率, 其表达式为: NoisyOR ($X_1, v_1, X_2, v_2, \cdots, X_n, v_n, 1$), 其中,

$v_i = P$ （节点事件 ＝ True $| X_i = $ True, $X_j = $ False, $i \neq j$ ）, $1 = P$ （节点事件 ＝ True $| X_1 = $ False, $X_2 = $ False, $\cdots, X_n = $ False ）。

M from N 函数指的是 N 个父节点事件中至少有 M 个是 True，节点事件就为 True，其表达式为 M from N （ $m, n, A_1, A_2, \cdots, A_n$ ）。

加权平均函数指的是当父节点事件为 True 时对该父节点赋予一个权重，然后将其相加便可得到节点事件为 True 时的平均概率。

当结果可以理解为原因事件的各种条件时，这些关系特别有用，因为条件可以进行逻辑运算，从而大大降低节点概率表的构建难度。

3）有序节点

有序节点指的是任何节点的状态是用一个有序的量表表示的。节点值通常由主观的有序量表测量。虽然基于父节点的子节点的关系概率数据很有限，但是通常可以利用专家的主观判断来获取。简化有序节点概率表构建的方式一般可用截断正态（truncated normal，TNormal）分布。

假设有序节点有一个隐含的从 1 到 0 的等距量表，可以定义一个统计分布，称为 TNormal 分布，根据这个分布就可以生成节点概率表。不同于正态分布，TNormal 分布有有限的端点，对于有序节点来说，其端点为 0 和 1，但和正态分布一样，TNormal 分布有均值和方差。

4.4 基于因果贝叶斯网络的风险传导分析与控制

利用因果贝叶斯网络进行风险传导分析一般需要进行以下几个步骤。

（1）根据要分析的主题领域（如复杂装备研制质量风险传导）的专业技术和组织特点，识别作业流程，找出风险事件相互作用的逻辑联系，通过流程—产品—干系人三个维度，识别可能存在的风险事件，定位干系人的职责。

（2）根据可管理性将识别的风险事件恰当归类，归类后的风险事件既便于管理，又便于后续的定量分析，从而建立因果贝叶斯网络结构。当历史数据较多的时候，也可以首先采用一些结构化的算法建立网络结构，然后利用专家判断进行完善修订。

（3）利用历史数据、专家判断等方法融合多源数据，确定因果贝叶斯网络参数。

（4）分析关键风险事件链，对关键风险事件进行风险传导分析。

（5）针对关键风险事件，制定风险控制策略，评估控制策略的有效性。

4.4.1 装备研制流程分析与功能过程分析

流程是指作业活动的顺序和方法，流程中的作业活动需要资源（人、财、物、技术等）的投入，在时间上具有先后或平行关系，按照流程识别风险事件是人们熟悉的一种方法。

在分析质量风险因果传导机理时首先分析流程非常有必要：①流程普遍存在，往往已形成规范制度和标准，人们有直观感性认识，容易理解和交流，是识别风险事件的好的开始；②由于流程具有时间上的顺序关系，在此基础上容易识别事件间因果关系；③流程中的活动都可以明确具体相关人员责任，质量风险责任容易追溯，在管理上具有显著的实用性。

例如，某主机厂试飞站的生产流程如图 4.8 所示，其中接收飞机、喷漆、调试是生产过程。各个过程的基本工作是：从总装接收飞机，整机喷漆，检查调试，试飞包括移交、检查、交付、科研、训练和演示试飞，试飞后进行检查测试，交付时军队核装、专场前试飞、完成专场，最后交付军队。

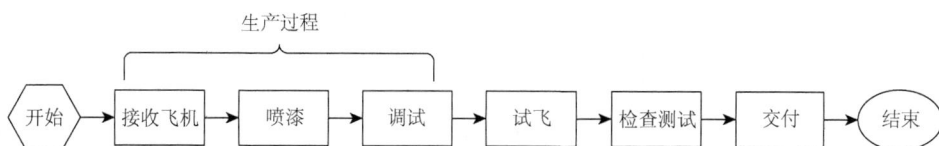

图 4.8　某主机厂试飞站生产流程图

通过确定流程图，可以很方便地了解试飞任务的完整过程、需要从事的具体工作名称及其之间的关系，结合工作分解结构、工作描述和对应的责任分配图，可以绘制组织流程图，能迅速了解流程中每一项工作的具体内容、操作规程以及相关的干系人及其责任。在质量风险事件识别分类时，可以更好地选择合适的专家，而且一旦发生质量风险事件，也容易明确干系人责任。

流程图可以从上到下逐级进行细化，也可以从下而上进行集成，为识别和分类各种质量风险事件提供了一个很好的出发点。例如，图 4.8 的试飞可以分成准备、飞行试验实施和试飞后讲评及数据处理归总三个主要阶段，某试飞站试飞准备阶段的部分工作流程具体如图 4.9 所示。

流程分析仅面向的是作业流程维度，复杂装备研制中还有另外一个维度是产品维度。复杂装备是一个复杂系统，由若干相互联系的子系统、部件、零件等各个层次的系统组成，形成一个产品分解结构。

无论是作业流程还是产品系统，都可以抽象为功能过程，从而将风险传导机理分析扩展到任何实现特定功能的系统中，此时风险可以定义为不确定性对功能实现的影响。

飞行准备阶段流程图1

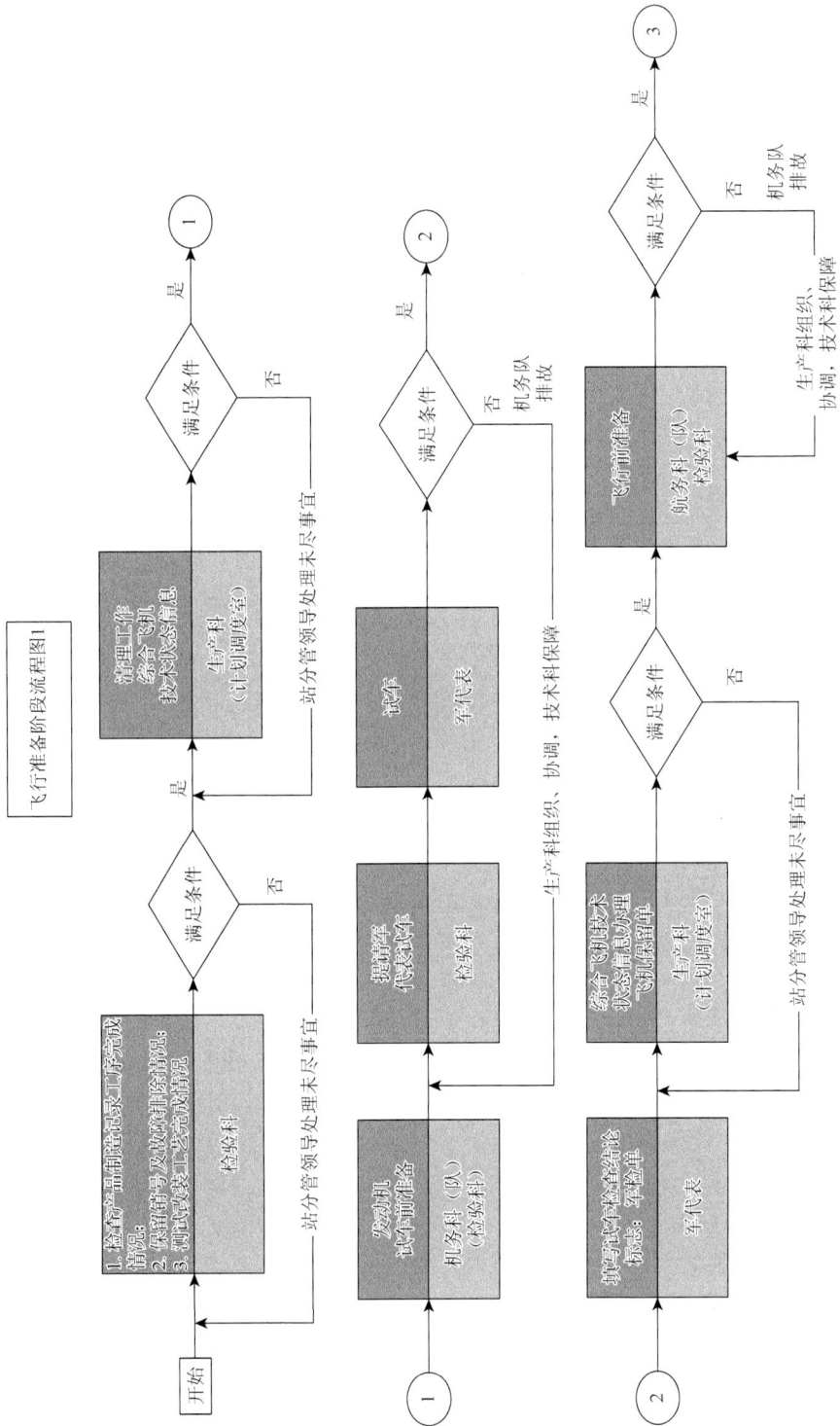

开始

接收飞机品制飞机工序完成
1. 检查产品制造和装配试装工序完成情况；
2. 保留编号及故障排除情况；
3. 规划装机工艺完成情况。

检验科

满足条件
是 / 否

站分管领导处理未尽事宜

清理工作 综合飞机 故障过间装信息

生产科（计划调度室）

满足条件
是 → ①
否

站分管领导处理未尽事宜

①

接收机 光纤检前准备

机务科（队）（检验科）

提出真 传递试飞件

检验科

满足条件
是 → ②
否

生产科组织、协调、技术科保障

试飞

军代表

机务科组织准备全面检查
场地试飞

军代表

综合飞机划转之后 状态信息处理"到位"程度单

生产科（计划调度室）

满足条件
是 / 否

站分管领导处理未尽事宜

②

飞机前准备

航务科（队）检验科

满足条件
是 → ③
否 机务队排放

生产科组织、协调、技术科保障

机务队排放

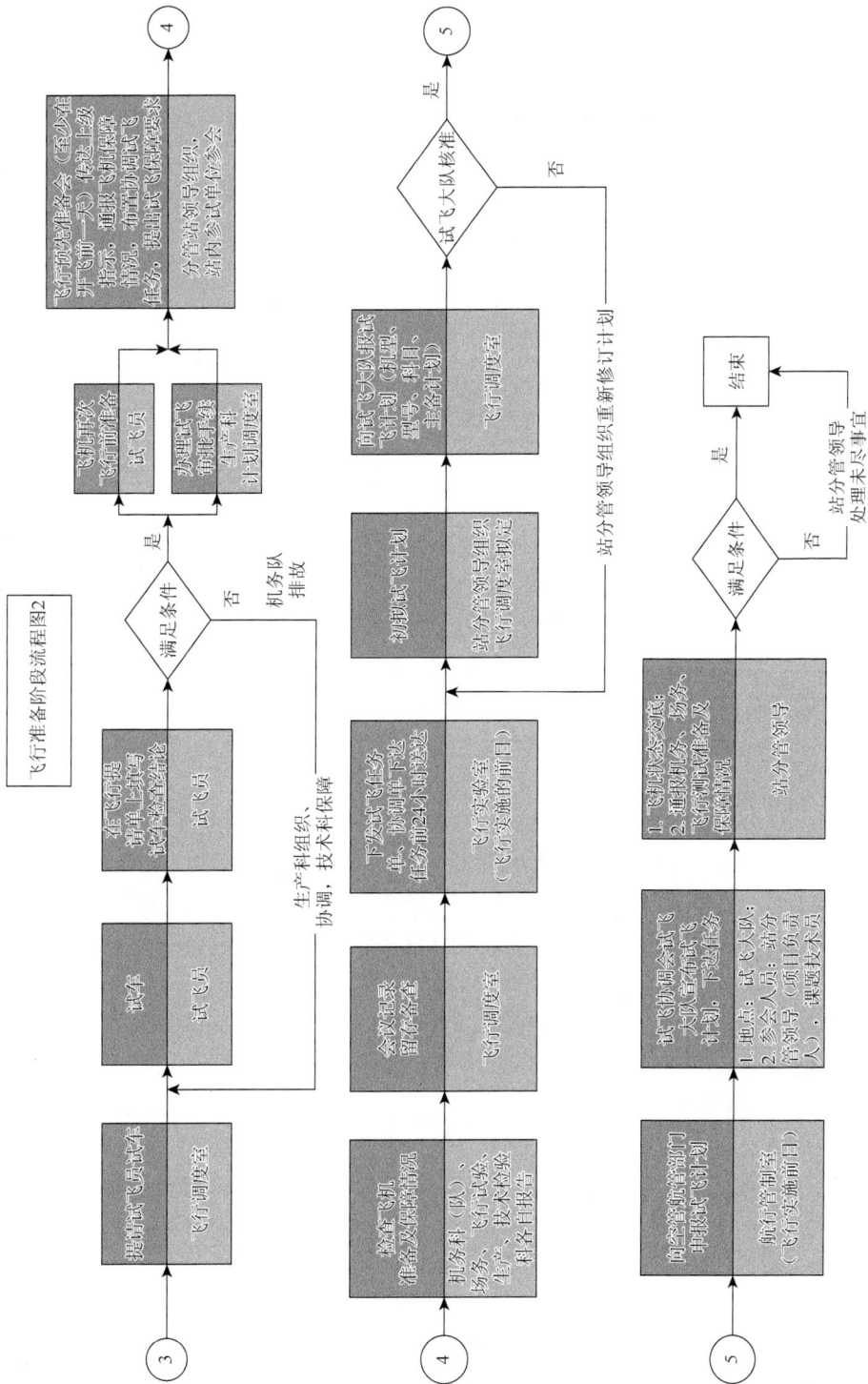

图 4.9　某试飞站试飞准备阶段部分工作流程图

基于功能过程的风险传导机理分析需要界定以下术语。

功能过程：简称过程，由一组输入、处理、输出，以及环境条件构成，以实现特定功能，如图 4.10 所示。相互联系的功能过程可以组合在一起，形成级别更高的功能过程，以实现更为复杂的功能。复杂装备研制就是一个高级别的功能过程，由若干低级别过程组成，对应的是研制工作分解结构中的具体工作，对于复杂装备来说，功能过程对应的就是产品分解结构中的各个子系统、部件、零件等。

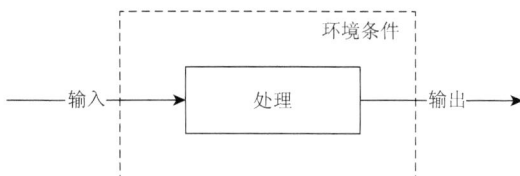

图 4.10　功能过程示意图

过程可以分成两大类，一类与直接实现功能和目的有关，称为增值过程；另一类与保持环境条件稳定有关，称为辅助性过程。

输入有两大类，一是技术类输入，包括物化的技术，如机器设备、加工规程、管理规范、软件程序等，以及非物化的技术，如人的创造性劳动；二是原材料类输入，包括原材料、数据等，是处理的对象。

处理：用技术类输入对原材料类输入进行加工，使其转化为符合特定需求的输出。

输出：具有预定功能的产品、服务或成果，是下一个功能过程的输入。如果输出达不到预定功能特性，就形成技术风险。

环境条件：一组条件的集合，是功能过程实现输入到输出转化的必要条件。保证一个或数个子过程稳定实现的是局部环境条件，保证整个过程稳定实现的是全局环境条件，但环境条件不能满足要求时，会带来环境风险。

当多个功能过程组成一个更高级别的过程时，各个子级别的过程需要协调，即上一个过程的输出必须在正确的时间、正确的地点传递给下一个过程。过程间协调不好会形成管理风险。

总的来说，一个功能过程面临的风险可以分成技术、管理和环境三大类。

功能过程隐藏着一个因果关系，就是在给定环境条件下，对给定的输入施加处理，必然产生预期的输出。对于因果关系定义 $E = f(C; S)$ 来说，结果 E 是输出，原因 C 是输入，f 是处理，S 是环境条件。

通过这种抽象，基于流程作业的传导分析和基于产品组成的传导分析可以统一为基于功能过程的传导机理分析，并可以统一用因果贝叶斯网络来描述和处理。

在描述一个过程时，特别需要明确实现该过程功能和负责该过程的人员，应该为每一个过程建立责任分配矩阵，落实每个干系人的权责，通过对干系人的激励达到对过程控制的目的，形成流程—产品—干系人的全方位、统一的质量风险传导分析和控制体系。

4.4.2　风险因素识别与传导机理分析的四种实用模式

在功能过程分析的基础上需要进一步识别风险因素，并进行恰当分类，满足可管理性要求。

因果贝叶斯网络中采用随机变量来描述风险因素，用随机变量之间的有向弧箭头指向表示因果关系。但实际情况中，考虑到可管理性，这些弧不一定强制要求是因果关系，同时变量的选取和关系描述（箭头指向）会遇到大量类似的情况，这些类似情况归纳为四种实用模式，分别是因果型模式、度量型模式、集成型模式和归纳型模式[40]。通过快速识别和使用这四种模式，可以显著提高风险事件识别的速度和准确度，极大地提高风险传导机理分析效率，也便于在多个专家之间取得一致结果。

1. 因果型模式

变量之间是原因和结果关系，箭头由原因指向结果，如图 4.11 所示。飞机试飞过程中，天气突变产生雷暴，导致飞机损毁（注意，雷暴产生和飞机损毁都定义为随机事件，在风险描述中都应尽量采用"实体+动作+风险状态"方式准确定义，本小节事件名称采用了简化处理，用一些名词和动词替代）。因果型模式同样有因果传导、多因一果和一因多果三种基本情况。

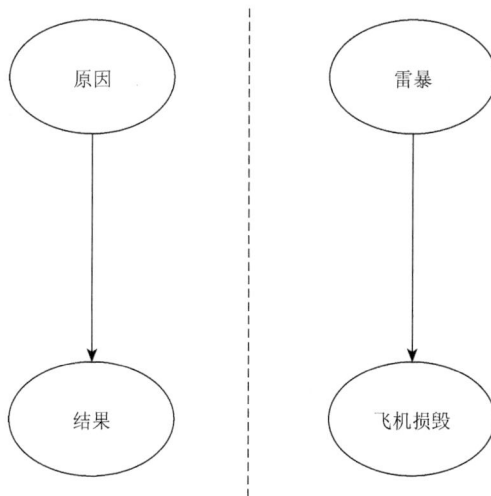

图 4.11　因果型模式

特别需要注意的是，因果型模式并不表明事件间的完整因果关系，选取什么样的事件取决于管理目的和管理成本之间的权衡。例如，雷暴导致飞机损毁的内在过程，可能是雨量过大导致发动机熄火，从而飞机损毁，也可能是雷电击中油箱导致飞机损毁，也可能是机翼结冰导致飞机损毁，还可能是雷暴中的湍流导致飞机颠簸，从而产生损毁等，具体要识别和分解到何种程度，需要综合权衡。

此外，当考虑风险事件的应对和控制时，可以采用图 4.12 所示的复杂因果型模式。

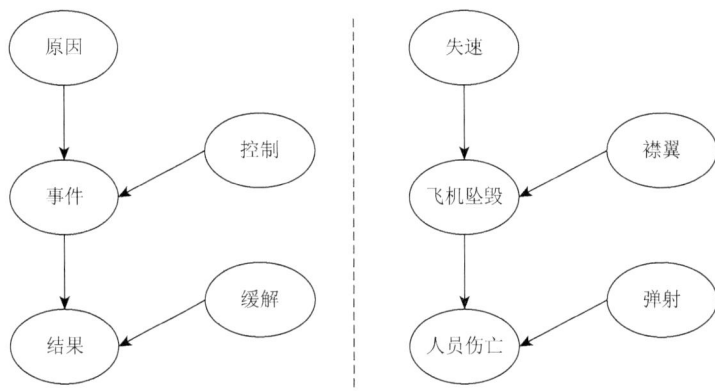

图 4.12　复杂因果型模式

2. 度量型模式

贝叶斯网络图中节点都是随机变量，可以表示任意不确定事件，但很多情况下，观察或度量这些不确定事件时会带来额外的不确定性，因此识别时需要将这种影响明确刻画出来，如图 4.13 所示。

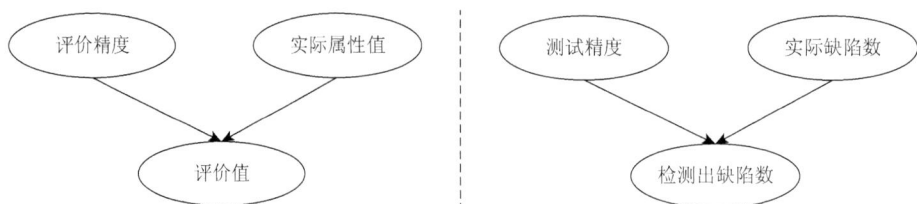

图 4.13　度量型模式

需要注意的是，真正想度量的东西往往由于度量的成本、信息的缺乏、道德伦理、验证困难等原因而无法获得，只能借助间接的过程及指标来度量，这些无法确知的隐变量是风险传导分析过程中特别需要考虑的。

一旦知道度量的结果，影响度量结果的各个因素之间就相互关联：人们更相信一个因素是原因的同时就会更不相信另外一个因素，这种情况称为得释（explain away）[55]。

3. 集成型模式

集成型模式是常见的一种类型，本质上不是因果关系，而是一种组合关系或定义关系。如图 4.14 所示，将集成因子定义为若干因子的组合。例如，质量安全事件就是指造成人员伤亡、财产损失、职业病或环境破坏的事件，而质量安全风险就是安全事故发生的可能性与其损失的乘积。

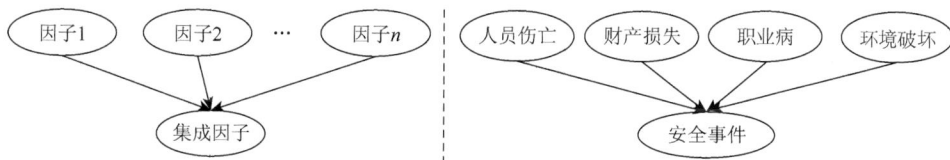

图 4.14　集成型模式

又如，系统复杂性就是接口复杂性、编码复杂性和文档复杂性三个方面的集合，编码复杂性还可以再细分为语言复杂性、结构复杂性和数据复杂性，如图 4.15 所示。

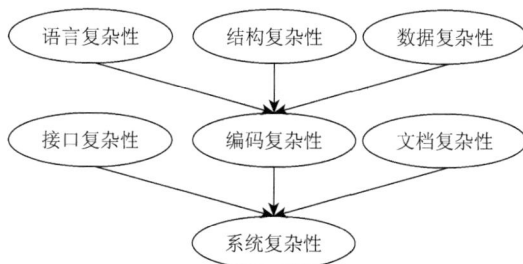

图 4.15　系统复杂性的分解

集成型模式为后续贝叶斯网络参数估计提供了很大便利。假设某装备研制试验涉及五个部门，则整个试验质量受到这五个部门工作质量的影响，如图 4.16 所示。假设试验质量有三种情况：高、中、低。部门工作质量也有三种情况：高、中、低，则同时需要估计 $3^5 \times (3-1) = 486$ 个参数。如果换成图 4.17 的形式，则同时需要估计 $3^2 \times (3-1) \times 4 = 72$ 个参数，估算的数量和难度显著降低了，特别是需要利用专家进行主观判断的时候，这种方法更加凸显出其优势。

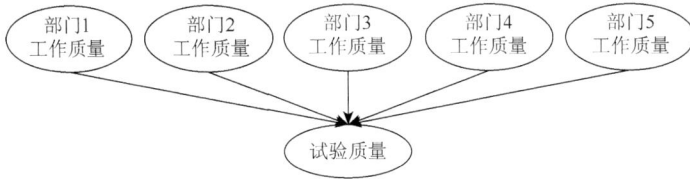

图 4.16　多个组合因子

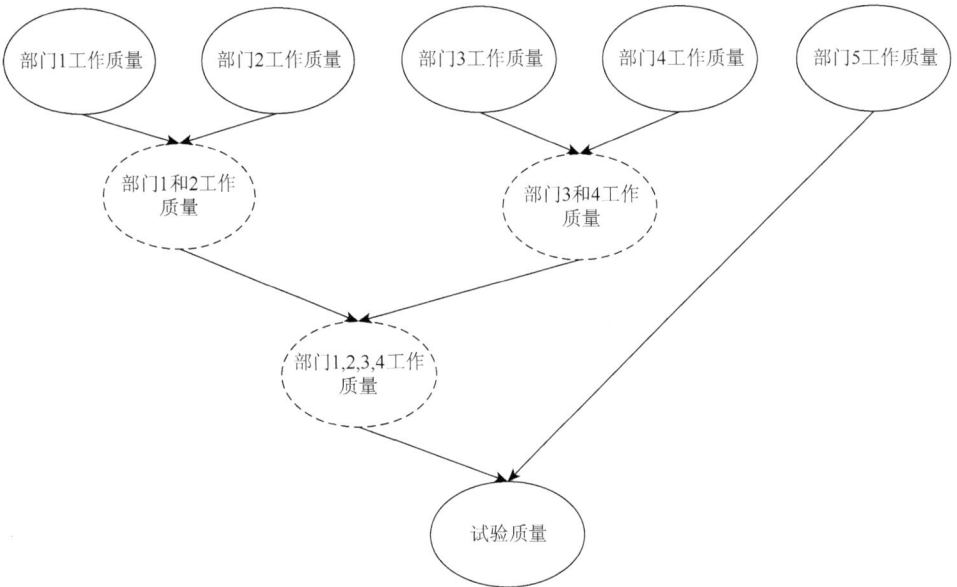

图 4.17　降低参数估计复杂性的新组合方式

4. 归纳型模式

归纳型模式用于通过若干观察获得总体的参数，再结合具体环境参数作出预测的场合，是一个归纳推理过程，所以称为归纳型模式，如图 4.18 所示。

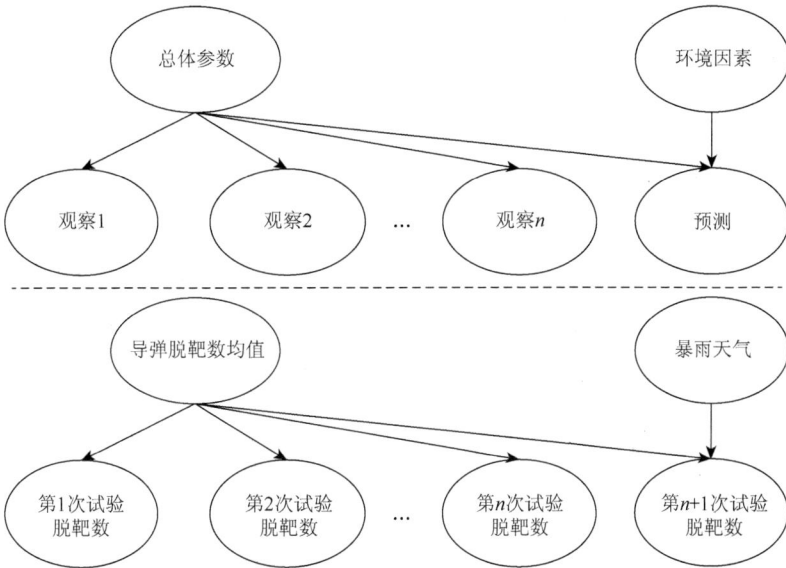

图 4.18　归纳型模式

归纳型模式的一个典型例子是通过对某型导弹打靶试验来估计该型导弹的命中精度，这是一个总体参数，然后利用这个总体参数，结合具体某次试验的气象条件来预测该次试验导弹的命中精度。

很多情况下归纳型模式可以简化成图 4.19，其中对未来属性值的预测仅依赖属性值的历史状况及根据环境或任务状况作出的修正。例如，为了预测承制方的研制能力，仅需考察承制方以前的研制情况，并结合欲研制装备与其历史研制装备的差异，就可以较好地预测承制方研制该型装备的能力。

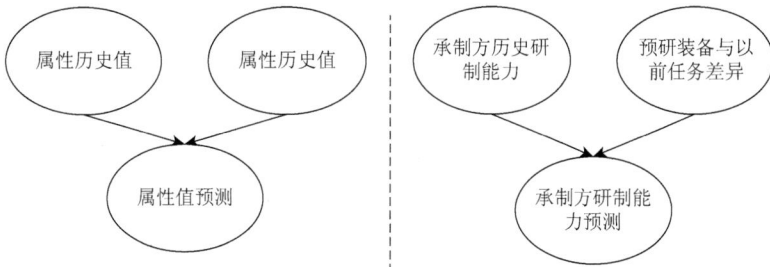

图 4.19　归纳型模式的一个简化版本

在风险传导分析中，灵活采用这四种模式，可以充分利用某些专业领域知识，快捷定位风险事件，识别风险事件间的关系，简化风险传导模型的构建和分析。

4.4.3　do 操作与风险传导控制模型

基于因果贝叶斯网络的风险传导控制本质上是对节点间因果效应的查询问题，即如果对某个原因节点实施控制，那么结果节点的概率分布会有什么变化，这对于制定风险应对措施是至关重要的。

在因果贝叶斯网络中，通过 do 操作可以实现这个目的。

do 操作指的是直接将原因节点变量 X_i 设置为 x_i，同时所有影响 X_i 的行为都被截断（终止它与父节点的联系）的操作，称为一个干预，记为 $do(X_i) = x_i$。do 操作来自外部因素的作用，由外部赋值，在风险管理中一般由管理者通过控制手段给定。

do 操作后的网络可用一个修正网络来描述，该网络是从初始因果贝叶斯网络中去掉所有指向 X_i 的箭头，并将 X_i 的条件概率分布重新设定为 $P(X_i|Pa(X_i)) = P'(X_i = x_i)$ 得到的。例如，图 4.20（b）就是在图 4.20（a）基础上干预变量 X_3 得到的。

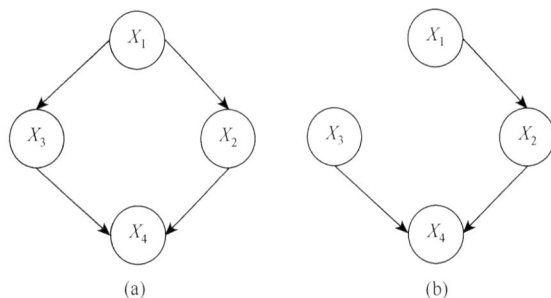

(a)　　　　　　　　　　　　　　(b)

图 4.20　干预变量 X_3 后得到的因果贝叶斯网络结构

在因果贝叶斯网络中，记所有的节点集合为 $\{X_1, X_2, \cdots, X_n\}$，则所有变量的联合概率分布为

$$P(X_1, X_2, \cdots, X_n) = \prod_{i=1}^{n} P(X_i|Pa(X_i)) \tag{4.36}$$

$Pa(X_i)$ 表示 X_i 的父节点的集合。在 do 操作中，$do(X_i) = x_i$，表示在贝叶斯网络中，所有指向 X_i 的边全部被切断，而 X_i 的取值固定为 x_i，得到新的联合概率分布为 $P(X_1, X_2, \cdots, X_n | do(X_i) = x_i)$，注意这不是指一个条件分布，可以证明，干预后的联合概率分布为

$$P(X_1, X_2, \cdots, X_n \mid \mathrm{do}(X_i) = x_i) = \frac{P(X_1, X_2, \cdots, X_n)}{P(X_i \mid \mathrm{Pa}(X_i))} P'(X_i = x_i) \qquad (4.37)$$

根据 do 操作，便可以计算两个变量间的平均因果作用，如二值变量 Z 对于 Y 的平均因果作用可定义为

$$\mathrm{ACE}(Z \to Y) = E(Y \mid \mathrm{do}(Z) = 1) - E(Y \mid \mathrm{do}(Z) = 0) \qquad (4.38)$$

在因果贝叶斯网络的结构和参数都已知的情况下，可以利用 do 操作计算任意变量之间的因果作用。

在实际应用中，这个约束很强，对于复杂装备研制质量风险来说，风险变量数量太多，联系过于复杂，大多数情况下仅有部分数据可用，无法满足这个约束。Pearl 为此提出了后门准则（backdoor criterion）和前门准则（frontdoor criterion），目的在于当一些变量不可观察时也可以计算因果作用，具体计算和应用可参考 Pearl 等[24, 63]的著作。

利用 do 操作，原则上可分析任意变量对其子孙变量的因果影响，可以回答如果对某风险因素进行控制，则会对另外的风险因素产生什么样的影响这类问题，这也正是质量风险传导分析和控制迫切需要回答的问题。

另外，得到结构和参数完整的因果贝叶斯网络后，为了识别出关键风险因素，帮助决策者更好地进行风险和收益的平衡，可对某一节点进行敏感性分析，得到关键风险因素，针对这些风险因素采取控制措施，将显著提高风险应对和控制效率。

实际工作中由于风险因素众多，这一步计算量巨大，往往需要专门的软件工具，如 AgenaRisk、GeNIe 等来辅助实现。

4.5　某型空面导弹大型地面试验质量风险传导分析

某型导弹属于机载武器，是重要的进攻武器，大型地面试验是在某型导弹研制、生产、使用中，为验证突防能力、精确制导能力、高效毁伤能力、弹体结构热防护能力或确定性能指标等所开展的大规模、多参数、综合性的系统、分系统性能试验或定型试验，在某型导弹论证、研制、定型、生产和使用中发挥着重要作用[64]。

相对于传统的航空武器装备试验，某型导弹大型地面试验具有以下特点。

1）试验指标体系复杂

某型导弹系统越来越复杂，使得某型导弹体系试验指标多、组成关系错综交联，试验指标体系越来越复杂。

某型导弹需要通过大型地面试验鉴定的指标体系如表 4.6 所示。

表 4.6　某型导弹试验指标体系

名称	指标	指标描述
某型导弹	战术性能指标体系	所对付典型目标特性；导弹飞行性能：作战高度、速度和射程；战斗部和引信的类型及其特性；引导方法与导弹的可用过载；制导体制及其主要特性等
	技术性能指标体系	导弹极限尺寸和总质量限制；战斗部及其引信的质量和尺寸的限制；目标探测系统的可动性、安装要求和弹上控制设备的质量与尺寸要求；动力装置的质量和尺寸要求等

2）试验环境构建复杂

某型导弹大型地面试验环境必须尽可能接近实际作战环境，具有范围大、组成复杂等特点，因此，构建满足大型地面试验需求的试验环境非常复杂。

3）试验实施复杂

某型导弹大型地面试验涉及装备多、规模庞大、持续时间长、参与人员多，使试验实施非常复杂。

4）试验结果分析与评估复杂

试验数据类型多、关系复杂、动态变化，底层评估指标计算复杂，评估方法复杂。

某型导弹大型地面试验的特点决定了它规模大、涉及范围广、技术难度大，周期长、耗费资金多、不可预见因素多、质量风险高，在其全过程的各项工作活动中存在各种各样的质量风险。质量是反映实体满足明确或隐含需要能力的特性总和，而风险是不确定性对目标的影响，各种突发因素和任何一个环节的疏忽或失控，都会给整个试验带来不可弥补的损失和失败。

为了识别某型导弹试验过程中的风险因素，首先应确定某型导弹大型地面试验的流程，其次，风险因素之间的因果关系与风险在流程中发生的顺序具有一定的相关关系，根据流程图能够更好地确定各个风险因素之间的因果关系，某型导弹大型地面试验流程图如图 4.21 所示，具体包括开始阶段、试验策划阶段、试验设计阶段、试验准备阶段、试验实施阶段、试验总结阶段和结束阶段。

4.5.1　因果贝叶斯网络结构确定

在确定某型导弹试验的流程之后，可得某型空面导弹大型地面试验全周期各阶段质量风险如表 4.7 所示。

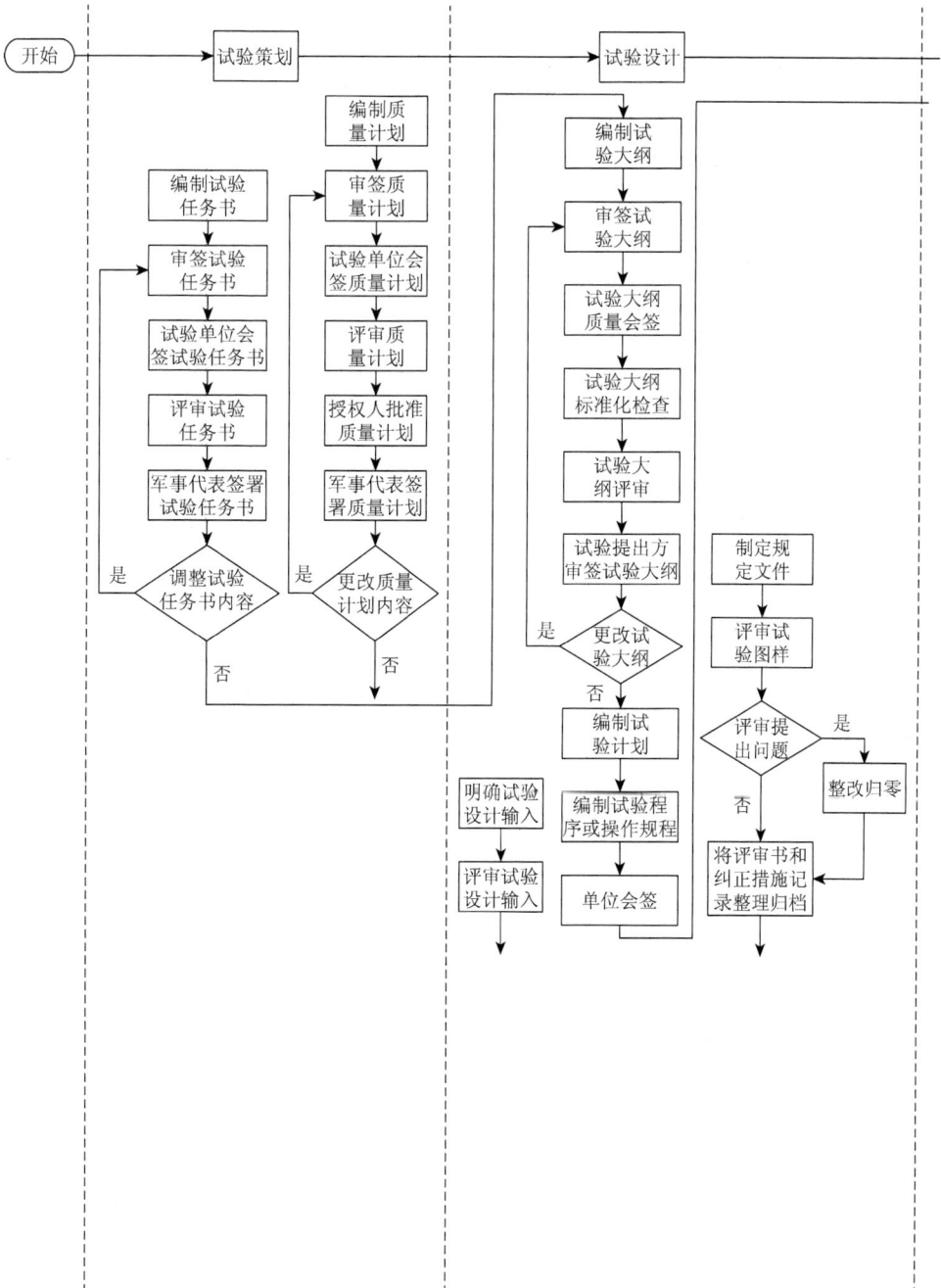

开始 → 试验策划 → 试验设计

```
                                  编制质
                                  量计划
                                     │
                                     ↓
              编制试验      ←──   审签质
              任务书               量计划
                 │                   │
                 ↓                   ↓
              审签试验            试验单位会
              任务书              签质量计划
                 │                   │
                 ↓                   ↓
              试验单位会          评审质
              签试验任务书         量计划
                 │                   │
                 ↓                   ↓
              评审试验            授权人批准
              任务书              质量计划
                 │                   │
                 ↓                   ↓
              军事代表签署         军事代表签
              试验任务书           署质量计划
                 │                   │
                 ↓                   ↓
         是   调整试验        是  更改质量
         ←──  任务书内容  ←──     计划内容
                 │                   │
                 ↓否                 ↓否
```

```
                                            编制试
                                            验大纲
                                               │
                                               ↓
                                            审签试
                                            验大纲
                                               │
                                               ↓
                                            试验大纲
                                            质量会签
                                               │
                                               ↓
                                            试验大纲
                                            标准化检查
                                               │
                                               ↓
                                            试验大
                                            纲评审
                                               │
                                               ↓
                                            试验提出方        制定规
                                            审签试验大纲      定文件
                                               │                │
                                               ↓                ↓
                                      是   更改试            评审试
                                      ←──  验大纲            验图样
                                               │                │
                                               ↓否              ↓
                                            编制试         是  评审提
                                            验计划        ←── 出问题
                明确试验                       │                │
                设计输入                       ↓                ↓否
                   │                  编制试验程        整改归零
                   ↓                  序或操作规程          │
                评审试验                       │                ↓
                设计输入                       ↓         将评审书和
                                      单位会签        纠正措施记
                                                      录整理归档
```

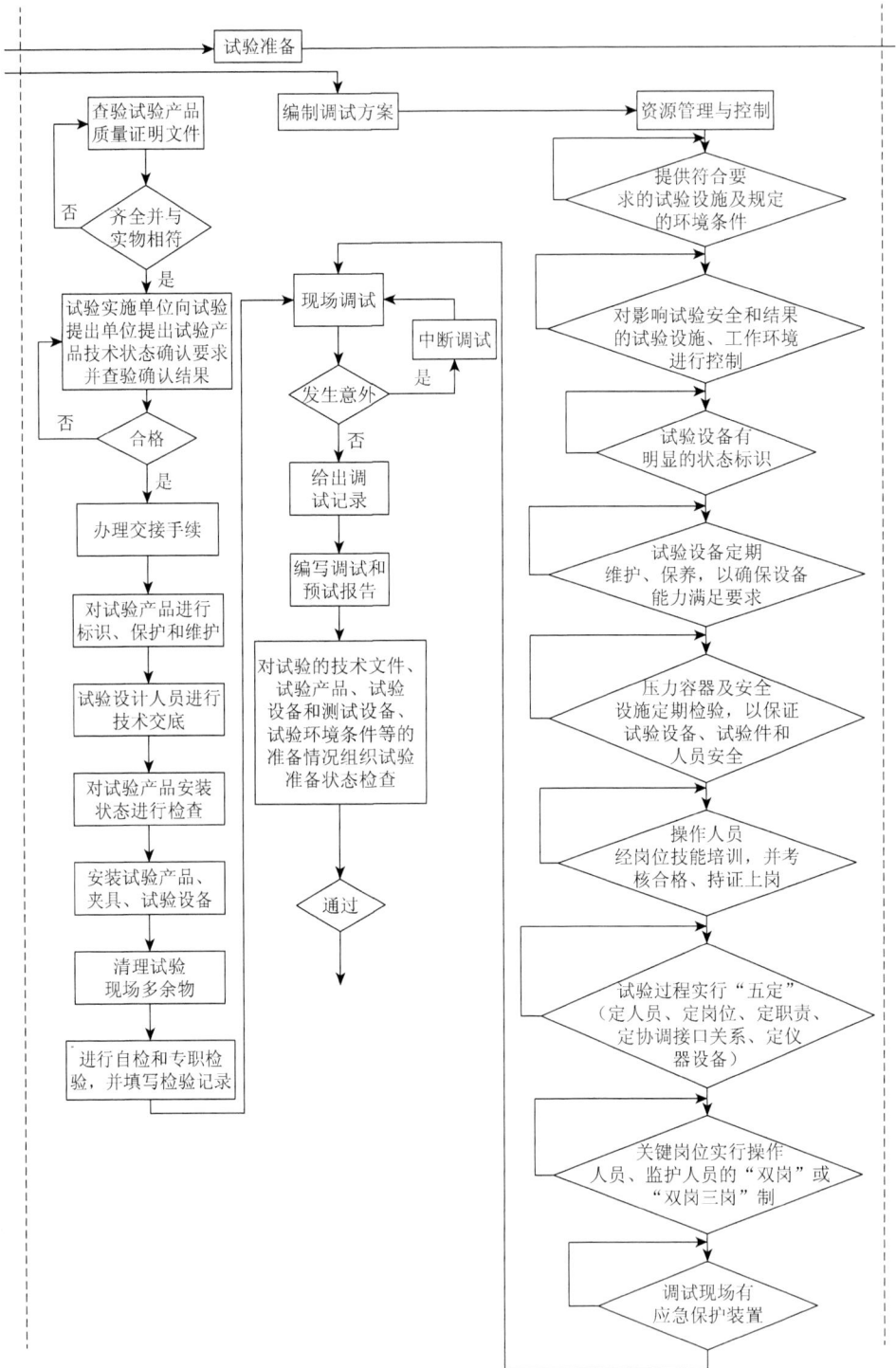

试验准备

查验试验产品质量证明文件

编制调试方案

资源管理与控制

否

齐全并与实物相符

是

试验实施单位向试验提出单位提出试验产品技术状态确认要求并查验确认结果

否

合格

是

办理交接手续

对试验产品进行标识、保护和维护

试验设计人员进行技术交底

对试验产品安装状态进行检查

安装试验产品、夹具、试验设备

清理试验现场多余物

进行自检和专职检验，并填写检验记录

现场调试

中断调试

发生意外

是

否

给出调试记录

编写调试和预试报告

对试验的技术文件、试验产品、试验设备和测试设备、试验环境条件等的准备情况组织试验准备状态检查

通过

提供符合要求的试验设施及规定的环境条件

对影响试验安全和结果的试验设施、工作环境进行控制

试验设备有明显的状态标识

试验设备定期维护、保养，以确保设备能力满足要求

压力容器及安全设施定期检验，以保证试验设备、试验件和人员安全

操作人员经岗位技能培训，并考核合格、持证上岗

试验过程实行"五定"（定人员、定岗位、定职责、定协调接口关系、定仪器设备）

关键岗位实行操作人员、监护人员的"双岗"或"双岗三岗"制

调试现场有应急保护装置

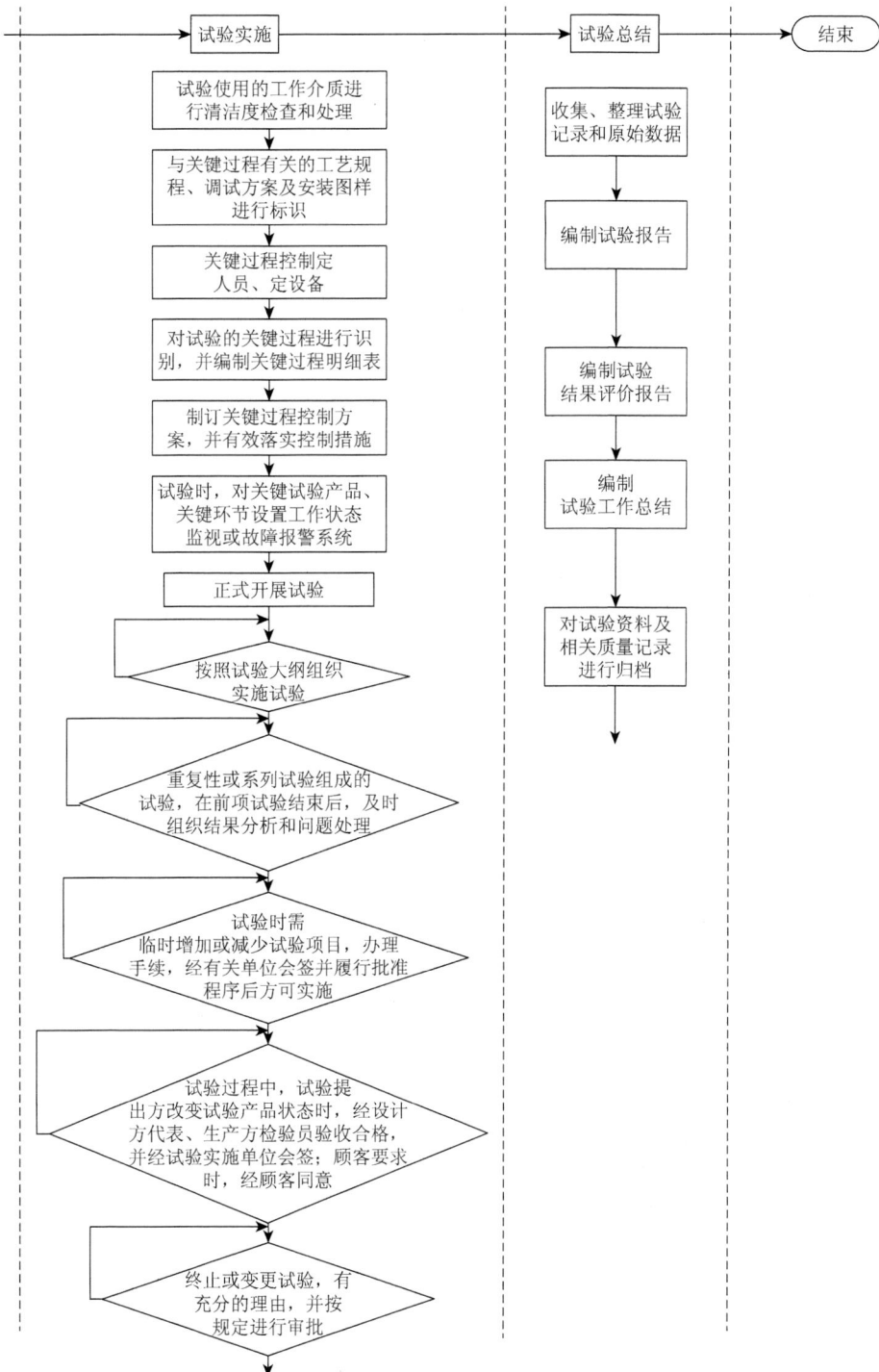

图 4.21 某型导弹大型地面试验流程图（部分）

表 4.7　某型空面导弹大型地面试验全周期各阶段质量风险表

一类风险	二类风险	三类风险
试验策划风险 A	编制试验任务书风险 A_1	缺少任务规定风险 A_{11}
		未按国家军用标准编制风险 A_{12}
		未会签风险 A_{13}
	编制质量计划风险 A_2	技术难点分析不充分风险 A_{21}
		质量计划内容不全风险 A_{22}
		质量计划与试验大纲、任务书不匹配风险 A_{23}
试验设计风险 B	试验设计输入风险 B_1	技术关注不够风险 B_{11}
		信息方案利用不全风险 B_{12}
	编制试验大纲风险 B_2	缺少依据风险 B_{21}
		更改标识不清楚风险 B_{22}
		更改不协调风险 B_{23}
	绘制试验图样风险 B_3	完整性风险 B_{31}
		一致性风险 B_{32}
	编制试验计划、试验程序或操作规程风险 B_4	试验计划合理性不够风险 B_{41}
		试验步骤描述不清楚风险 B_{42}
		故障处理的措施和流程描述不具体风险 B_{43}
试验准备风险 C	试验产品验收风险 C_1	技术状态不符风险 C_{11}
		质量问题未归零风险 C_{12}
		配套不全风险 C_{13}
	安装和检查风险 C_2	交底内容不全风险 C_{21}
		安装无依据风险 C_{22}
	调试风险 C_3	未编写调试方案风险 C_{31}
		无调试过程记录风险 C_{32}
		无应急保护装置风险 C_{33}
	试验前准备状态检查风险 C_4	检查所需文件不全风险 C_{41}
		未建立故障报告、分析和纠正措施系统风险 C_{42}
		整改归零不具体风险 C_{43}
	资源管理与控制风险 C_5	控制措施有效性不够风险 C_{51}
		现场设备无明显状态标识风险 C_{52}
		未明确关键岗位风险 C_{53}

续表

一类风险	二类风险	三类风险
试验实施风险 D	图样和技术文件管理风险 D_1	重要更改未评审风险 D_{11}
		外来文件更改审签不齐全风险 D_{12}
		作废外来文件未标识风险 D_{13}
	试验控制和测量风险 D_2	未识别关键过程风险 D_{21}
		无关键过程控制文件风险 D_{22}
		未有效落实控制措施风险 D_{23}
	组织实施试验风险 D_3	无依据风险 D_{31}
		实际与记录不符风险 D_{32}
		问题转入下一环节风险 D_{33}
	阶段评审风险 D_4	未识别明确试验阶段风险 D_{41}
		未制定预防措施风险 D_{42}
		评审不充分风险 D_{43}
试验总结风险 E	收集、整理试验记录和原始数据风险 E_1	记录和原始数据不完整风险 E_{11}
		未实施检查风险 E_{12}
	编制试验报告和评价报告风险 E_2	缺少技术问题处理风险 E_{21}
		数据分析处理评价不充分风险 E_{22}
	试验工作总结风险 E_3	未对试验仪器设备进行总结风险 E_{31}
		试验工作量未统计风险 E_{32}
		成功经验未标准化流程固化风险 E_{33}
	资料归档风险 E_4	未按不同层次归档风险 E_{41}
		外来文件未归档风险 E_{42}

利用表 4.7 识别出的质量风险因素构建贝叶斯网络模型,确定结构,如图 4.22 所示。

4.5.2　因果贝叶斯网络参数确定

1. 父节点参数获取

表 4.7 中的三类风险事件是引起质量风险的贝叶斯网络拓扑结构图中的最外层因素,也可以说是直接原因。设计调查问卷(包括表 4.8、表 4.9),让六

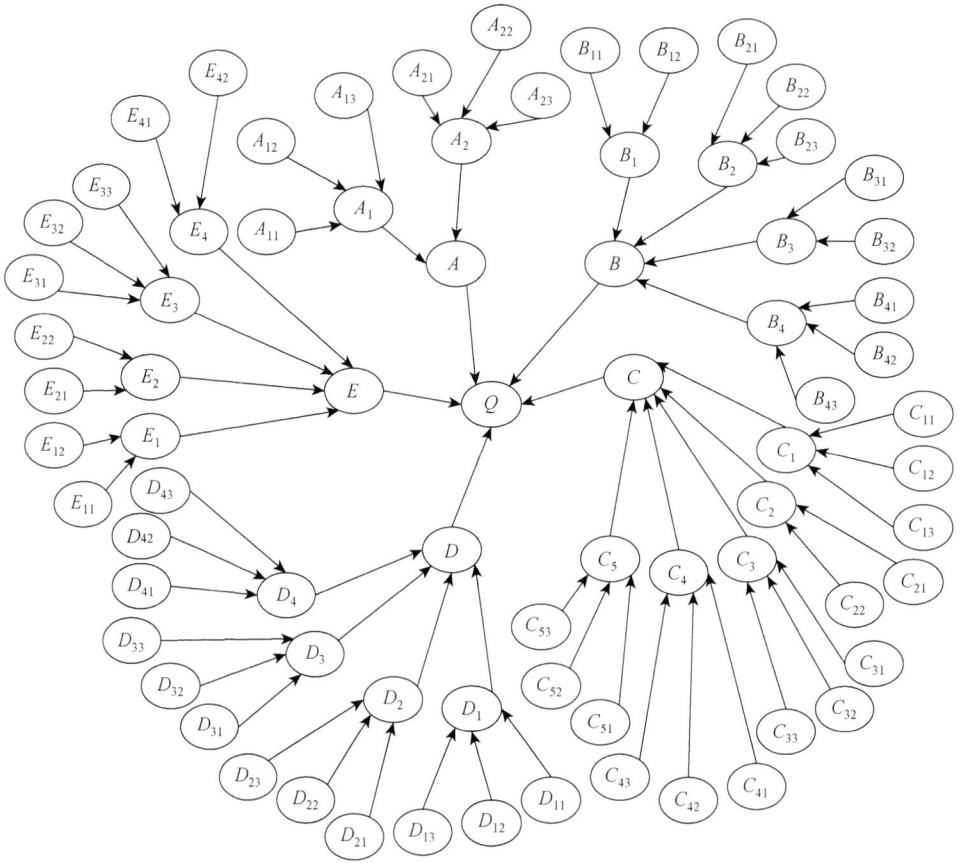

图 4.22　贝叶斯网络拓扑结构图

位专家（简介见表 4.10）给出三类质量风险事件分别在低、中等、高风险概率等级下发生的可能性。

表 4.8　事件发生概率标度

发生概率	说明	概率区间
极低	发生可能性极低时的概率	[0, 0.2)
低	发生可能性低时的概率	[0.2, 0.4)
中等	发生可能性中等时的概率	[0.4, 0.6)
高	发生可能性高时的概率	[0.6, 0.8)
极高	发生可能性极高时的概率	[0.8, 1]

表 4.9　某型空面导弹大型地面试验三类质量风险发生概率调查表

三类风险	发生概率		
	低	中等	高
缺少任务规定风险 A_{11}			
未按国家军用标准编制风险 A_{12}			
未会签风险 A_{13}			
技术难点分析不充分风险 A_{21}			
质量计划内容不全风险 A_{22}			
质量计划与试验大纲、任务书不匹配风险 A_{23}			
技术关注不够风险 B_{11}			
信息方案利用不全风险 B_{12}			
缺少依据风险 B_{21}			
更改标识不清楚风险 B_{22}			
更改不协调风险 B_{23}			
完整性风险 B_{31}			
一致性风险 B_{32}			
试验计划合理性不够风险 B_{41}			
试验步骤描述不清楚风险 B_{42}			
故障处理的措施和流程描述不具体风险 B_{43}			
技术状态不符风险 C_{11}			
质量问题未归零风险 C_{12}			
配套不全风险 C_{13}			
交底内容不全风险 C_{21}			
安装无依据风险 C_{22}			
未编写调试方案风险 C_{31}			
无调试过程记录风险 C_{32}			
无应急保护装置风险 C_{33}			
检查所需文件不全风险 C_{41}			
未建立故障报告、分析和纠正措施系统风险 C_{42}			
整改归零不具体风险 C_{43}			
控制措施有效性不够风险 C_{51}			
现场设备无明显状态标识风险 C_{52}			
未明确关键岗位风险 C_{53}			
重要更改未评审风险 D_{11}			

续表

三类风险	发生概率		
	低	中等	高
外来文件更改审签不齐全风险 D_{12}			
作废外来文件未标识风险 D_{13}			
未识别关键过程风险 D_{21}			
无关键过程控制文件风险 D_{22}			
未有效落实控制措施风险 D_{23}			
无依据风险 D_{31}			
实际与记录不符风险 D_{32}			
问题转入下一环节风险 D_{33}			
未识别明确试验阶段风险 D_{41}			
未制定预防措施风险 D_{42}			
评审不充分风险 D_{43}			
记录和原始数据不完整风险 E_{11}			
未实施检查风险 E_{12}			
缺少技术问题处理风险 E_{21}			
数据分析处理评价不充分风险 E_{22}			
未对试验仪器设备进行总结风险 E_{31}			
试验工作量未统计风险 E_{32}			
成功经验未标准化流程固化风险 E_{33}			
未按不同层次归档风险 E_{41}			
外来文件未归档风险 E_{42}			

表 4.10　专家简介

序号	职称	专长
1	研究员级高级工程师	导弹电性能试验
2	研究员级高级工程师	导弹仿真试验
3	研究员级高级工程师	导弹可靠性试验
4	高级工程师	导弹地面对接试验
5	高级工程师	导弹抗干扰试验
6	高级工程师	导弹可靠性试验

汇总六位专家对于三类质量风险事件分别在低、中等、高风险概率等级下发生可能性的估计结果，采用求和平均获取最终结果。

2. 有向弧贡献度获取

采用层次分析法获取因果贝叶斯网络中有向弧的参数, 如风险事件 A 的父节点中, A_{11}、A_{12}、A_{13} 对 A_1 的相对重要程度表述为贡献度, 这个贡献度就是图 4.22 贝叶斯网络拓扑结构图中连接节点的边的参数。设计调查问卷, 发放给六位专家进行填写, 内容包括节点 A_1 的父节点贡献度矩阵等, 示例如表 4.11 所示。

表 4.11　节点 A_1 的父节点贡献度矩阵

编制试验任务书风险 A_1	缺少任务规定风险 A_{11}	未按国家军用标准编制风险 A_{12}	未会签风险 A_{13}
缺少任务规定风险 A_{11}	1		
未按国家军用标准编制风险 A_{12}		1	
未会签风险 A_{13}			1

汇总六位专家的调查结果, 依据层次分析法的相关理论及方法, 计算每位专家判断矩阵中的特征向量 W_i 和特征值 $\lambda_{\max}$, 以 W_i 为对象进行集成, 集成后得到的值即为最终对应的每条边的参数, 下面以节点 A_1 为例, 说明具体计算分析过程, 如表 4.12 所示。

表 4.12　节点 A_1 的父节点贡献度矩阵专家汇总表

专家 1				专家 2				专家 3			
A_1	A_{11}	A_{12}	A_{13}	A_1	A_{11}	A_{12}	A_{13}	A_1	A_{11}	A_{12}	A_{13}
A_{11}	1	3	6	A_{11}	1	2	5	A_{11}	1	3	4
A_{12}	1/3	1	5	A_{12}	1/2	1	4	A_{12}	1/3	1	3
A_{13}	1/6	1/5	1	A_{13}	1/5	1/4	1	A_{13}	1/4	1/3	1
W_i	0.63	0.28	0.07	W_i	0.57	0.33	0.09	W_i	0.61	0.26	0.11
$\lambda_{\max}$	3			$\lambda_{\max}$	3.01			$\lambda_{\max}$	3		
专家 4				专家 5				专家 6			
A_1	A_{11}	A_{12}	A_{13}	A_1	A_{11}	A_{12}	A_{13}	A_1	A_{11}	A_{12}	A_{13}
A_{11}	1	1	3	A_{11}	1	2	4	A_{11}	1	2	5
A_{12}	1	1	2	A_{12}	1/2	1	3	A_{12}	1/2	1	4
A_{13}	1/3	1/2	1	A_{13}	1/4	1/3	1	A_{13}	1/5	1/4	1
W_i	0.44	0.38	0.16	W_i	0.56	0.31	0.12	W_i	0.57	0.33	0.09
$\lambda_{\max}$	3.02			$\lambda_{\max}$	3.02			$\lambda_{\max}$	3.01		

贡献度矩阵涉及专家的主观判断, 因此必须进行一致性检验。若贡献度矩阵相容, $\lambda_{\max} = n$, 若不相容, $\lambda_{\max} > n$, 相容性指标 C.I. 计算见式 (4.34)。

R.I. 为随机性指标，数值见表 4.3。

一致性指标 C.R. 计算见式（4.35）。由式（4.34）、式（4.35）计算可得各专家 C.R. 值如表 4.13 所示。

表 4.13　各专家 C.R.值

项目	专家 1	专家 2	专家 3	专家 4	专家 5	专家 6
C.R.	0.002	0.008	0.002	0.017	0.017	0.008

因为表 4.13 中各专家 C.R. 值都小于 0.1，所以各专家判断一致性满足要求。

连接 A_{11} 与 A_1 的边的参数为（0.63+0.57+0.61+0.44+0.56+0.57）/6≈0.56；连接 A_{12} 与 A_1 的边的参数为（0.28+0.33+0.26+0.38+0.31+0.33）/6≈0.32；连接 A_{13} 与 A_1 的边的参数为（0.07+0.09+0.11+0.16+0.12+0.09）/6≈0.11，因此 A_{11}：A_{12}：A_{13}≈0.56：0.32：0.11=5.6：3.2：1.1，即可以近似地认为节点 A_{11} 对 A_1 的贡献度为 5.6，节点 A_{12} 对 A_1 的贡献度为 3.2，节点 A_{13} 对 A_1 的贡献度为 1.1。

将各个节点的父节点贡献度的计算结果汇总，如表 4.14 所示。

表 4.14　各节点的父节点贡献度计算结果汇总

风险	贡献度	风险	贡献度	风险	贡献度	总风险
$A_{11}\rightarrow$	5.6					
$A_{12}\rightarrow$	3.2	$A_1\rightarrow$	3.9			
$A_{13}\rightarrow$	1.1			$A\rightarrow$	3.5	
$A_{21}\rightarrow$	4.1					
$A_{22}\rightarrow$	3.8	$A_2\rightarrow$	4.2			
$A_{23}\rightarrow$	4.3					
$B_{11}\rightarrow$	4.1	$B_1\rightarrow$	3.7			
$B_{12}\rightarrow$	3.2					
$B_{21}\rightarrow$	4.5					Q
$B_{22}\rightarrow$	1.5	$B_2\rightarrow$	3.9			
$B_{23}\rightarrow$	3.6					
$B_{31}\rightarrow$	3.3	$B_3\rightarrow$	3.2	$B\rightarrow$	3.4	
$B_{32}\rightarrow$	3.3					
$B_{41}\rightarrow$	3.5					
$B_{42}\rightarrow$	3.4	$B_4\rightarrow$	3.6			
$B_{43}\rightarrow$	3.6					

风险	贡献度	风险	贡献度	风险	贡献度	总风险
$C_{11}\rightarrow$	4.1					
$C_{12}\rightarrow$	4.2	$C_1\rightarrow$	3.5			
$C_{13}\rightarrow$	3.5					
$C_{21}\rightarrow$	2.2	$C_2\rightarrow$	2.8			
$C_{22}\rightarrow$	3.4					
$C_{31}\rightarrow$	4.1					
$C_{32}\rightarrow$	3.4	$C_3\rightarrow$	3.7	$C\rightarrow$	3.1	
$C_{33}\rightarrow$	3.6					
$C_{41}\rightarrow$	1.8					
$C_{42}\rightarrow$	3.8	$C_4\rightarrow$	2.7			
$C_{43}\rightarrow$	3.2					
$C_{51}\rightarrow$	3.5					
$C_{52}\rightarrow$	1.3	$C_5\rightarrow$	3.6			
$C_{53}\rightarrow$	3.7					
$D_{11}\rightarrow$	4.1					Q
$D_{12}\rightarrow$	3.6	$D_1\rightarrow$	3.5			
$D_{13}\rightarrow$	3.1					
$D_{21}\rightarrow$	4.2					
$D_{22}\rightarrow$	3.9	$D_2\rightarrow$	4.1			
$D_{23}\rightarrow$	3.9			$D\rightarrow$	3.8	
$D_{31}\rightarrow$	4.2					
$D_{32}\rightarrow$	3.4	$D_3\rightarrow$	4.2			
$D_{33}\rightarrow$	3.6					
$D_{41}\rightarrow$	4.0					
$D_{42}\rightarrow$	3.9	$D_4\rightarrow$	3.6			
$D_{43}\rightarrow$	3.8					
$E_{11}\rightarrow$	3.6	$E_1\rightarrow$	3.2			
$E_{12}\rightarrow$	2.1			$E\rightarrow$	3.0	
$E_{21}\rightarrow$	2.8	$E_2\rightarrow$	3.3			
$E_{22}\rightarrow$	3.7					

续表

风险	贡献度	风险	贡献度	风险	贡献度	总风险
$E_{31} \to$	3.0					
$E_{32} \to$	2.3	$E_3 \to$	3.4	$E \to$	3.0	Q
$E_{33} \to$	3.5					
$E_{41} \to$	1.6	$E_4 \to$	1.4			
$E_{42} \to$	2.8					

4.5.3　基于 AgenaRisk 软件的风险分析与评估

AgenaRisk 软件是用于风险分析和决策支持的软件。

1. 试验全周期各阶段质量风险分析与评估

针对试验策划阶段，输入 A_1、A_2 的父节点分别在低、中、高等级下发生的概率值，根据表 4.14 的数据，输入连接 A_1、A_2 节点的有向弧的参数，输入连接 A 节点的有向弧的参数，分析结果如图 4.23～图 4.25 所示（图中的 Low、Medium、High 分别对应低、中、高）。

图 4.23　A_{11} 节点概率表

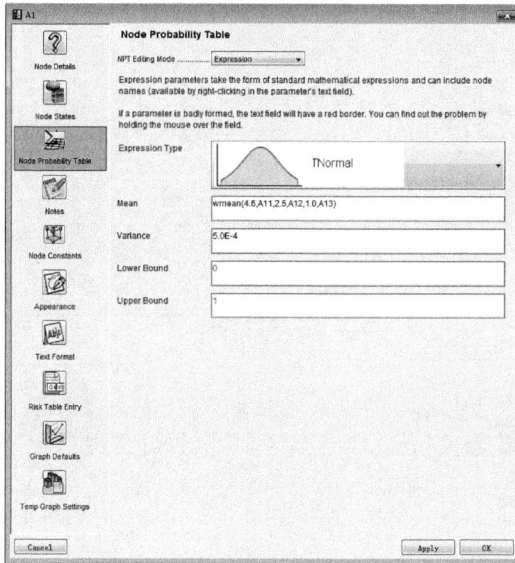

图 4.24　A_1 节点概率表

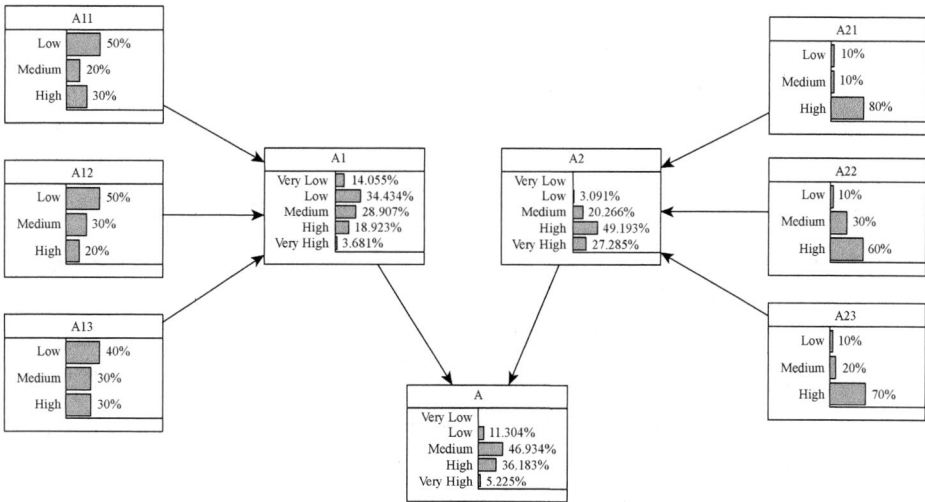

图 4.25　A 节点贝叶斯网络模型

由图 4.25 可以看出试验策划风险 A 发生的概率集中在中和高等级上,相比之下可以判断出这类风险很可能会发生。

针对试验设计阶段,输入 B_1、B_2、B_3、B_4 的父节点分别在低、中、高等级下发生的概率值,根据表 4.14 的数据,输入连接 B_1、B_2、B_3、B_4 节点的有向弧的参数,输入连接 B 节点的有向弧的参数,分析结果如图 4.26 所示。

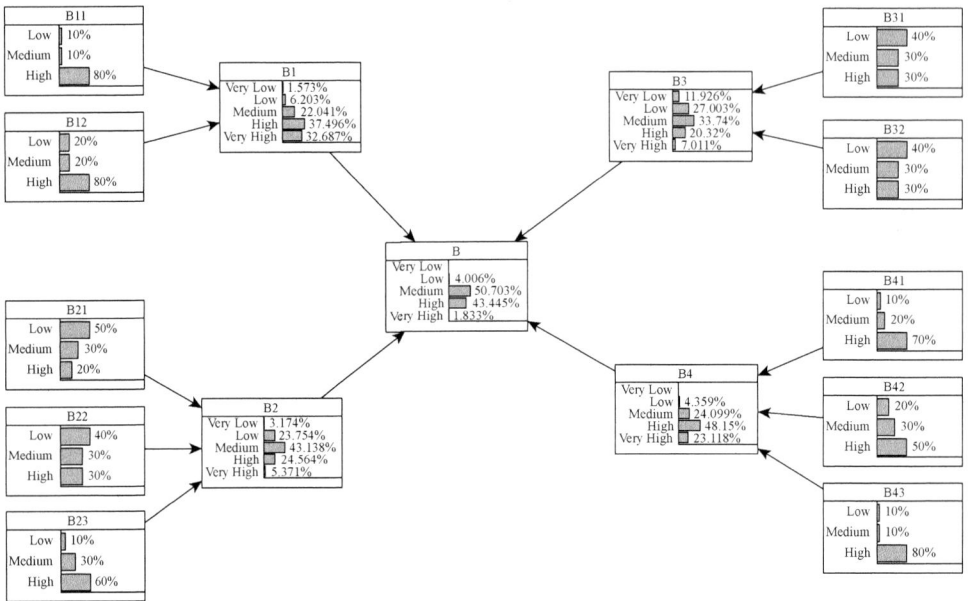

图 4.26　B 节点贝叶斯网络模型

从图 4.26 可以看出试验设计风险 B 发生的概率集中在中和高等级上，相比之下可以判断出这类风险很可能会发生。

针对试验准备阶段，输入 C_1、C_2、C_3、C_4、C_5 的父节点分别在低、中、高等级下发生的概率值，根据表 4.14 的数据，输入连接 C_1、C_2、C_3、C_4、C_5 节点的有向弧的参数，输入连接 C 节点的有向弧的参数，分析结果如图 4.27 所示。

从图 4.27 可以看出试验准备风险 C 发生的概率集中在中等级上，相比之下可以判断出这类风险很可能会发生。

针对试验实施阶段，输入 D_1、D_2、D_3、D_4 的父节点分别在低、中、高等级下发生的概率值，根据表 4.14 的数据，输入连接 D_1、D_2、D_3、D_4 节点的有向弧的参数，输入连接 D 节点的有向弧的参数，分析结果如图 4.28 所示。

从图 4.28 可以看出试验实施风险 D 发生的概率集中在中等级上，相比之下可以判断出这类风险很可能会发生。

针对试验总结阶段，输入 E_1、E_2、E_3、E_4 的父节点分别在低、中、高等级下发生的概率值，根据表 4.14 的数据，输入连接 E_1、E_2、E_3、E_4 节点的有向弧的参数，输入连接 E 节点的有向弧的参数，分析结果如图 4.29 所示。

从图 4.29 可以看出试验总结风险 E 发生的概率集中在中和高等级上，相比之下可以判断出这类风险很可能会发生。

针对试验全周期，根据表 4.14 的数据，输入连接 Q 节点的有向弧的参数，分析结果如图 4.30 所示。

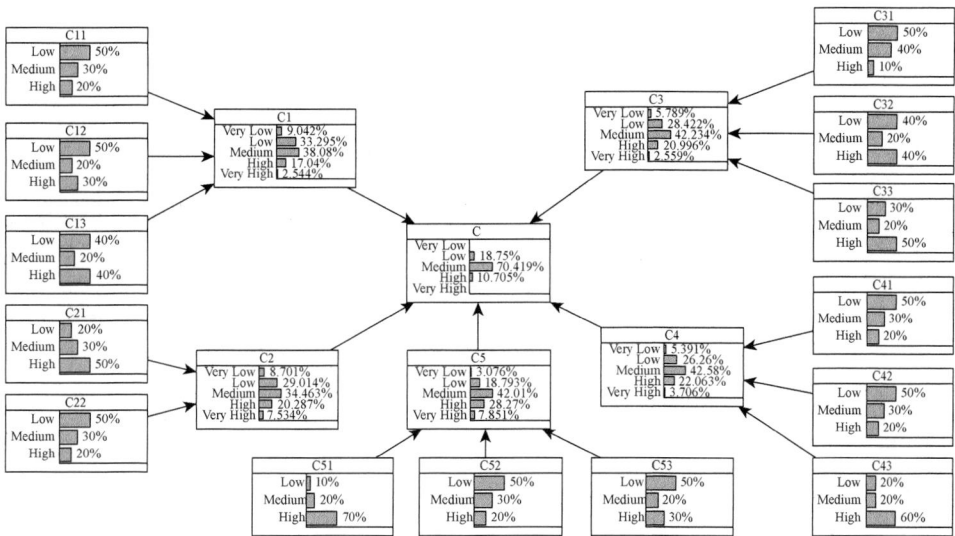

图 4.27 C 节点贝叶斯网络模型

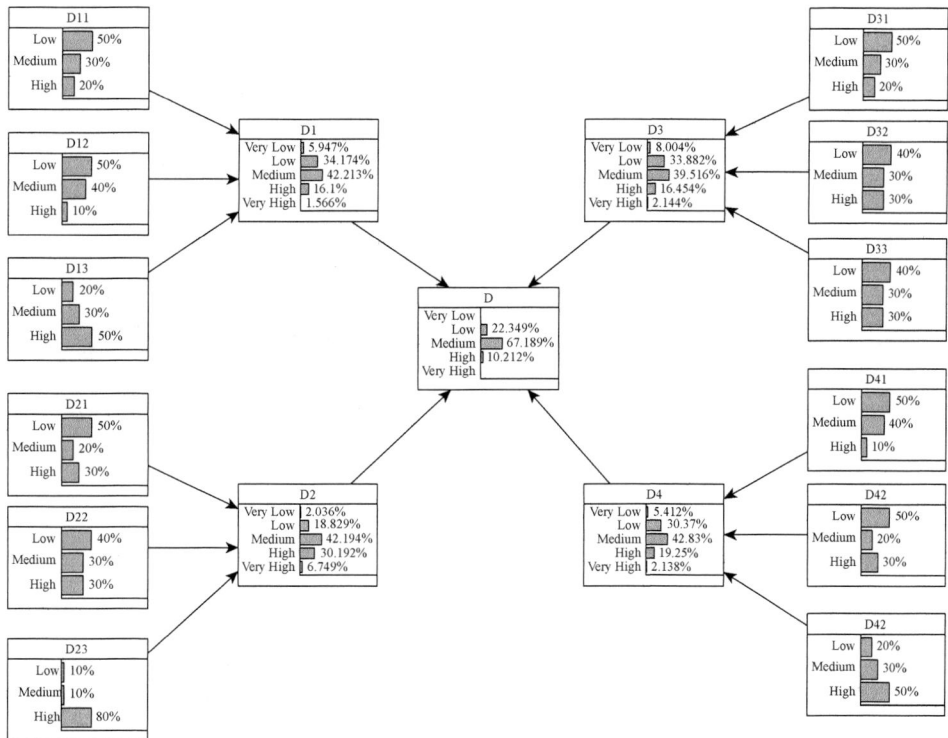

图 4.28 D 节点贝叶斯网络模型

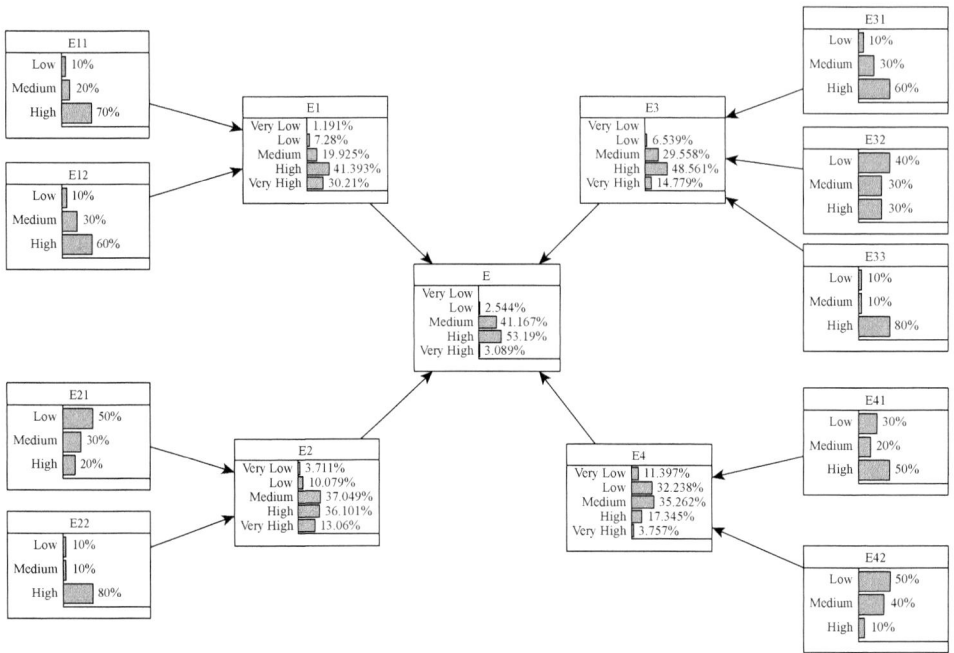

图 4.29 E 节点贝叶斯网络模型

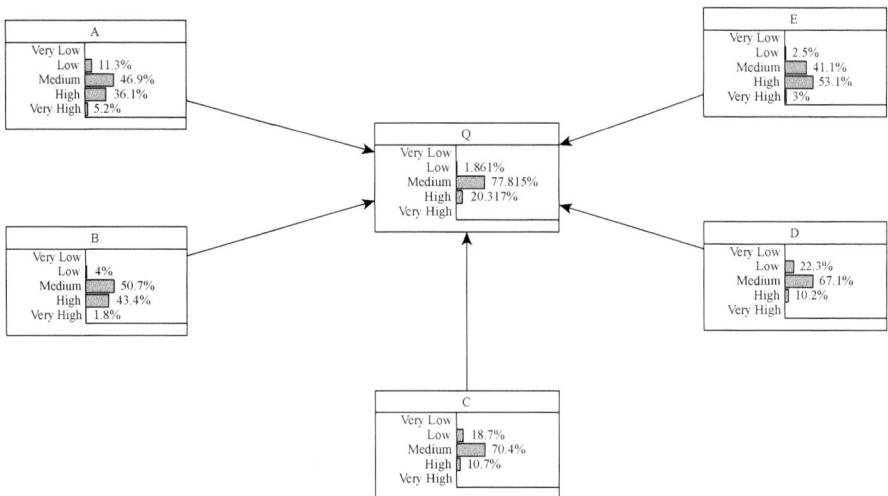

图 4.30 Q 节点贝叶斯网络模型

从图 4.30 可以看出质量风险 Q 发生的概率集中在中和高等级上，说明质量风险发生的概率偏高，需要采取一定的措施降低或规避风险。在某型空面导弹大型地面试验的全周期各阶段都很可能发生质量风险事件，因此在这五个阶段中需要对关键风险因素进行识别和控制，这就需要通过灵敏度分析找到关键质量风险事件。

2. 关键质量风险事件识别

针对试验策划阶段，将质量风险 Q 作为目标节点，同时将该阶段所有三类风险作为分析节点，进行灵敏度分析，分析结果如图 4.31、图 4.32 所示。

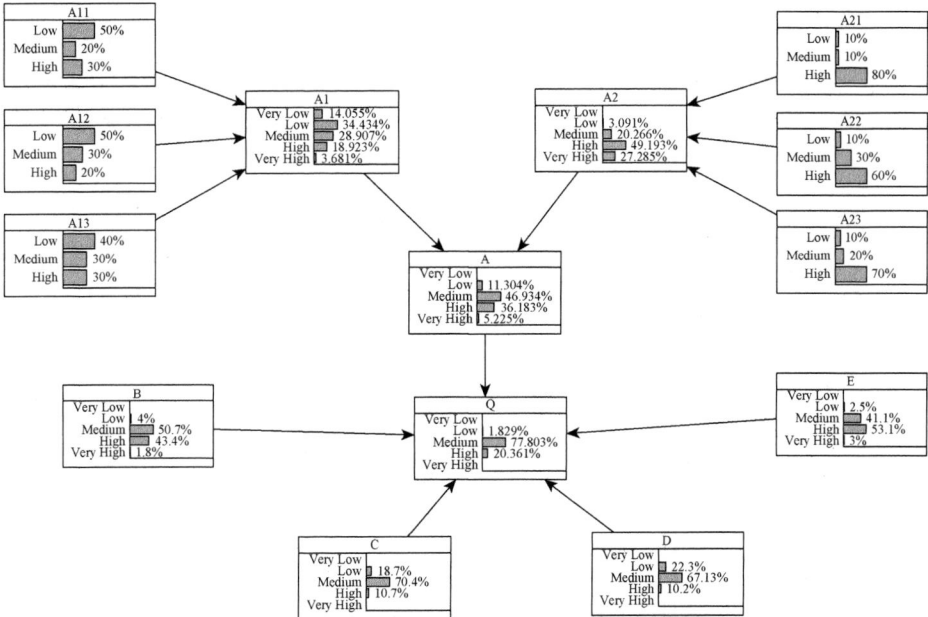

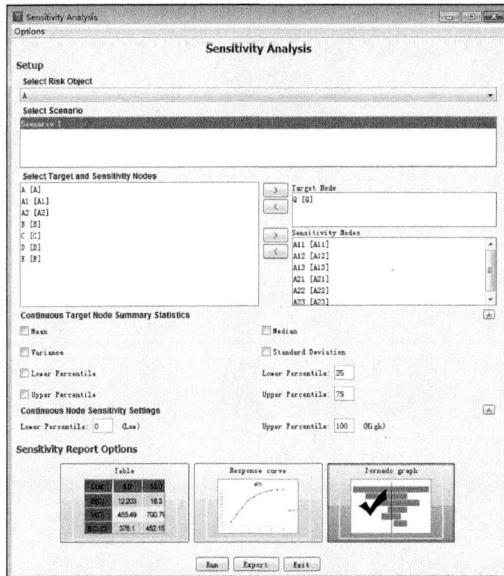

图 4.31　A 节点灵敏度分析过程

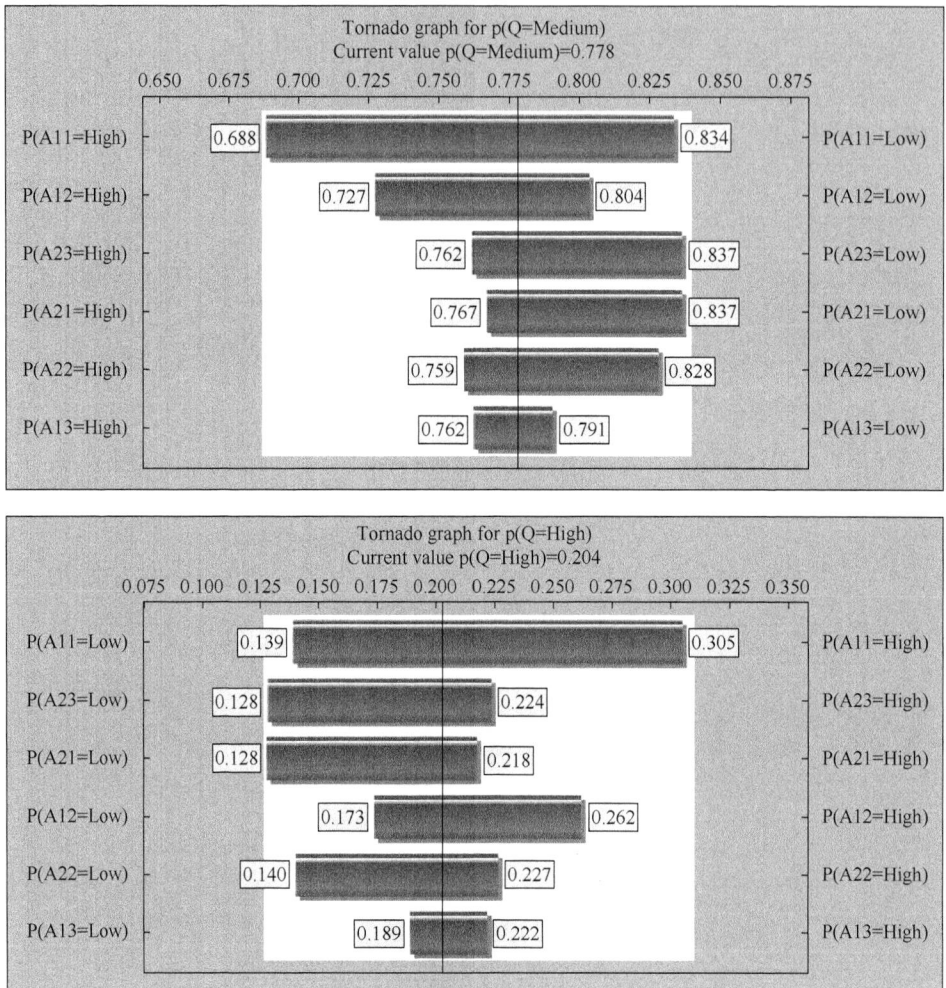

图 4.32　A 节点灵敏度分析结果

从图 4.32 可以识别出试验策划阶段关键质量风险事件是：缺少任务规定风险 A_{11}、技术难点分析不充分风险 A_{21}。

针对试验设计阶段，将质量风险 Q 作为目标节点，同时将该阶段所有三类风险作为分析节点，进行灵敏度分析，分析结果如图 4.33、图 4.34 所示。

从图 4.34 可以识别出试验设计阶段关键质量风险事件是：缺少依据风险 B_{21}、故障处理的措施和流程描述不具体风险 B_{43}。

针对试验准备阶段，将质量风险 Q 作为目标节点，同时将该阶段所有三类风险作为分析节点，进行灵敏度分析，分析结果如图 4.35、图 4.36 所示。

从图 4.36 可以识别出试验准备阶段关键质量风险事件是：安装无依据风险 C_{22}、控制措施有效性不够风险 C_{51}。

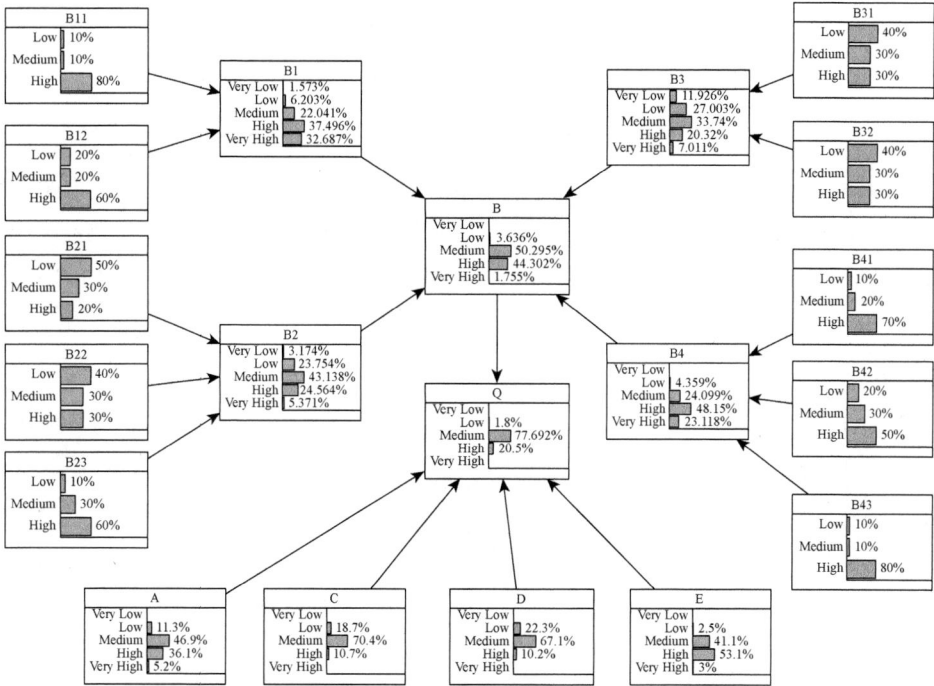

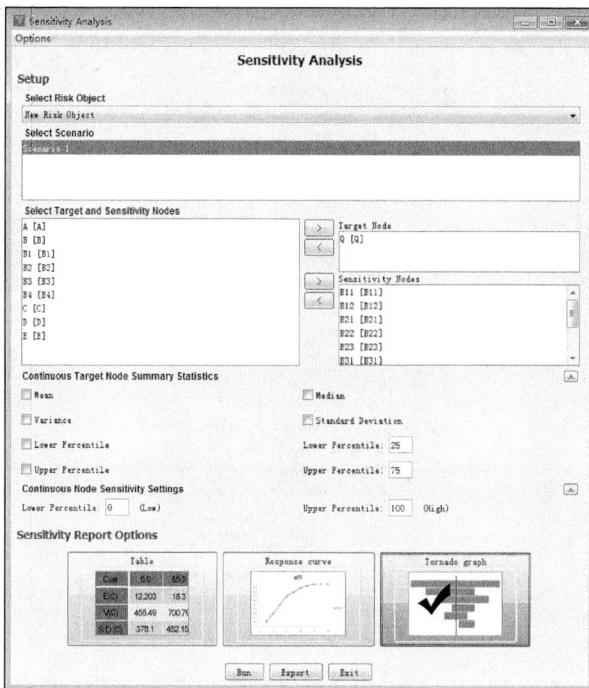

图 4.33 B 节点灵敏度分析过程

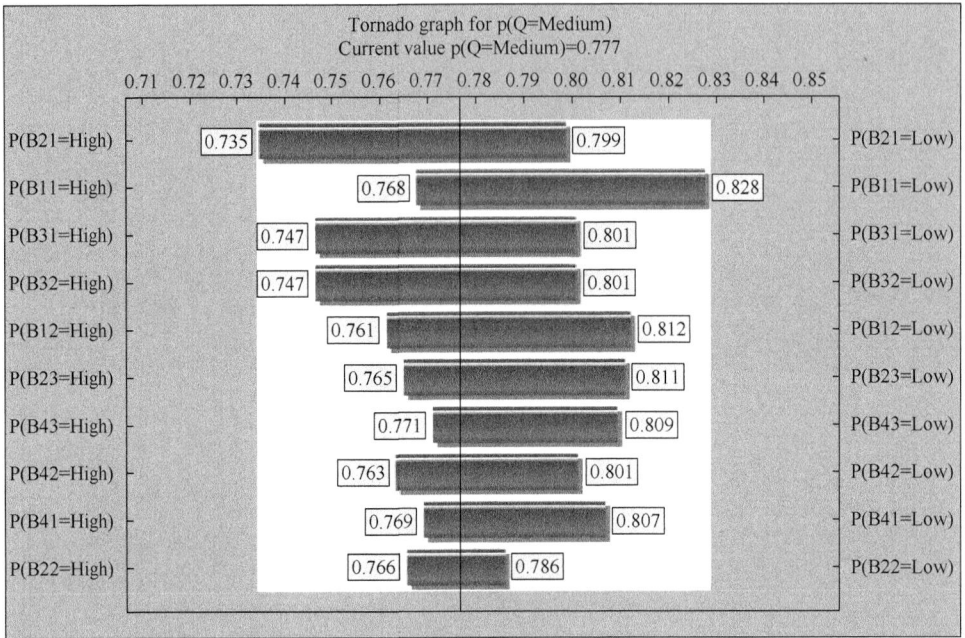

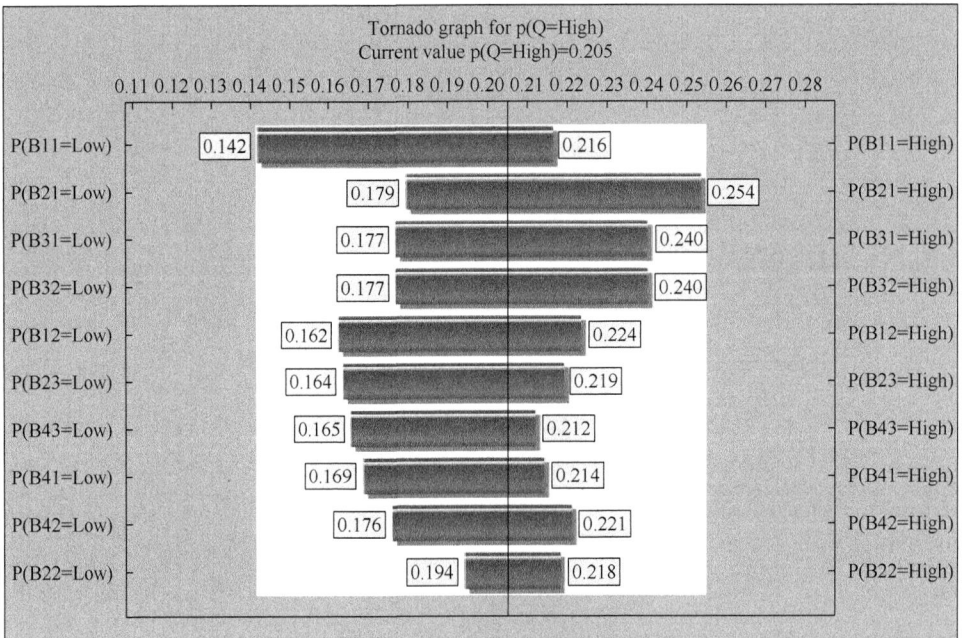

图 4.34　*B* 节点灵敏度分析结果

　　针对试验实施阶段，将质量风险 *Q* 作为目标节点，同时将该阶段所有三类风险作为分析节点，进行灵敏度分析，分析结果如图 4.37、图 4.38 所示。

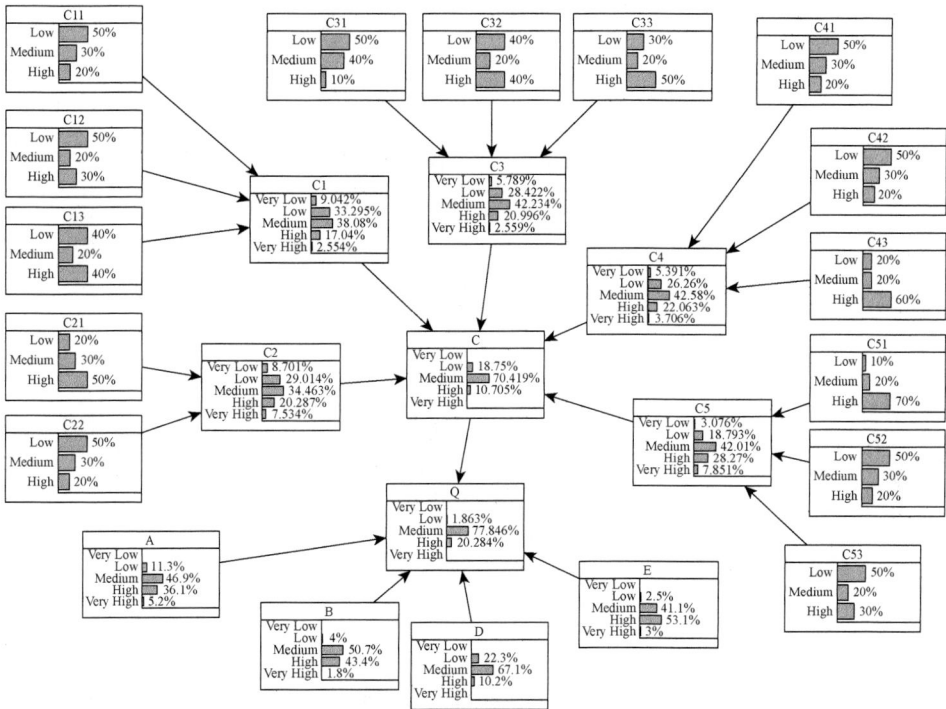

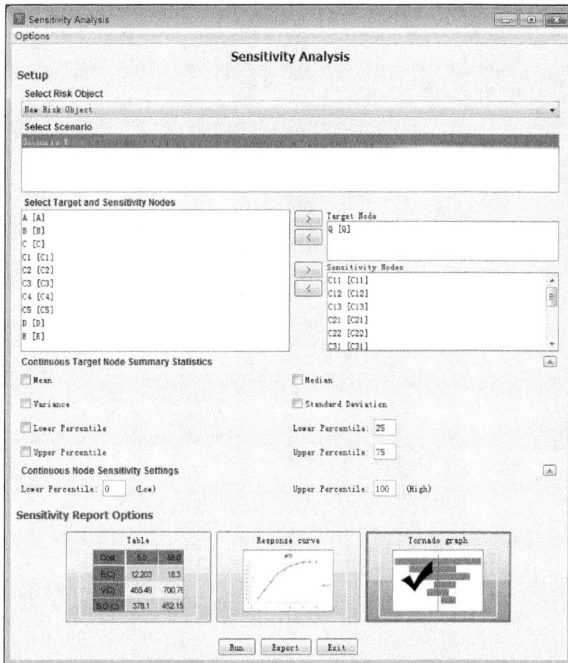

图 4.35　C 节点灵敏度分析过程

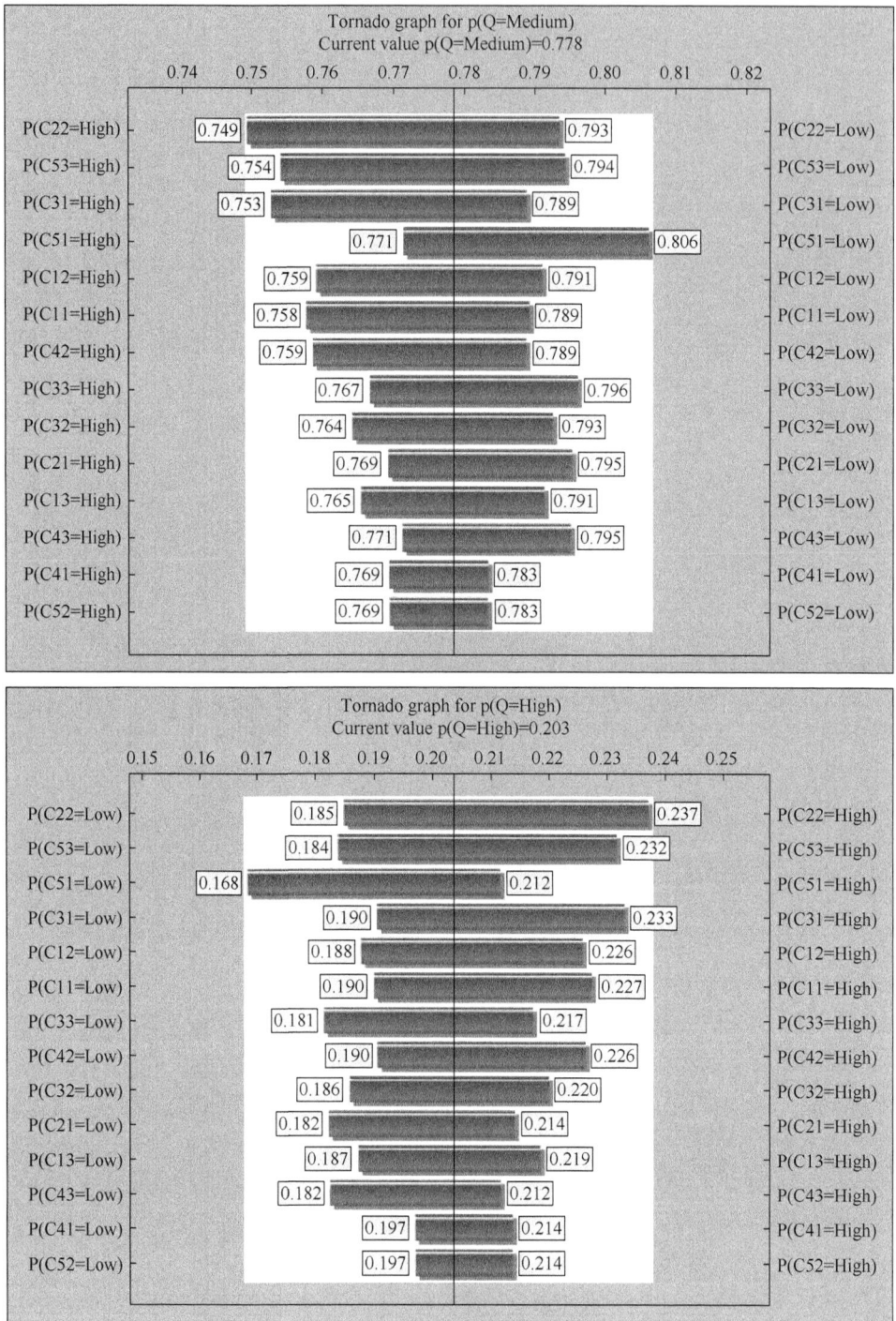

图 4.36　C 节点灵敏度分析结果

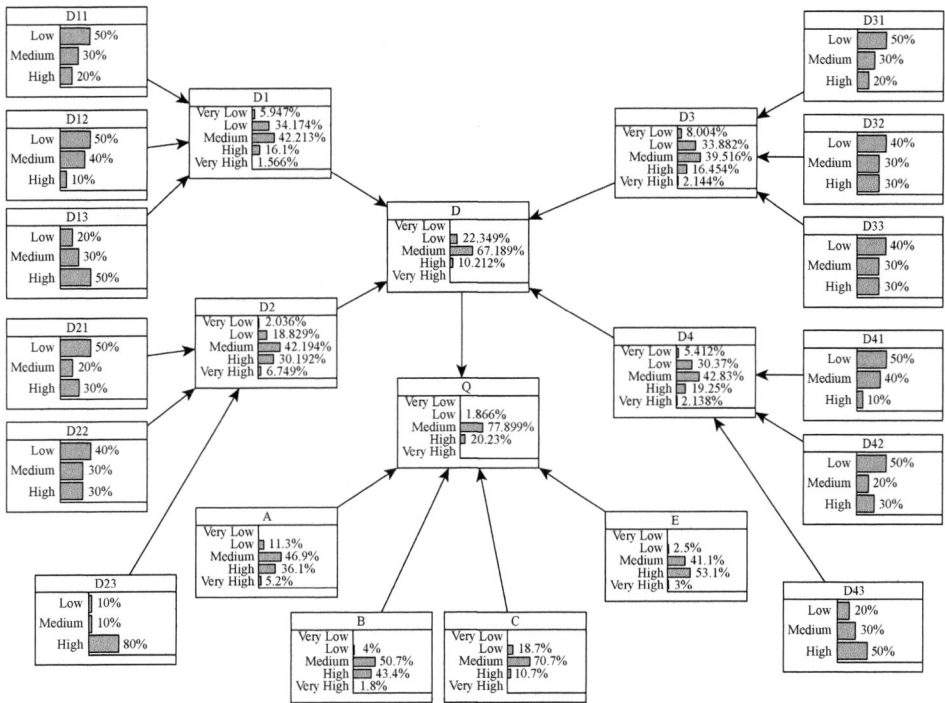

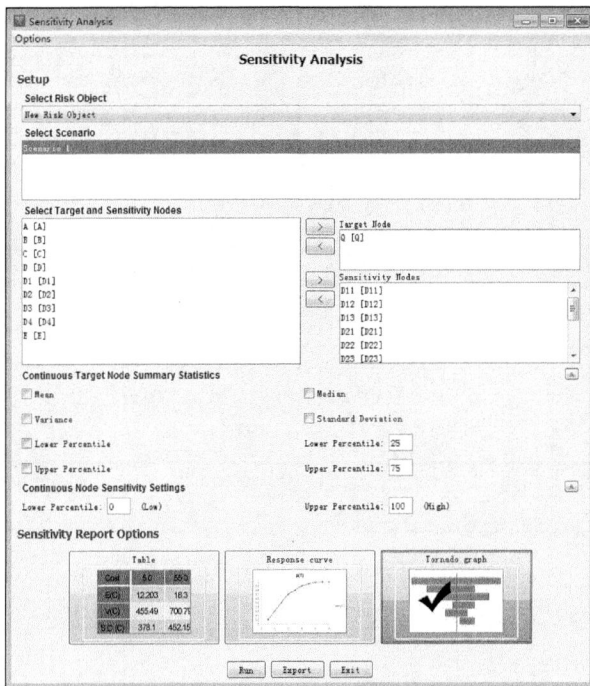

图 4.37　D 节点灵敏度分析过程

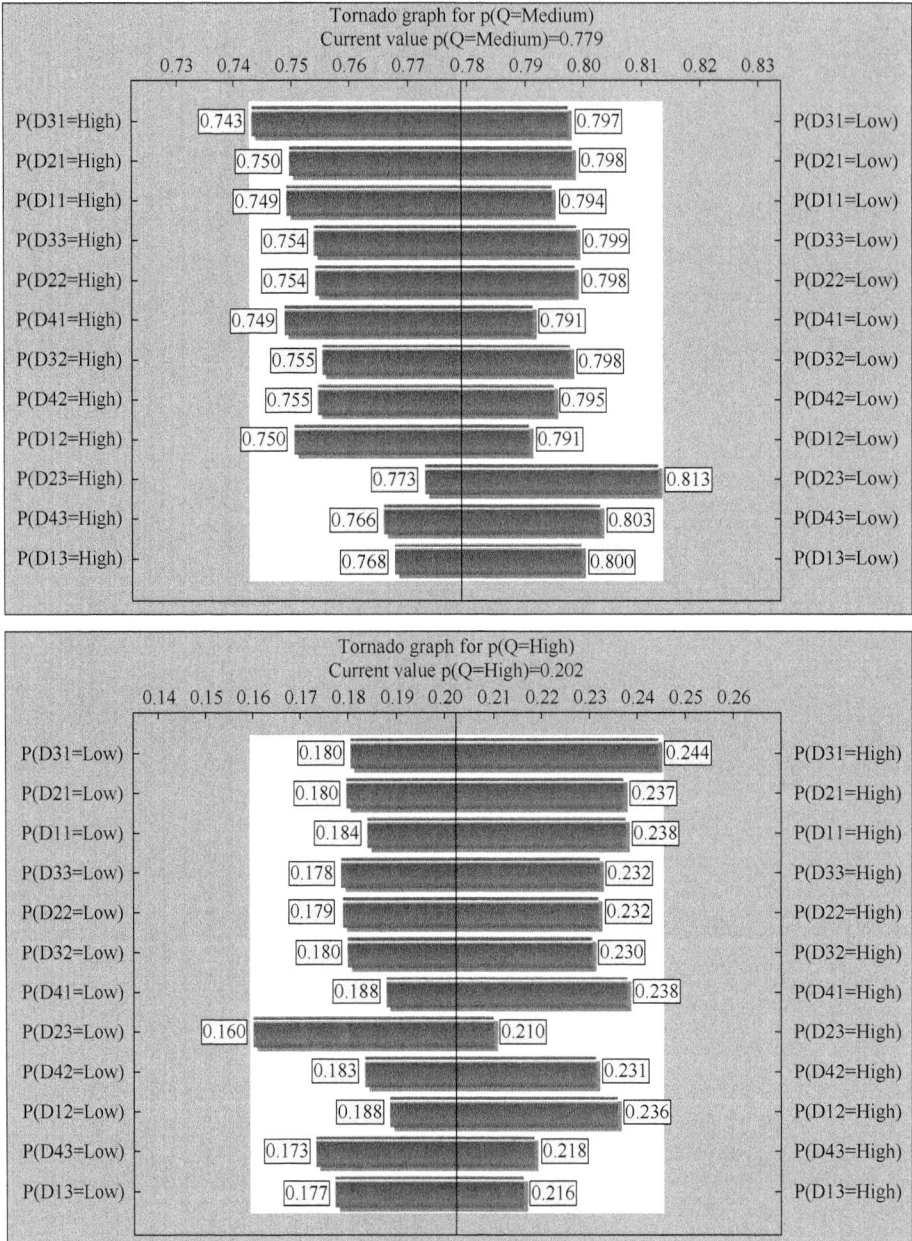

Tornado graph for p(Q=Medium)
Current value p(Q=Medium)=0.779

	0.73	0.74	0.75	0.76	0.77	0.78	0.79	0.80	0.81	0.82	0.83	
P(D31=High)		0.743						0.797				P(D31=Low)
P(D21=High)			0.750					0.798				P(D21=Low)
P(D11=High)			0.749					0.794				P(D11=Low)
P(D33=High)			0.754					0.799				P(D33=Low)
P(D22=High)			0.754					0.798				P(D22=Low)
P(D41=High)			0.749				0.791					P(D41=Low)
P(D32=High)			0.755					0.798				P(D32=Low)
P(D42=High)			0.755				0.795					P(D42=Low)
P(D12=High)			0.750				0.791					P(D12=Low)
P(D23=High)					0.773				0.813			P(D23=Low)
P(D43=High)				0.766				0.803				P(D43=Low)
P(D13=High)				0.768				0.800				P(D13=Low)

Tornado graph for p(Q=High)
Current value p(Q=High)=0.202

	0.14	0.15	0.16	0.17	0.18	0.19	0.20	0.21	0.22	0.23	0.24	0.25	0.26	
P(D31=Low)					0.180						0.244			P(D31=High)
P(D21=Low)					0.180					0.237				P(D21=High)
P(D11=Low)					0.184					0.238				P(D11=High)
P(D33=Low)					0.178				0.232					P(D33=High)
P(D22=Low)					0.179				0.232					P(D22=High)
P(D32=Low)					0.180				0.230					P(D32=High)
P(D41=Low)					0.188					0.238				P(D41=High)
P(D23=Low)			0.160				0.210							P(D23=High)
P(D42=Low)					0.183				0.231					P(D42=High)
P(D12=Low)					0.188					0.236				P(D12=High)
P(D43=Low)				0.173				0.218						P(D43=High)
P(D13=Low)					0.177			0.216						P(D13=High)

图 4.38　D 节点灵敏度分析结果

从图 4.38 可以识别出试验实施阶段关键质量风险事件是：无依据风险 D_{31}、未有效落实控制措施风险 D_{23}。

针对试验总结阶段，将质量风险 Q 作为目标节点，同时将该阶段所有三类风险作为分析节点，进行灵敏度分析，分析结果如图 4.39、图 4.40 所示。

E11
Low 10%
Medium 20%
High 70%

E12
Low 10%
Medium 30%
High 60%

E21
Low 50%
Medium 30%
High 20%

E22
Low 10%
Medium 10%
High 80%

E1
Very Low 1.191%
Low 7.28%
Medium 19.925%
High 41.393%
Very High 30.21%

E2
Very Low 3.711%
Low 10.079%
Medium 37.049%
High 36.101%
Very High 13.06%

E31
Low 10%
Medium 30%
High 60%

E32
Low 40%
Medium 30%
High 30%

E33
Low 10%
Medium 10%
High 80%

E41
Low 30%
Medium 20%
High 50%

E42
Low 50%
Medium 40%
High 10%

E3
Very Low 6.539%
Low 29.558%
Medium 48.561%
High 14.779%
Very High

E4
Very Low 11.397%
Low 32.238%
Medium 35.262%
High 17.345%
Very High 3.757%

E
Very Low 2.544%
Low 41.167%
Medium 53.19%
High 3.089%
Very High

Q
Very Low 1.806%
Low 77.798%
Medium 20.389%
High
Very High

A
Very Low 11.3%
Low 46.9%
Medium 36.1%
High 5.2%
Very High

B
Very Low 4%
Low 50.7%
Medium 43.4%
High 1.8%
Very High

C
Very Low 18.7%
Low 70.4%
Medium 10.7%
High
Very High

D
Very Low 22.3%
Low 67.1%
Medium 10.2%
High
Very High

Sensitivity Analysis
Options

Sensitivity Analysis

Setup

Select Risk Object
New Risk Object

Select Scenario
Scenario 1

Select Target and Sensitivity Nodes

A [A]
B [B]
C [C]
D [D]
E [E]
E1 [E1]
E2 [E2]
E3 [E3]
E4 [E4]

> Target Node
< Q [Q]

> Sensitivity Nodes
< E11 [E11]
E12 [E12]
E21 [E21]
E22 [E22]
E31 [E31]
E32 [E32]

Continuous Target Node Summary Statistics

☐ Mean   ☐ Median
☐ Variance   ☐ Standard Deviation
☐ Lower Percentile   Lower Percentile: 25
☐ Upper Percentile   Upper Percentile: 75

Continuous Node Sensitivity Settings

Lower Percentile: 0 (Low)   Upper Percentile: 100 (High)

Sensitivity Report Options

Table		
Cost	5.0	55.0
E(C)	12.203	18.3
V(C)	455.49	700.78
S.D.(C)	378.1	452.15

Response curve

Tornado graph

Run   Export   Exit

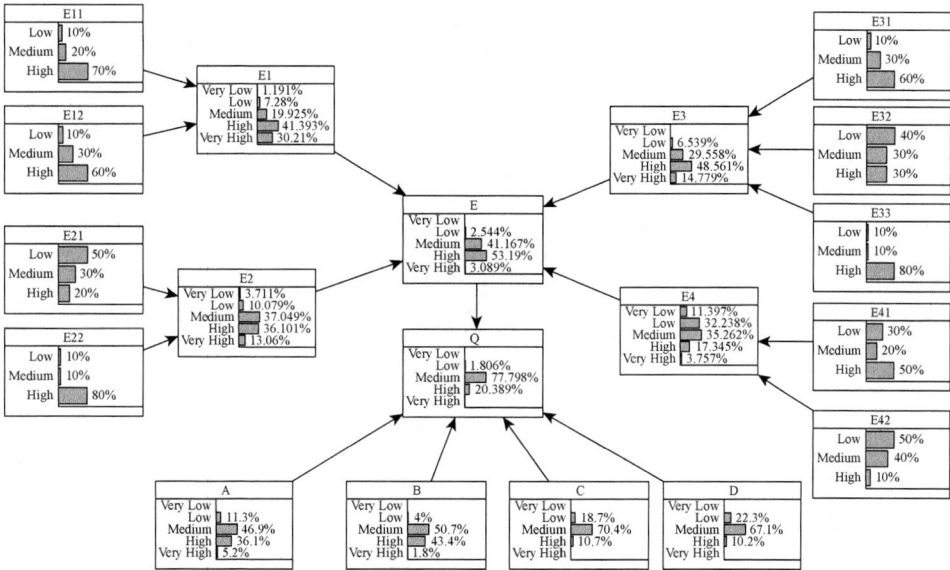

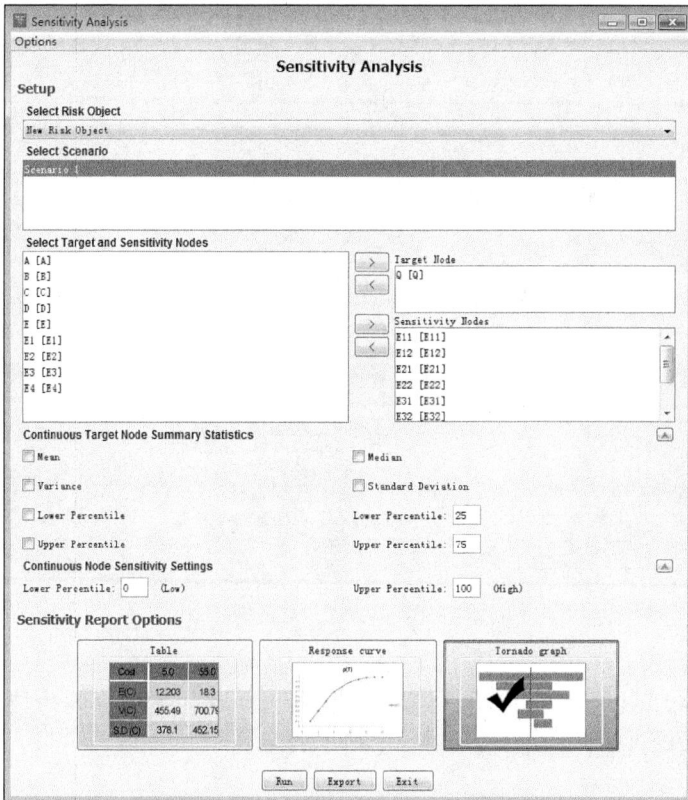

图 4.39　E 节点灵敏度分析过程

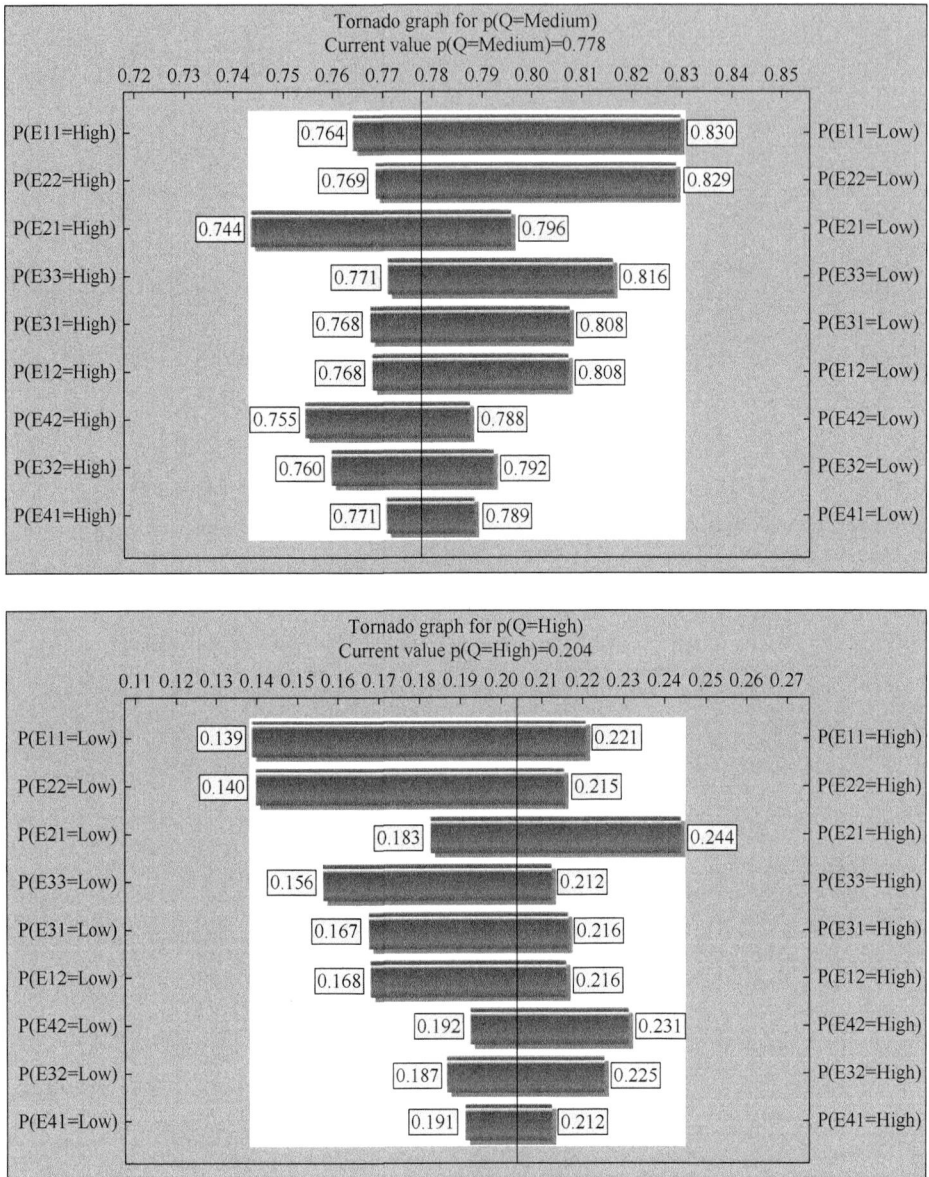

图 4.40　E 节点灵敏度分析结果

从图 4.40 可以识别出试验总结阶段关键质量风险事件是：缺少技术问题处理风险 E_{21}、成功经验未标准化流程固化风险 E_{33}。

第 5 章　基于云模型和模糊相关的质量风险传导分析

5.1　云模型的基本理论

在装备研制质量风险传导建模过程中，风险因素风险量的大小、风险之间的耦合程度的大小等都需要专家的定性判断和历史数据等来作定性的判断。如何将这些定性的语言定量化，一直是一个难题[65]。云模型将模糊的专家语言判断和精确的分布函数结合，解决用精确的隶属度表示模糊事物的不彻底性的问题，在准确性和计算效率上取得了很好的平衡[22]。

5.1.1　云模型的基本概念

云模型主要反映了人类认识或者实物概念中的两种不确定性：模糊性（即边界亦此亦彼性）、随机性（即发生概率），构建定性与定量之间的相互映射关系，从而将两者完全集成起来。云模型中对上述特性进行描述的工具就是云[66]。

云的基本概念：设 U 为一个用确定数值表示的定量论域，C 为 U 上的定性概念，若定量值 $x \in U$，且 x 是定性概念 C 的一次随机实现，x 对 C 的确定度 $\mu(x) \in [0,1]$ 是有稳定倾向的随机数，则 x 在论域 U 上的分布称为云，每个 x 称为一个云滴，如下：

$$\mu : U \to [0,1], \quad \forall x \in U x \to \mu(x) \tag{5.1}$$

云模型的处理对象主要是自然语言中的基本语言，将定性的语言概念通过数学运算转换为量化数值，即将其转换成论域中的一个个点。随机性和偶然性贯穿整个转换的过程。每一个离散点都意味着一个随机事件，这表述类似于概率分布函数。作为随机值，模糊性可通过云滴的确定度来反映，或采用概率分布函数进行描述。因此，域模型是精确数值与定性语言之间的有效转换工具，大大提高了风险分析的效率[21]。

5.1.2　云模型的数字特征

云用期望 Ex、熵 En、超熵 He 三个数字特征来表征，它们能够定量化地反映定性知识的特征，如图 5.1 所示。

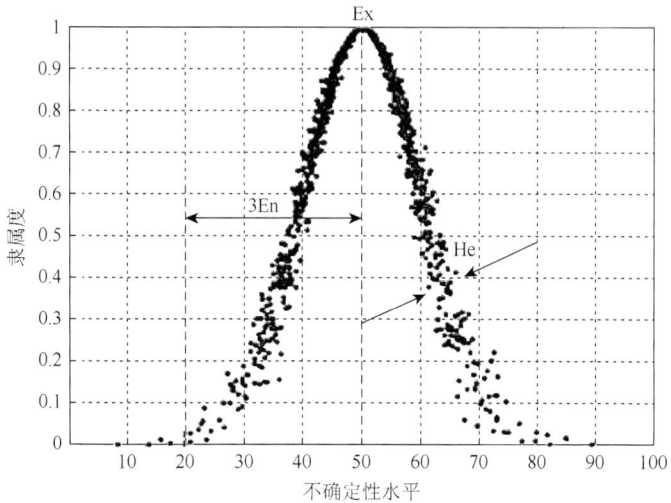

图 5.1　正态云

期望 Ex 是云滴在论域空间中分布的期望，是最能代表定性概念的点，也是这个概念量化的最典型样本。

熵 En 是定性概念的不确定性程度的度量，由该定性概念的随机性和模糊性决定。一方面 En 反映了代表这个定性概念的云滴的离散程度，是定性概念随机性的度量；另一方面 En 又是定性概念相互之间的度量，反映了论域空间中可被接受的云滴的取值范围。也可以用 En 来反映定性概念的随机性和模糊性。通常熵越大，概念越宏观，其模糊性和随机性也越大，确定性量化越难。

超熵 He 是熵的不确定性，即熵的熵，由云滴的随机性和模糊性共同决定。而云滴的凝聚度则反映了在数域空间中代表语言值的所有点的不确定度的凝聚性，超熵与云滴的离散度成正比，云的厚度与隶属度的随机性也成正比。

由此可见，云模型通过云的期望 Ex 、熵 En 、超熵 He 来将模糊性和随机性集成在一起。云的整体形状表明了云所代表的定性概念。云在减轻主观带来的不精确性的同时，在数域空间灵活伸缩，减缓了常用定性定量转换中和人类认知过程相悖的强硬规定与确定性。

5.1.3　云的基本算法

正向云和逆向云发生器是云模型中的两个最重要的基本算法。正向云发生器是从定性到定量的映射，根据云的数字特征（Ex，En，He）来生成云滴。逆向云发生器则实现从定量到定性的转换，将一定数量的精确数据转换为云的数字特征（Ex，En，He）。

1. 正向云发生器算法

输入：数字特征（Ex，En，He），生成云滴的个数 N。

输出：N 个云滴 x 及其确定度 μ，表示为 $\mathrm{drop}(x_i, \mu_i)$，$i = 1, 2, 3, \cdots, N$。

算法步骤如下。

（1）生成以 En 为期望值，He^2 为方差的一个正态随机数 $\mathrm{En}_i' = \mathrm{norm}(\mathrm{En}, \mathrm{He}^2)$。

（2）生成以 Ex 为期望值，$\mathrm{En}_i'^2$ 为方差的一个正态随机数 $x_i = \mathrm{norm}(\mathrm{Ex}, \mathrm{En}_i'^2)$。

（3）计算 $\mu_i = \mathrm{e}^{-\frac{(x_i - \mathrm{Ex})^2}{2(\mathrm{En}_i')^2}}$。

（4）具有确定度 μ_i 的 x_i 为数域中的一个云滴。

（5）重复步骤（1）～步骤（4），直到生成 N 个云滴。

2. 逆向云发生器算法

输入：N 个云滴 x_i 及其确定度 μ_i，$i = 1, 2, 3, \cdots, N$。

输出：反映定性概念的数字特征（Ex，En，He）。

算法步骤如下。

（1）计算 x_i 的平均值 $\mathrm{Ex} = \mathrm{MEAN}(x_i)$，求得期望 Ex。

（2）计算 x_i 的标准差 $\mathrm{En} = \mathrm{STDEV}(x_i)$，求得熵 En。

（3）对每一数对 (x_i, μ_i)，计算 $\mathrm{En}_i' = \sqrt{\dfrac{-(x_i - \mathrm{Ex})^2}{2\ln\mu_i}}$。

（4）计算 En_i' 的标准差 $\mathrm{IIc} = \mathrm{STDEV}(\mathrm{En}_i')$，求得超熵。

3. 云的基本运算法则

在论域 U 上有两个云：$C_1(\mathrm{Ex}_1, \mathrm{En}_1, \mathrm{He}_1)$、$C_2(\mathrm{Ex}_2, \mathrm{En}_2, \mathrm{He}_2)$，两者的代数运算结果为云 $C(\mathrm{Ex}, \mathrm{En}, \mathrm{He})$，其代数运算法则如表 5.1 所示。

表 5.1　云的代数运算

运算符	Ex	En	He
$+$	$\mathrm{Ex}_1 + \mathrm{Ex}_2$	$\sqrt{\mathrm{En}_1^2 + \mathrm{En}_2^2}$	$\sqrt{\mathrm{He}_1^2 + \mathrm{He}_2^2}$
$-$	$\mathrm{Ex}_1 - \mathrm{Ex}_2$	$\sqrt{\mathrm{En}_1^2 + \mathrm{En}_2^2}$	$\sqrt{\mathrm{He}_1^2 + \mathrm{He}_2^2}$
$\times$	$\mathrm{Ex}_1\mathrm{Ex}_2$	$\left\|\mathrm{Ex}_1\mathrm{Ex}_2\right\| \times \sqrt{\left(\dfrac{\mathrm{En}_1}{\mathrm{Ex}_1}\right)^2 + \left(\dfrac{\mathrm{En}_2}{\mathrm{Ex}_2}\right)^2}$	$\left\|\mathrm{Ex}_1\mathrm{Ex}_2\right\| \times \sqrt{\left(\dfrac{\mathrm{He}_1}{\mathrm{Ex}_1}\right)^2 + \left(\dfrac{\mathrm{He}_2}{\mathrm{Ex}_2}\right)^2}$
$/$	$\dfrac{\mathrm{Ex}_1}{\mathrm{Ex}_2}$	$\left\|\dfrac{\mathrm{Ex}_1}{\mathrm{Ex}_2}\right\| \times \sqrt{\left(\dfrac{\mathrm{En}_1}{\mathrm{Ex}_1}\right)^2 + \left(\dfrac{\mathrm{En}_2}{\mathrm{Ex}_2}\right)^2}$	$\left\|\dfrac{\mathrm{Ex}_1}{\mathrm{Ex}_2}\right\| \times \sqrt{\left(\dfrac{\mathrm{He}_1}{\mathrm{Ex}_1}\right)^2 + \left(\dfrac{\mathrm{He}_2}{\mathrm{Ex}_2}\right)^2}$

5.1.4 定性信息的云模型表示

在装备研制过程中，质量风险的大小和质量风险之间的耦合关系的强弱很难界定，通常需要引入专家判断，但专家判断绝大部分都是定性信息，云模型可以将这些定性信息进行量化并进行数学处理。

设专家给定的等级评语集共有 N 级，表示为 $S = \{1, 2, \cdots, N\}$，规定 S 所对应的数域为[0，1]。表 5.2 为 S 所对应的数域变化区间 $[c_{\min}, c_{\max}]$。其云模型表示的计算公式为

$$
\begin{cases}
\mathrm{Ex}_i = \dfrac{c_{\min} + c_{\max}}{2} \\
\mathrm{En}_i = \dfrac{c_{\max} - c_{\min}}{6}
\end{cases}
\tag{5.2}
$$

其中，Ex_i、En_i 分别为某个定性评语的期望和熵。其中 He 表示给出评语的随机性，取值不宜过大，因为 He 越大，Ex 的误差就越大，评语的随机性越大，则评判结果就越不可信。

表 5.2 各定性评语值所对应的数域变化区间

评语集 S	N	$N-1$	⋯	2	1
数域变化区间	$[c_{N-1}, 1]$	$[c_{N-2}, c_{N-1}]$	⋯	$[c_1, c_2]$	$[0, c_1]$

假设有 n 位专家对某一定性指标给出风险评语，第 i 位专家的权重为 p_i，其评判云模型为 $C_i(\mathrm{Ex}_i, \mathrm{En}_i, \mathrm{He}_i)$，根据云模型代数计算公式，此定性指标的 n 组评语可用一个一维云模型来表示。

期望：

$$
\mathrm{Ex} = \mathrm{Ex}_1 p_1 + \mathrm{Ex}_2 p_2 + \cdots + \mathrm{Ex}_n p_n
$$

熵：

$$
\mathrm{En} = \sqrt{\mathrm{En}_1^2 p_1^2 + \mathrm{En}_2^2 p_2^2 + \cdots + \mathrm{En}_n^2 p_n^2}
$$

超熵：

$$
\mathrm{He} = \sqrt{\mathrm{He}_1^2 p_1^2 + \mathrm{He}_2^2 p_2^2 + \cdots + \mathrm{He}_n^2 p_n^2}
$$

5.2　云 TOPSIS 模型

5.2.1　TOPSIS 方法

TOPSIS（techniques for order preference by similarity to ideal solution）方法是一种著名的多属性决策方法，基本思路是在已有方案基础之上，分别构建正理想解和负理想解，再计算各备选方案与正理想解和负理想解的距离，最终优选的是最贴近正理想解并最远离负理想解的方案[67]。传统 TOPSIS 方法，在方案评价过程中，其各个属性值均为精确数值。然而现实中由于外界环境和人类认知的限制，方案评价所需的种种精确数值较难获得，如"好""一般"一类的语义信息在方案评价中难以量化，缩小了 TOPSIS 方法的适用范围。基于此，将不确定性理论与 TOPSIS 方法相结合的决策方法应运而生，如基于模糊的 TOPSIS 方法、基于区间的 TOPSIS 方法等。语义信息作为一种描述人类认知的常用工具，可以大大提升信息处理的效率并在实践中得到验证。模糊性和随机性是语义信息的两大特性，模糊性是指语义信息含义指定范围的不确定性，随机性是指同一概念不同个体理解上的差异或不同概念在同一个体不同情景下的差异。传统的模糊 TOPSIS 方法和区间 TOPSIS 方法可以有效地解决语义信息在方案评价过程中的模糊性问题，但却无法较好地处理语义信息固有的随机性问题。如果希望综合处理好语义信息的模糊性和随机性就需要发展与完善云模型。

本书提出一种新的多属性决策方法，该方法基于云 TOPSIS 模型得出。它对包括语义信息在内的多种评价信息进行融合，形成云决策矩阵，并定义出云偏差以及一套新的计算方式评估语义信息的模糊性和随机性，在正理想云和负理想云下给出各个备选方案的排序的方案，具有良好的效果[68-71]。

5.2.2　实现步骤

本书实现的基于云 TOPSIS 模型的多属性决策方法具体步骤如下。

1）构造云决策矩阵

在多属性决策问题中，根据需要考虑的多个决策属性，各决策者对若干备选方案给出评价信息。这些评价信息可能包含语义信息，需要对其进行量化处理，此外，为得出综合评价结果，需要对语义信息、其他数值信息（如区间型数值信息）进行必要的融合，构造出云决策矩阵。

考虑到语义信息的表述精确性和划分便易性，将语义信息统一划分为五个水平，如非常好、好、一般、差、非常差五个水平。语义信息在五个水平上的量化，可以在区间 $[x_l, x_u]$（一般 $x_l = 0, x_u = 1$）内通过黄金分割法得以实现。公式如下：

$$\mathrm{Ex}_0 = \frac{x_l + x_u}{2} \tag{5.3}$$

$$\mathrm{Ex}_{2^-} = x_l, \quad \mathrm{Ex}_{2^+} = x_u \tag{5.4}$$

$$\mathrm{Ex}_{1^-} = \mathrm{Ex}_0 - 0.382\mathrm{Ex}_0 = 0.618\mathrm{Ex}_0 \tag{5.5}$$

$$\mathrm{Ex}_{1^+} = \mathrm{Ex}_0 + 0.382\mathrm{Ex}_0 = 1.382\mathrm{Ex}_0 \tag{5.6}$$

$$\mathrm{En}_{1^-} = \mathrm{En}_{1^+} = \frac{0.382(x_u - x_l)}{6} \tag{5.7}$$

$$\mathrm{En}_0 = 0.618\mathrm{En}_{1^+} \tag{5.8}$$

$$\mathrm{En}_{2^-} = \mathrm{En}_{2^+} = \frac{\mathrm{En}_{1^+}}{0.618} \tag{5.9}$$

$$\mathrm{He}_{1^-} = \mathrm{He}_{1^+} = \frac{\mathrm{He}_0}{0.618} \tag{5.10}$$

$$\mathrm{He}_{2^-} = \mathrm{He}_{2^+} = \frac{\mathrm{He}_{1^+}}{0.618} \tag{5.11}$$

其中，$(\mathrm{Ex}_{2^+}, \mathrm{En}_{2^+}, \mathrm{He}_{2^+})$、$(\mathrm{Ex}_{1^+}, \mathrm{En}_{1^+}, \mathrm{He}_{1^+})$、$(\mathrm{Ex}_0, \mathrm{En}_0, \mathrm{He}_0)$、$(\mathrm{Ex}_{1^-}, \mathrm{En}_{1^-}, \mathrm{He}_{1^-})$、$(\mathrm{Ex}_{2^-}, \mathrm{En}_{2^-}, \mathrm{He}_{2^-})$ 分别代表非常好、好、一般、差、非常差等不同水平语义信息，且 He_0 的值可根据具体语境人为给定。

根据式（5.3）～式（5.11），取 $\mathrm{He}_0 = 0.01$，对于非常好、好、一般、差、非常差五个水平语义信息的云模型表示结果见表 5.3。

表 5.3　五个水平语义信息云模型表示结果

语义信息水平	云模型表示
非常好	（1，0.103，0.026）
好	（0.691，0.064，0.016）
一般	（0.5，0.039，0.01）
差	（0.309，0.064，0.016）
非常差	（0，0.103，0.026）

对一组区间型信息 $h_i[h_{l_i}, h_{u_i}]$ ，h_{u_i} 和 h_{l_i} 分别代表区间 h_i 的上边界和下边界。为保证各个区间均为[0，1]的子集，对区间进行预处理的方式如下：

$$h_i'[h_{l_i}', h_{u_i}'] = \left[\frac{h_{l_i}}{h_{max}}, \frac{h_{u_i}}{h_{max}} \right] \subseteq [0,1] \qquad (5.12)$$

其中，h_{max} 为该组所有区间上边界的最大者，即满足 $\forall i$, $h_{u_i} \leqslant h_{max}$ 。然后，将处理后的区间转换为云模型：

$$Ex_i = \frac{h_{l_i}' + h_{u_i}'}{2}, \quad En_i = \frac{h_{l_i}' - h_{u_i}'}{6}, \quad He_i = p \qquad (5.13)$$

其中，p 为常量，可依据评价信息的具体情况设定，一般可取 0.001。

有 m 个备选方案 $A_i(i=1,2,\cdots,m)$ 待评估，评估过程需要考量 n 个决策属性 $C_j(j=1,2,\cdots,n)$ ，且有 k 个决策者 $D_k(k=1,2,\cdots,K)$ 。云决策矩阵 $X_k = (Ex_{kij}, En_{kij}, He_{kij})$ 表示如下：

$$X_k = \begin{bmatrix} x_{k11}(Ex_{k11},En_{k11},He_{k11}) & \cdots & x_{k1n}(Ex_{k1n},En_{k1n},He_{k1n}) \\ \vdots & & \vdots \\ x_{km1}(Ex_{km1},En_{km1},He_{km1}) & \cdots & x_{kmn}(Ex_{kmn},En_{kmn},He_{kmn}) \end{bmatrix} \qquad (5.14)$$

其中，x_{kij} 为第 k 个决策者以决策属性 j 的评价维度对方案 i 作出的评价信息；$(Ex_{kij}, En_{kij}, He_{kij})$ 为相应评价信息的云模型。

2）确定决策者权重，计算加权平均云决策矩阵

为综合考虑各个决策者给出的评价信息，需要对各个决策者的云决策矩阵进行整合，形成加权平均云决策矩阵 X_w：

$$X_w = \begin{bmatrix} x_{11}(Ex_{11},En_{11},He_{11}) & \cdots & x_{1n}(Ex_{1n},En_{1n},He_{1n}) \\ \vdots & & \vdots \\ x_{m1}(Ex_{m1},En_{m1},He_{m1}) & \cdots & x_{mn}(Ex_{mn},En_{mn},He_{mn}) \end{bmatrix} \qquad (5.15)$$

其中

$$X_w = \sum_{k=1}^{K} w_k^D X_k = \left(\sum_{k=1}^{K}(w_k^D Ex_{kij}), \sqrt{\sum_{k=1}^{K}(w_k^D En_{kij})^2}, \sqrt{\sum_{k=1}^{K}(w_k^D He_{kij})^2} \right) \qquad (5.16)$$

其中，$w_k^D(k=1,2,\cdots,K)$ 为决策者的权重向量，表示重要程度，是由决策者 D_k 给出的评价信息。

3）确定决策属性权重

决策属性，即为决策者考量多个备选方案时的评价维度。不同的决策属性权

重 $w_j^c(j=1,2,\cdots,n)$ 代表决策者对不同评价维度的态度，也可由多名决策者共同商定决策属性权重。

4）设定正理想云（positive ideal cloud，PIC）和负理想云（negative ideal cloud，NIC）

$A^+=(x_1^+,\cdots,x_j^+,\cdots,x_n^+)$ 和 $A^-=(x_1^-,\cdots,x_j^-,\cdots,x_n^-)$，分别代表正理想云和负理想云，可由式（5.17）和式（5.18）计算得来：

$$x_j^+=\begin{cases}(\max_i \text{Ex}_{ij},\min_i \text{En}_{ij},\min_i \text{He}_{ij}), & j\in J^{\#}\\(\min_i \text{Ex}_{ij},\min_i \text{En}_{ij},\min_i \text{He}_{ij}), & j\in J^{*}\end{cases} \tag{5.17}$$

$$x_j^-=\begin{cases}(\min_i \text{Ex}_{ij},\max_i \text{En}_{ij},\max_i \text{He}_{ij}), & j\in J^{\#}\\(\max_i \text{Ex}_{ij},\max_i \text{En}_{ij},\max_i \text{He}_{ij}), & j\in J^{*}\end{cases} \tag{5.18}$$

其中，$J^{\#}$ 为效益型决策属性；J^{*} 为成本型决策属性。

5）分别计算各个方案到正、负理想云的云偏差

首先，需定义云偏差的概念，定义表述如下。

对于给定同一论域中的两朵云 $x_i(\text{Ex}_i,\text{En}_i,\text{He}_i)$ 和 $x_j(\text{Ex}_j,\text{En}_j,\text{He}_j)(i\neq j)$，两朵云的不一致性可定义为云偏差 $d(x_i,x_j)$，公式如下：

$$d(x_i,x_j)=\lambda_1\times d(\text{Ex}_i,\text{Ex}_j)+\lambda_2\times d(\text{En}_i,\text{En}_j)+\lambda_3\times d(\text{He}_i,\text{He}_j) \tag{5.19}$$

$$d(\text{Ex}_i,\text{Ex}_j)=\frac{\left|\text{Ex}_i-\text{Ex}_j\right|}{\max\{\text{Ex}_i+3\text{En}_i,\text{Ex}_j+3\text{En}_j\}-\min\{\text{Ex}_i-3\text{En}_i,\text{Ex}_j-3\text{En}_j\}}$$

$$d(\text{En}_i,\text{En}_j)=1-\frac{\min\{\text{En}_i,\text{En}_j\}}{\max\{\text{En}_i,\text{En}_j\}} \tag{5.20}$$

$$d(\text{He}_i,\text{He}_j)=1-\frac{\min\{\text{He}_i,\text{He}_j\}}{\max\{\text{He}_i,\text{He}_j\}}$$

其中，$\lambda_1+\lambda_2+\lambda_3=1(1\geqslant\lambda_1\geqslant\lambda_2\geqslant\lambda_3\geqslant0)$，$\lambda_1$、$\lambda_2$ 和 λ_3 分别为云偏差在 Ex、En 和 He 维度上的系数，系数的大小代表了对应维度在总体云偏差中的贡献度。

云偏差具有如下性质。

（1）云偏差 $d(x_i,x_j)$ 为 0～1。

（2）当且仅当两朵云 $x_i(\text{Ex}_i,\text{En}_i,\text{He}_i)$ 和 $x_j(\text{Ex}_j,\text{En}_j,\text{He}_j)$ 相同时，即 $\text{Ex}_i=\text{Ex}_j$，$\text{En}_i=\text{En}_j,\text{He}_i=\text{He}_j$ 时，云偏差 $d(x_i,x_j)$ 为零。

（3）$d(x_i,x_j)=d(x_j,x_i)$。

其次，根据云偏差的定义和式（5.19），计算各备选方案分别到正、负理想云的云偏差，公式如下：

$$d_i^+ = d(A_i, A^+) = \sqrt{\sum_{j=1}^{n} \left[w_j^C d(x_{ij}, x_j^+) \right]^2} \tag{5.21}$$

$$d_i^- = d(A_i, A^-) = \sqrt{\sum_{j=1}^{n} \left[w_j^C d(x_{ij}, x_j^-) \right]^2} \tag{5.22}$$

其中，w_j^C 为决策属性 C_j 的权重；$d(x_{ij}, x_j)$ 为云 x_{ij} 与云 x_j 的云偏差。

6）计算各方案 A_i 到正理想云的相对贴近度 f_i

$$f_i = \frac{d_i^-}{d_i^- + d_i^+} \tag{5.23}$$

7）按照相对贴近度 f_i 对各个方案进行排序

方案与正理想云的贴近程度是由相对贴近度 f_i 反映的，所以 f_i 与方案 A_i 成正比。

5.3　影响图与风险耦合分析

影响图最早是由 Howard 在 20 世纪 70 年代中期提出的，目的是扩展决策树分析，将影响决策的各种因素直观表示出来以更好地辅助决策[26, 28, 72]，实质上是一个更一般化的贝叶斯网络[27, 73]，在风险分析和决策中有广泛应用[74]。

5.3.1　影响图的基本理论

影响图表示为 $G = (X, A)$，X 是节点集，A 是连接节点的有向弧集，即

$$X = \{x_i, i = 1, 2, \cdots, n\} \tag{5.24}$$

$$A = \{(x_i, x_j), \text{自} x_i \text{指向} x_j \text{的有向弧}\}$$

为使影响图更具一般性的含义，Dawid[75]引入了条件独立的概念。

用符号 *||*|* 代表条件独立算子，$x \| y \mid z$ 表示在已知 z 的情况下，x 与 y 无关，该条件独立有如下三个性质。

设 $\Theta = \{x_1, x_2, \cdots, x_m\}$ 是一个不确定性变量的集合，$\Phi(\Theta)$ 是集合 Θ 的幂集合，对于任意子集 $X, Y, Z \in \Phi(\Theta)$ 有如下三个性质。

性质 1：$X\|Y|Z \Leftrightarrow Y\|X|Z$。

性质 2：$X\|Y|Z \Leftrightarrow X\|Y|Y \cup Z$。

性质 3：$X\|Y \cup W|Z \Leftrightarrow X\|Y|W \cup Z, X\|W|Z$。

对于不确定性变量集 $\Theta = \{x_1, x_2, \cdots, x_n\}$，在其上定义了条件独立算子。$G$ 为含有 m 个节点（$x_1, x_2, \cdots, x_m$）的有向无环图。$\alpha: \Theta \rightarrow \{1, 2, \cdots, m\}$ 是 G 中节点的编号，即对于有向弧集合 A 有 $(x_i, x_j) \in A$，$\alpha(x_i) < \alpha(x_j)$，节点 x_i 的编号小于节点 x_j 的编号。有向无环图 G 中表达了 $m-1$ 种条件独立状态：

$$x_r \| x^{r-1} | \mathrm{Pa}(x_r), \quad r = 2, 3, \cdots, m \tag{5.25}$$

其中

$$x^{r-1} = \{x_j | \alpha(x_j) < \alpha(x_r)\}, \quad \alpha(x_r) = 2, 3, \cdots, m, \quad \mathrm{Pa}(x_r) \subseteq \{x_j | \alpha(x_j) < \alpha(x_r)\} \tag{5.26}$$

且它是使式（5.27）成立的节点集合：

$$x_j \in \mathrm{Pa}(x_r) \Leftrightarrow (x_j, x_r) \in A \tag{5.27}$$

因此，$\mathrm{Pa}(x_r)$ 是 x_r 的父亲节点集，即直接前序节点集。

典型的影响图包括决策节点、机会节点和价值节点三类节点，以及功能弧、信息弧和条件弧三类有向弧[30]。影响图可以从三个不同的层面表述问题，即拓扑层、函数层和数值层。图 5.2 即为一个简单的影响图示意图。在拓扑层上，影响图可以利用节点和有向弧较为直观、明确地表示出变量之间的相互关系，一目了然。在拓扑层，正方形 D 代表决策节点，圆形 C_1 代表具有概率型特性的机会节点，双圆形 C_2 代表确定型的机会节点，菱形 V 则代表价值节点，存在相关关系的节点之间用有向弧表示。

在函数层，需要对问题进行进一步的分析，根据实际情况对节点之间的关系进行函数分析。影响图中每个机会节点上都会有如下的条件概率分布：

$$P(x_i) = P(x_i | \mathrm{Pa}(x_i)) \tag{5.28}$$

概率分布、元情景分布、效用函数细节都可以存储在数值层中影响图的不同节点中，因此影响图可以将风险决策的所需信息都表达出来[29]。

5.3.2　影响图拓扑层构造的方法

影响图评价结果的可信性与其拓扑层构造的好坏有直接关系。拓扑层的构造是影响图建模的核心工作，一般有三种方法：目标定向构造法、双向构造影响图法和基于时间序列的影响图构造法[28, 30, 76-78]。

1. 目标定向构造法

目标定向构造影响图是指从目标开始，以此逆推寻找影响因素来构造影响图的方法。这种方法避免了人们按照心理上容易接受的因果关系来正向构造影响图可能导致的自信偏差。除此之外，目标定向构造法还有助于构造者将注意力有效地集中在对影响较大、信息丰富部分的处理上，促使决策者加深对问题的认识。

目标定向构造法如图 5.3 所示。目标定向构造影响图降低估算难度的方法是采用"分而治之"进而"各个击破"的策略。一般来说，需要确定每个边缘节点是否都可以估算，不能估算的节点则可采用添加前序节点来间接估计的方法。

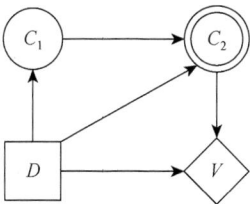

图 5.2　影响图示意图

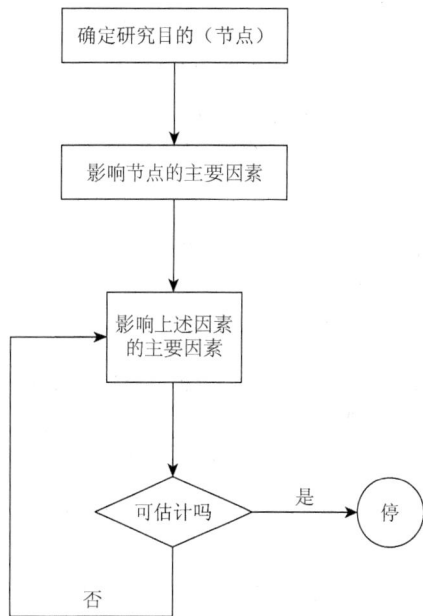

图 5.3　目标定向构造法示意图

2. 双向构造影响图法

双向构造影响图是指将正向和目标定向（逆向）构造影响图的方法相结合。目标定向构造影响图可能会导致影响因素丢失，考虑正向构造进行核实补充进一步完善影响图。

3. 基于时间序列的影响图构造法

刘金兰等[79]依据大型项目建设的特点，于 1997 年提出了一种基于时间序列构造风险分析影响图的方法。利用这种方法构造影响图时，需要获取三种信息：项目中时间之间互相影响的因果知识、给定环境下关于活动序列的关系、关于期望活动序列的信息。为此，需要采取下列步骤。

（1）活动辨识：首先理清项目每个活动及其所包含的内容，画出项目的计划网络图。

（2）因素及影响辨识：通过活动辨识，可以粗略辨别出每个活动的潜在影响因素。为了更好地理清这种关系，必须对每个活动的主要活动单元进行逐一考虑，弄清楚活动之间的时间关系和逻辑关系。

（3）因素关联性分析：辨别出主要影响因素之后，就需要弄清楚因素之间的关系，这其中要综合考量研究目的、参考活动的时间顺序和逻辑顺序，以及专家知识和决策知识，弄清元素之间的关系（完全独立、部分相关、完全相关等），建立拓扑图表示因素之间的本质联系。

为了提高建模效率，很多时候可以综合采用前面三种方法建立影响图。

5.3.3　影响图的改进

评估的准确性和有效性直接影响影响图的好坏，因而也需要重视对影响图的改进。弧向翻转-节点删除算法是影响图改进的常用方法，涉及两类基本变换：弧向翻转和节点删除[30]。具体方法如下。

（1）删除冗余节点。冗余节点指无后序节点的风险因子节点或决策节点。删除这些节点不改变价值节点或者联合概率分布和后果，因为这些节点本身对价值节点无法产生任何影响。

（2）删除（进入风险节点）风险因子节点。风险因子节点的删除条件是其直接后序节点就是风险节点。要想达成此条件，需要先翻转这个节点与其他节点的约束弧，然后利用贝叶斯原则进行翻转，进而利用条件期望删除这个节点。

（3）删除（进入风险节点）决策节点。要想删除决策节点，任何风险节点的条件前序节点在作决策时不能观察的节点（决策节点的后序节点）应先删除，做到极大化期望值。运算中价值节点不接纳任何新的条件前序节点。删除全部前序节点后，整个过程结束。

图 5.4 展示了影响图变换的限定条件。

变换类型	先决条件	说明
弧向翻转	$An(X) \cap Af(Y) = \varnothing$	不得生成环路
删除风险因子节点X	$An(So(X)) \cap Af(So(Y)) = \varnothing$	不得生成环路
删除风险因子节点X	$So(X) \backslash \{V\} = \varnothing$	除V节点，无其他直接后序节点
删除决策节点D	$Pa(X) \backslash \{D\} \subseteq I(D)$	V的直接前序节点皆为D的前序节点
删除风险节点	禁止	风险节点必须存在于风险影响图中

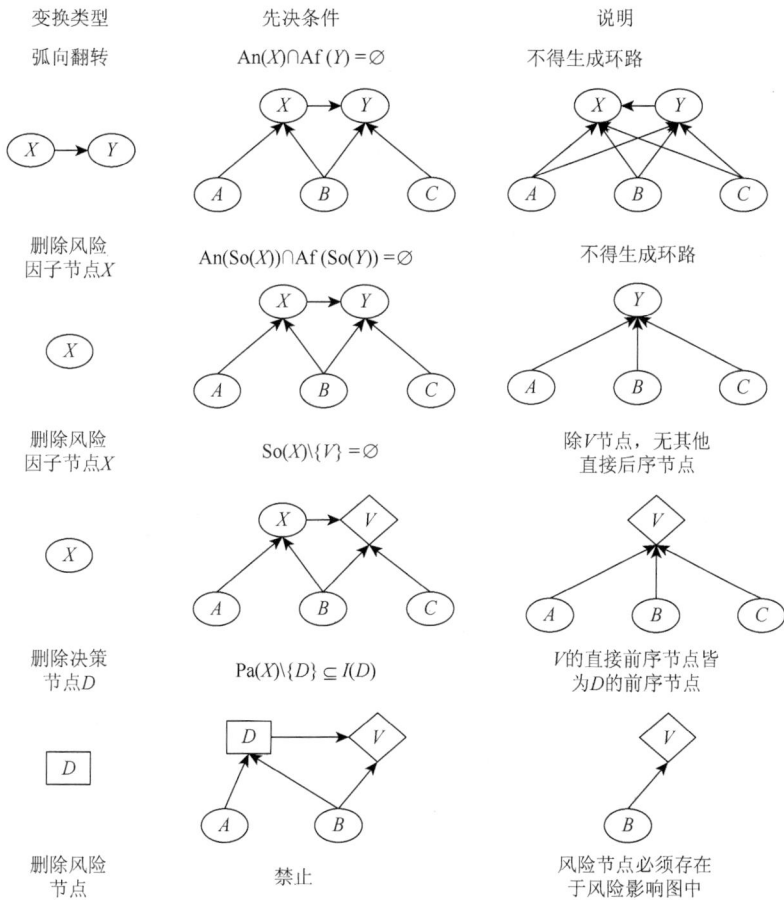

图 5.4 影响图变换的限定条件

5.3.4 影响图中风险因素耦合关系的定量表述

在影响图中，同级风险节点互不影响，也就是说风险节点的状态只受到其上级风险节点状态的影响。导致风险事件发生或引起同一个风险因子状态改变的两个风险因子之间存在的耦合效用有三种：强耦合、弱耦合和纯耦合[78]。为了能更加清晰地描述风险因素间存在的耦合关系，需要对影响图中节点间关系进行定性和定量化表述。

风险的传导可能是由管理、人员、技术和环境因子独立或者综合引发的，风险节点的能量值是各风险模式的综合值。然而，由于量纲不同，这种综合并不都是简单地叠加，而应当根据不同风险类型采用一定的综合方法。具体而言，费用风险之间是纯耦合，总的费用风险就是上一级费用风险量的加权和。对于进度风险，其计算与费用风险十分类似，不过要在首先求得装备研制进度关键路径的基础上进行进度风险量的加权求和。对于性能风险，在理清风险因素之间的传导关系和同级风险因素之间的耦合关系的基础上，求得的最终节点产品或者工作的质量风险即最终的性能风险。

  风险因子间的耦合关系（强耦合、弱耦合、纯耦合）是风险因子间的函数组合关系表示方式。为了在建立装备研制影响图模型时能够直观准确地描述上述的三种关系，引入带符号的"$i-i$"的三角形表示风险因子间的纯耦合关系，带符号的"$i+f$"的三角形表示风险因子间的强耦合关系，带符号的"$i-f$"的三角形表示风险因子间的弱耦合关系。分别如图5.5、图5.6和图5.7所示。

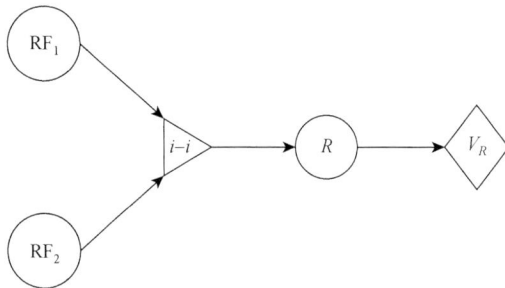

图 5.5 风险因子间纯耦合关系

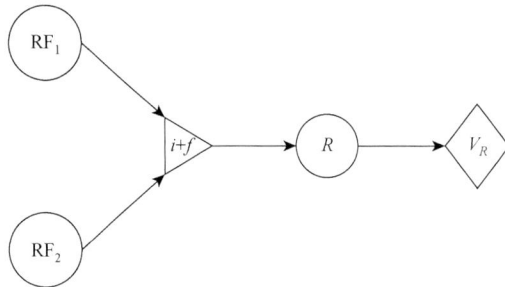

图 5.6 风险因子间强耦合关系

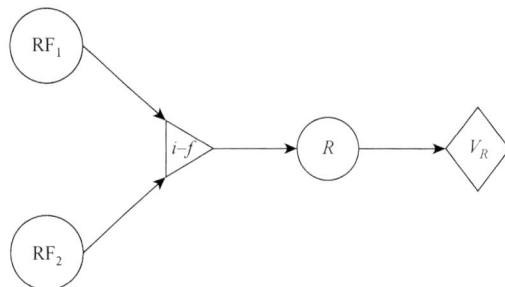

图 5.7 风险因子间弱耦合关系

假设存在两个风险因子节点 RF_1、RF_2，其风险量分别为 R_{RF_1} 和 R_{RF_2}，两者之间存在纯耦合关系，且二者的权重分别为 w_1、w_2（$w_1 + w_2 = 1$）。那么价值节点 V_R 上的风险量为

$$V_R = w_1 R_{RF_1} + w_2 R_{RF_2} \qquad (5.29)$$

这时，节点 RF_1、RF_2 对总风险的贡献度为 Q_1、Q_2。

如果风险因子节点 RF_1、RF_2 存在弱耦合或强耦合关系，耦合系数为 ρ，那么价值节点 V_R 上的风险量为

$$V_R = w_1 R_{RF_1} + w_2 R_{RF_2} + w_1 w_2 \rho R_{RF_1} R_{RF_2} \qquad (5.30)$$

节点 RF_1 对总风险的贡献度可表示为

$$Q_1 = \frac{w_1 R_{RF_1} + \dfrac{1}{2} w_1 w_2 \rho R_{RF_1} R_{RF_2}}{w_1 R_{RF_1} + w_2 R_{RF_2} + w_1 w_2 \rho R_{RF_1} R_{RF_2}} \qquad (5.31)$$

节点 RF_2 对总风险的贡献度可表示为

$$Q_2 = \frac{w_2 R_{RF_2} + \dfrac{1}{2} w_1 w_2 \rho R_{RF_1} R_{RF_2}}{w_1 R_{RF_1} + w_2 R_{RF_2} + w_1 w_2 \rho R_{RF_1} R_{RF_2}} \qquad (5.32)$$

5.4　基于影响图的装备研制质量风险传导分析模型

5.4.1　装备研制质量风险传导影响图拓扑层的构造

5.3.2 小节介绍了影响图构造常用的三种方法：目标定向构造法、双向构造影响图法和基于时间序列的影响图构造法。根据装备研制的实际情况，选择基于时间序列的影响图构造法与目标定向构造法相结合的方法来构造影响图。

首先，确定价值节点。由于复杂装备研制风险主要体现为费用风险 R_C、进度风险 R_S 和性能风险 R_P，价值目标节点可设置为三类，分别是费用风险价值节点 V_{R_C}、进度风险价值节点 V_{R_S} 和性能风险价值节点 V_{R_P}，这三者都直接影响质量风险，因此经过一定的函数关系融合为一个价值节点即质量风险价值节点。其关系可近似表示为如图 5.8 所示。

其次，建立局部影响图。这需要在装备研制质量风险识别的基础上，按项目流程将整个项目划分为不同阶段，确定不同阶段中风险影响图的各种节点，识别与项目阶段划分相应的风险节点的风险类型。建立风险因素到不同类型风险结果

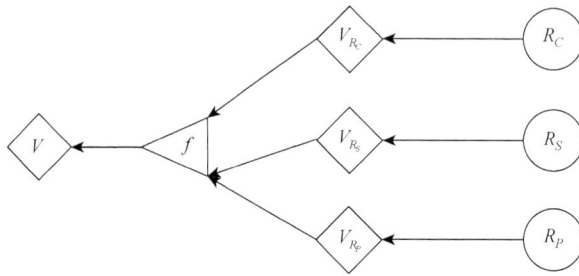

图 5.8　风险总价值节点合成图

的传导的局部影响图，需要确定风险因素之间的关系，分析风险因素与结果之间的关系。

造成费用风险的各风险事件的风险量的加和是费用风险的大小。对于进度风险而言，则需先分别识别装备研制过程各阶段中的关键路径，关键路径的进度风险即装备研制项目的进度风险。而对于性能风险，是影响它的一级风险因子相互作用的结果，对性能风险的评估需充分考虑影响它的风险因子之间的关系（耦合关系）。

以装备研制过程中的工程研制阶段为例，工程研制阶段又分为四个部分：概念设计、初步设计、详细设计和试制阶段。在第 2 章识别的无人机工程研制阶段的主要风险因素清单基础上，结合风险因素之间的关系建立局部影响图如图 5.9～图 5.12 所示。

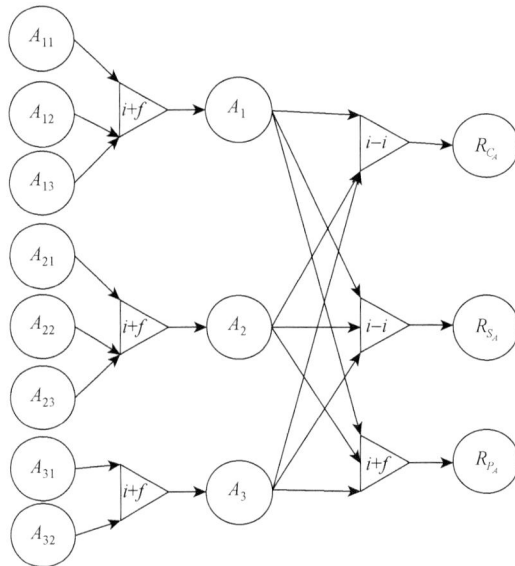

图 5.9　概念设计阶段质量风险影响图

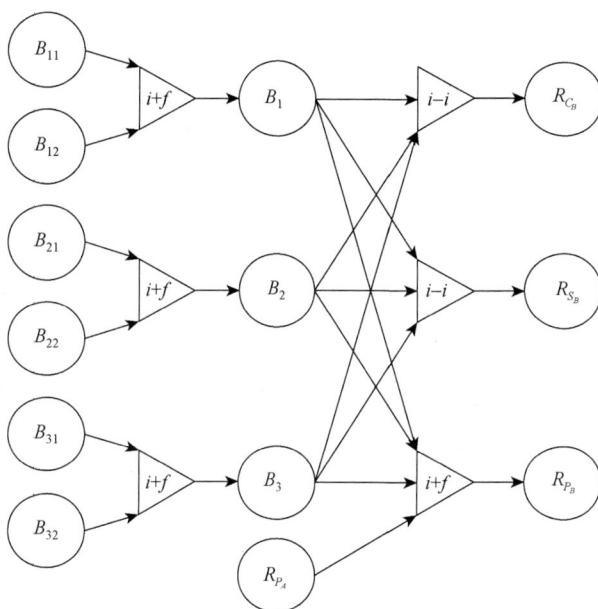

图 5.10　初步设计阶段质量风险影响图

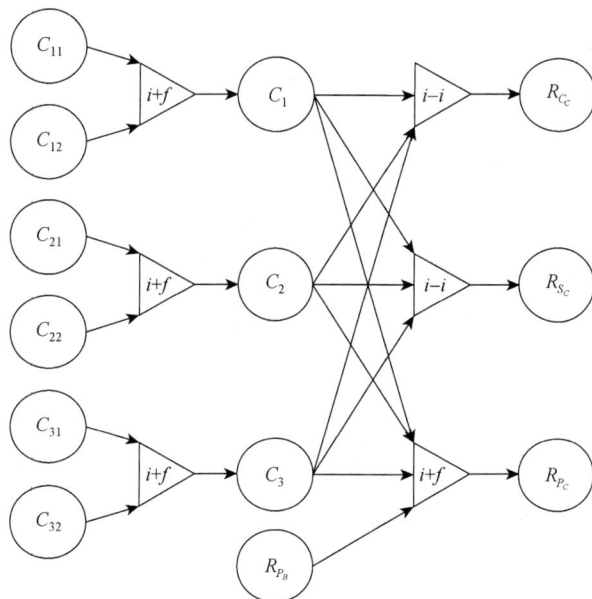

图 5.11　详细设计阶段质量风险影响图

最后，对局部影响图进行整合。将局部影响图合并成为总的影响图如图 5.13 所示。在这个过程中，要留意相同节点并将其合并。

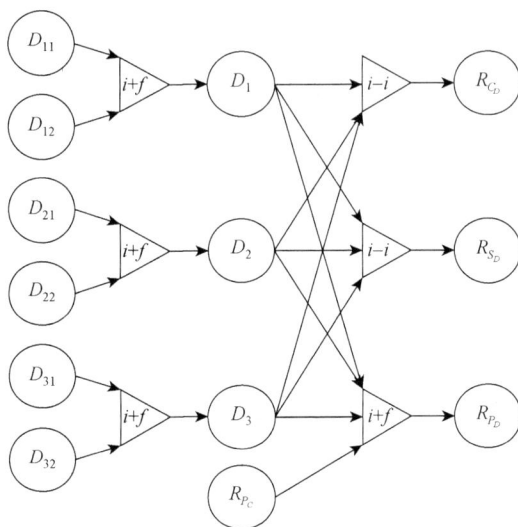

图 5.12　试制阶段质量风险影响图

5.4.2　装备研制质量风险传导影响图函数层和数值层的确定

由于装备研制过程中各节点的质量风险的大小难以确定，本书引入云模型的手段对装备研制质量风险影响图进行求解。

1. 基础风险节点风险量的确定

给出风险大小集合的定义，假设风险等级集合为 $V = \{v_1, v_2, \cdots, v_s\}$。利用云模型的定性转化信息，风险等级的云模型表示为 $C_V = \{c_{v_1}, c_{v_2}, \cdots, c_{v_s}\}$。

假设对某基础风险因子节点风险给出风险评语的有 n 位专家，第 i 位专家的权重为 p_i，其评判云模型为 $C_i(\mathrm{Ex}_i, \mathrm{En}_i, \mathrm{He}_i)$，定性指标的 n 组评语可用一个一维云模型来表示。

从而得到该节点风险值的云模型为 $C(\mathrm{Ex}, \mathrm{En}, \mathrm{He})$。

2. 风险因子节点间耦合关系的确定

风险之间的耦合有三种：纯耦合、弱耦合和强耦合。对风险因子节点之间的耦合关系进行识别需要根据专家意见或者历史数据来判定。这一阶段主要进行两方面的工作：耦合类型的确定和耦合强度的确定。首先需要确定两两风险因子节点之间的耦合类型，再进行耦合强度的确定。对于纯耦合，其耦合强度值（系数）为 0。

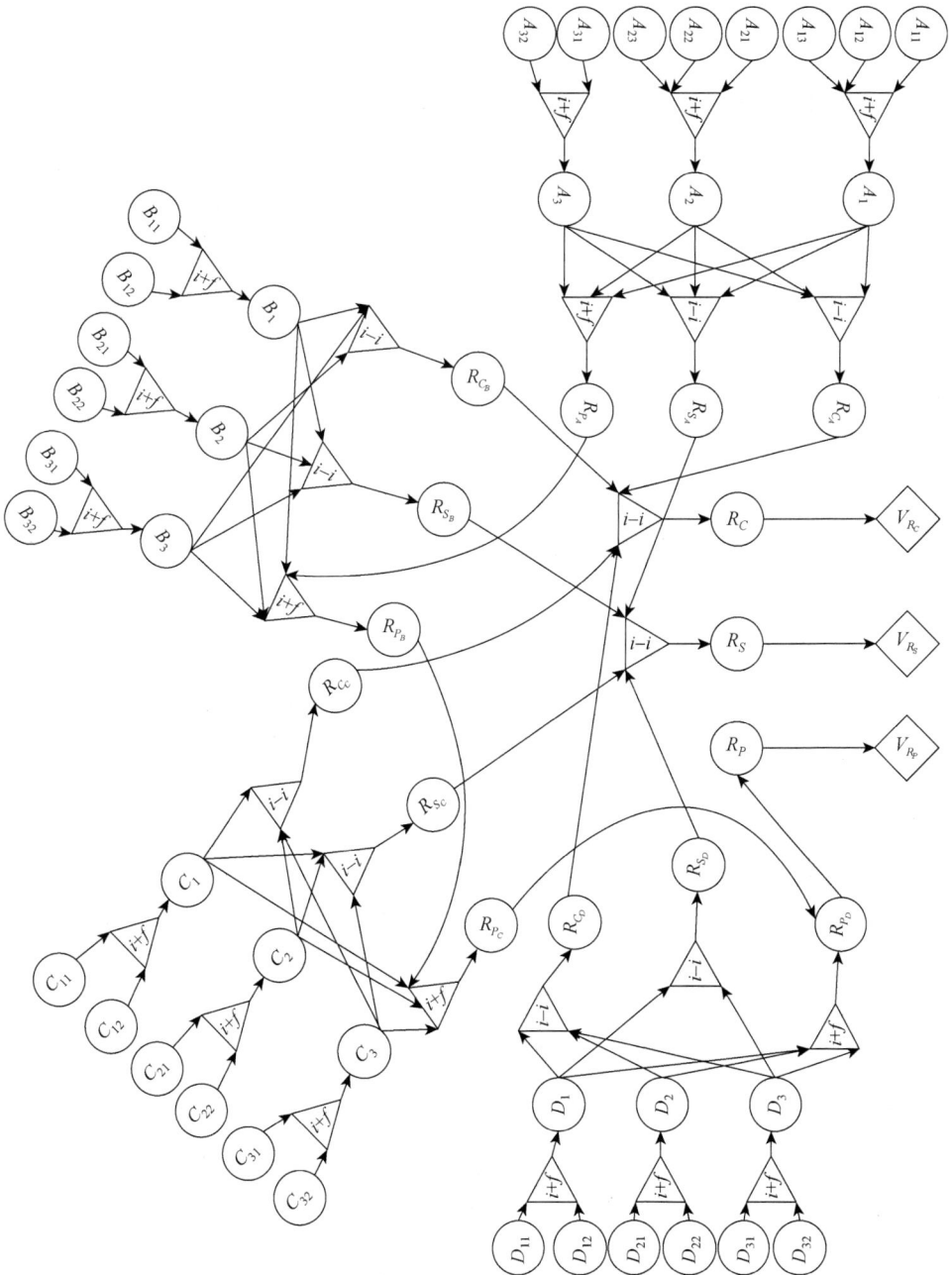

图 5.13　无人机工程研制阶段影响图

对于耦合强度，其等级集合为 $L = \{l_1, l_2, \cdots, l_s\}$。利用云模型的定性转化信息，耦合强度等级的云模型表示为 $C_L = \{c_{l_1}, c_{l_2}, \cdots, c_{l_s}\}$。

3. 风险因子节点权重的确定

第 i 级风险因子节点的直接前序节点集 $\{RF_{i1}, RF_{i2}, \cdots, RF_{im}\}$ 的影响，是利用两两比较法确定其权重的。最终得到各风险因素节点的权重系数为 $W_i = [w_{i1}, w_{i2}, \cdots, w_{in}]$，$i = 1, 2, \cdots, m$。

5.4.3 装备研制质量风险传导分析

图 5.14 给出了一个质量风险传导影响示意图。

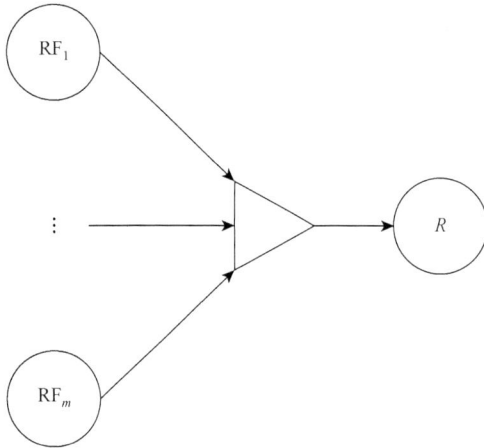

图 5.14 质量风险传导影响示意图

下级风险因子节点 R 的风险量为

$$R = \sum_{i=1}^{n}\sum_{j=i+1}^{n} w_i w_j R_{RF_i} R_{RF_j} \rho_{ij} + \sum_{i=1}^{n} w_i R_{RF_i}, \quad 0 < w_i < 1 \tag{5.33}$$

其中，R 为下级风险因子节点的风险状态；R_{RF_i} 为风险因子节点 RF_i 的风险状态值；w_i 为风险因子节点 RF_i 的权重；ρ_{ij} 为风险因子节点（子系统）i 与风险因子节点（子系统）j 的相关程度系数，ρ_{ij} 的绝对值小于 1，即 $-1 < \rho_{ij} < 1$。

对于风险因子节点 R_{RF_m}，其对下级风险因子节点的贡献度为

$$P_{RF_m} = \frac{w_m R_{RF_m} + \dfrac{\sum_{i=1}^{n} w_i w_m R_{RF_i} R_{RF_m} \rho_{im}}{2}}{\sum_{i=1}^{n}\sum_{j=i+1}^{n} w_i w_j R_{RF_i} R_{RF_j} \rho_{ij} + \sum_{i=1}^{n} w_i R_{RF_i}} \tag{5.34}$$

通过对风险因子节点贡献度的排序确定关键风险节点。确定装备研制的哪个阶段的哪个风险因素对装备研制的质量产生的影响最大，这个风险因素也就是要保证装备研制质量最需要关注解决的风险。同时根据分析的结果，对于耦合强度大的节点，一方面减少其风险量，另一方面应设法降低风险因素间的耦合效应的强度。

5.5　某型无人机研制质量风险传导分析

装备研制项目质量风险传导建模是为了能够切合实际地描述质量风险在装备研制过程中传导的情况，利用历史数据和专家判断同时将传导的情况进行量化，进行模型的评估，寻找影响质量风险的关键因素节点，从而支持装备研制质量风险控制。本节以影响图为基础，同时结合装备研制的实际情况，给出节点间关系的定量表示，建立影响图的拓扑层和函数层，进而利用历史数据和专家判断确定质量风险传导图的数据层。完成模型后对模型进行分析，最后确定影响价值节点最大的关键节点，关键节点应严加管控才能最有效地控制风险。

5.5.1　无人机工程研制阶段质量风险传导建模

无人机研制过程一般包括立项论证、方案论证（也称研制总要求论证）、工程研制、定型等阶段，如图 5.15 所示。其中工程研制阶段的质量风险因素最多、涉及范围最广，因此选择工程研制阶段来分析质量风险传导过程。

1. 无人机工程研制阶段质量风险识别

无人机工程研制阶段的流程图如图 5.16 所示，对流程图进行 OPA，如图 5.17 所示。

之前已对质量风险进行了定义，装备研制质量风险是指在装备研制过程中，以技术因素为主的风险因素对装备研制质量产生不利的影响，综合表现为造成研制项目进度的拖延、性能的降低和费用的增加，以及对研制项目的总体目标产生严重影响的不确定性。

2. 无人机工程研制阶段质量风险传导影响图模型的建立

首先，根据前面的研究成果，可以得到无人机工程研制阶段质量风险传导影响图的拓扑层如图 5.18 所示。在这个案例研究中，只考虑概念设计和初步设计两个阶段。

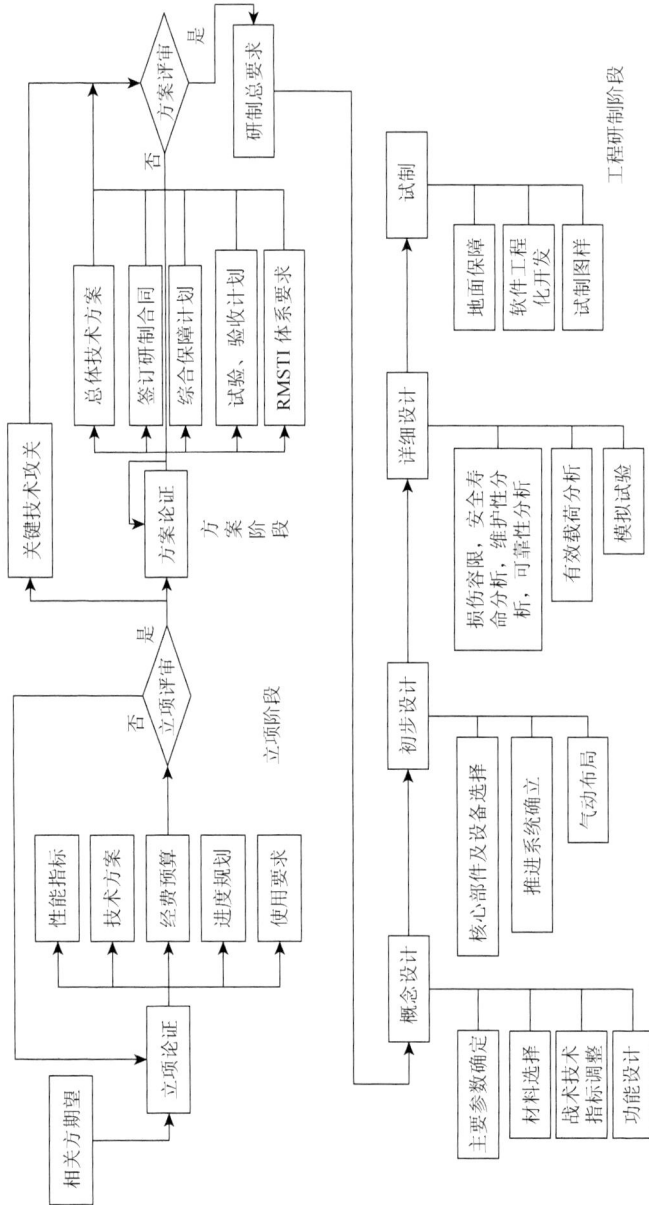

图 5.15 无人机研制程序工作框架和流程图

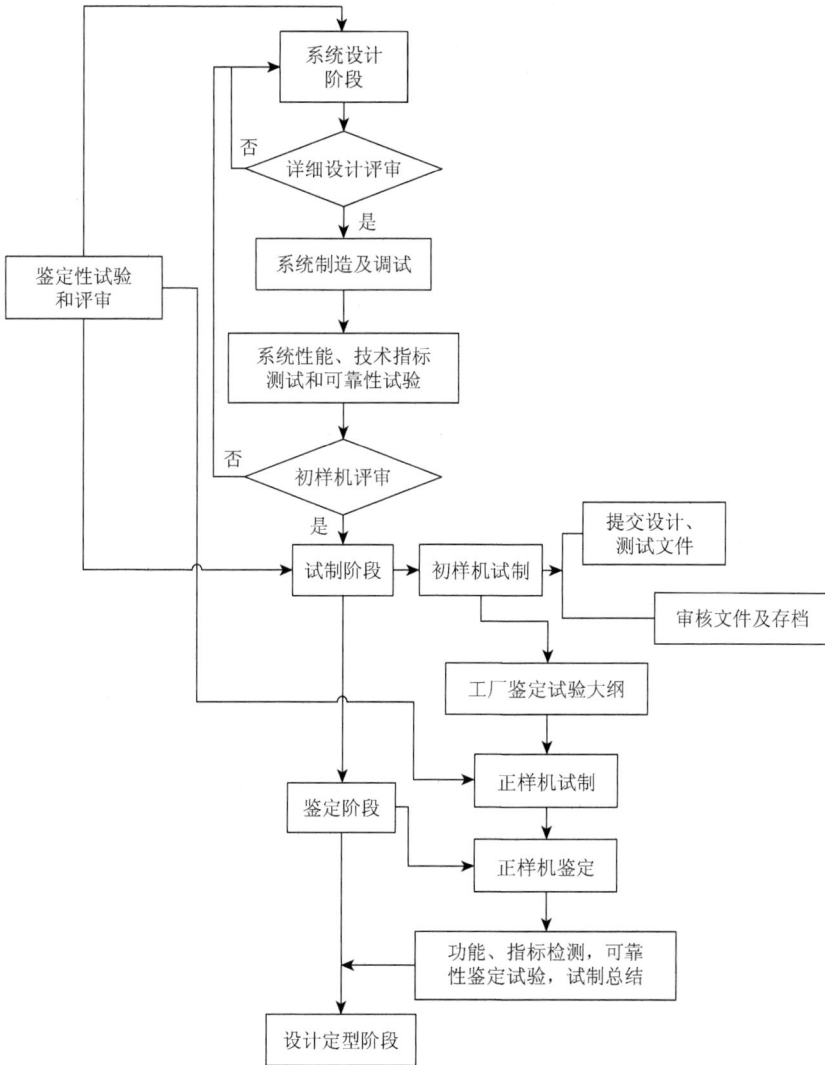

图 5.16　无人机工程研制阶段的流程图

接下来需要确定无人机工程研制前两阶段质量风险传导影响图数据层和函数层。

1）质量风险等级和耦合等级的确定

由专家确定的风险值大小的评语集为 V = {低，较低，中等，较高，高} = $\{v_1, v_2, v_3, v_4, v_5\}$。强耦合、弱耦合和纯耦合是风险耦合的三个类别。其中耦合关系强度又有等级的划分，等级评语集为

L = {程度低，程度较低，程度中等，程度较高，程度高} = $\{l_1, l_2, l_3, l_4, l_5\}$

概念设计
- 主要的初步数据确定
- 设计要求中的项目指标调整
- 发射/回收或起飞/着陆分析
- 材料的初步评估和部件通用性分析
- 共存性分析

多方案

初步设计
- 确定机载各系统的主要附件和设备配套，定出外购项目
- 最佳构型和推进系统
- 最佳方案选择及评定
- 模拟试验
  - 性能计算
- 布局
  - 尺寸、重量、推进系统、成本、结构
  - 几何外形（机翼、机身和舵面）设计
  - 气动分析（风洞试验）

详细设计（结构设计）
- 结构的应力分析，损伤容限和安全寿命分析
- 维护性分析
  - 维护的工具、设备分析
  - 易损部位和生存性分析
  - 研制经费和经济性分析
- 可靠性分析
- 风洞试验
- 有效载荷分析
  - 机动载荷
  - 地面使用载荷
  - 紊流载荷

样机试制
- 全面布置协调
  - 图纸—实际
  - 复杂部位的布置检查
- 地面试验

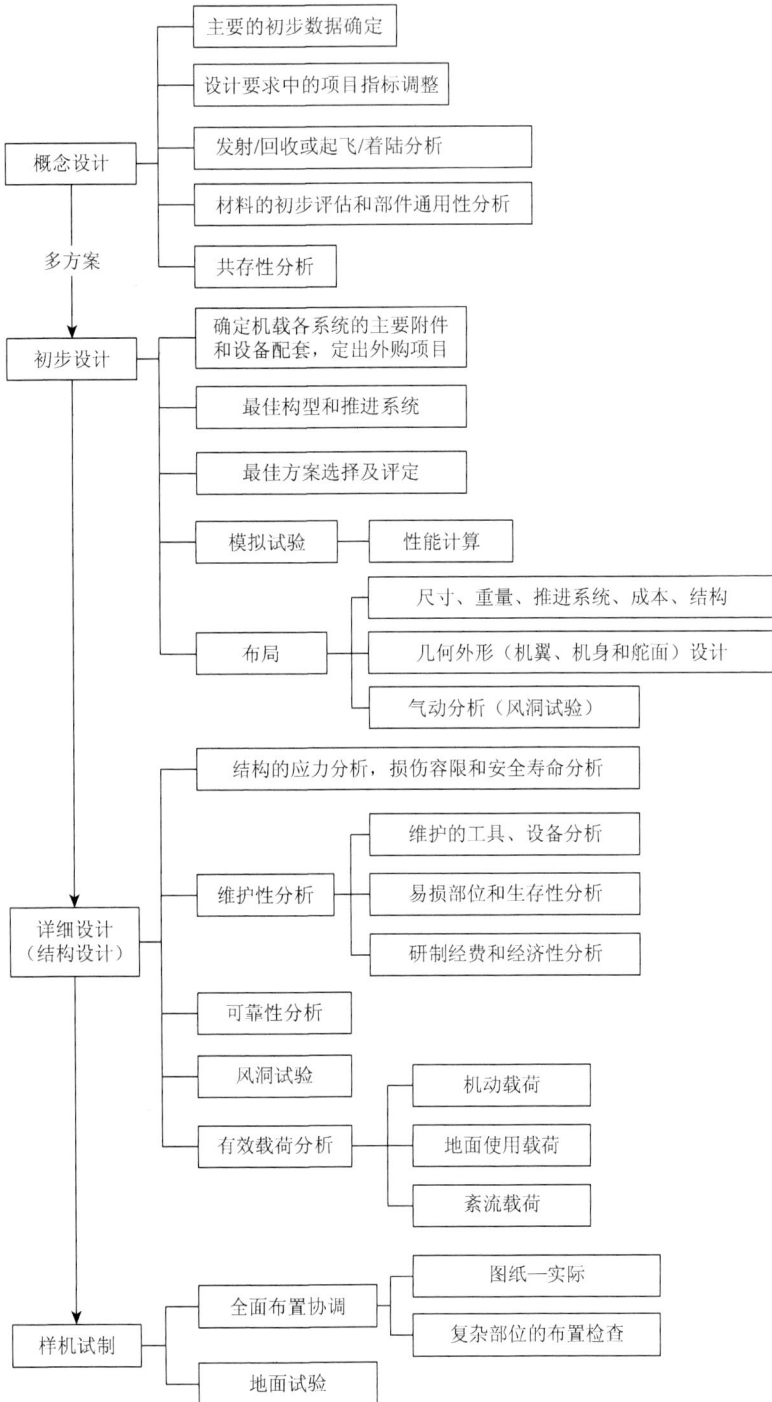

图 5.17　无人机工程研制 OPA

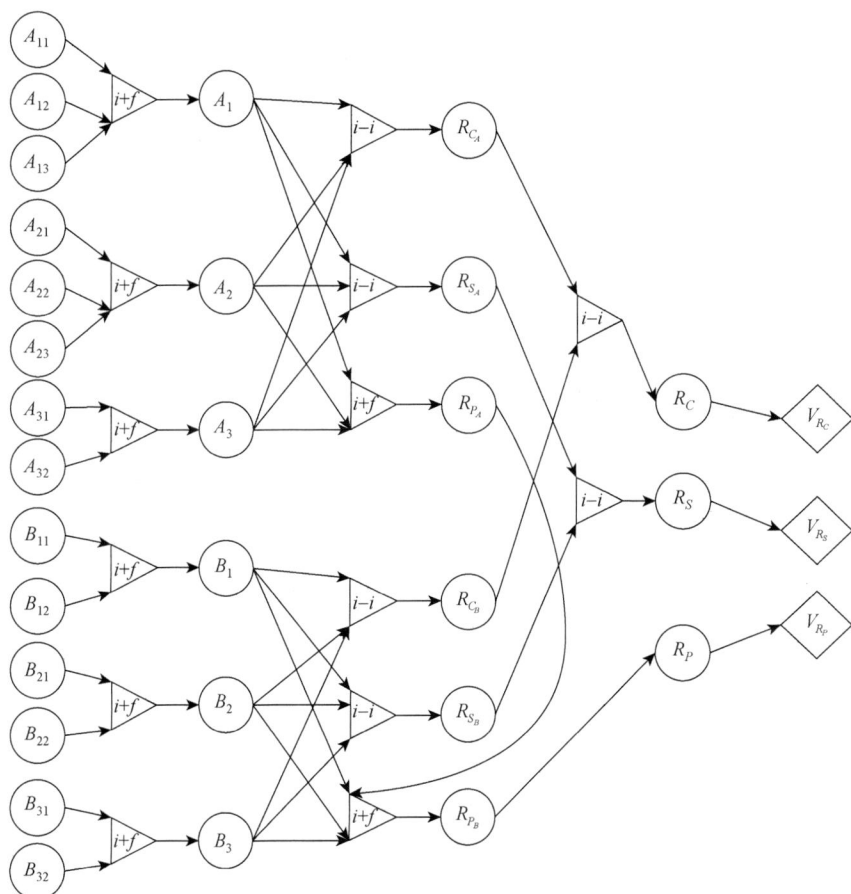

图 5.18　无人机工程研制前两阶段质量风险传导影响图

2）基础质量风险因子节点风险量的确定及云模型表示

有五位专家参与评选，专家依据已经确定的评价指标评估影响图中的基础质量风险节点。对于基础质量风险节点，专家用低（v_1）、较低（v_2）、中等（v_3）、较高（v_4）、高（v_5）五等级语义变量评价基础质量风险因子节点的风险等级如表 5.4 所示。

表 5.4　基础质量风险因子节点风险等级评估表

基础风险因子节点	评审专家				
	D_1	D_2	D_3	D_4	D_5
A_{11}	v_3	v_4	v_4	v_4	v_4
A_{12}	v_3	v_2	v_2	v_2	v_1

续表

基础风险因子节点	评审专家				
	D_1	D_2	D_3	D_4	D_5
A_{13}	v_1	v_2	v_1	v_1	v_2
A_{21}	v_5	v_4	v_4	v_4	v_4
A_{22}	v_1	v_2	v_1	v_2	v_1
A_{23}	v_3	v_2	v_1	v_2	v_3
A_{31}	v_3	v_4	v_4	v_4	v_4
A_{32}	v_3	v_2	v_2	v_2	v_1
B_{11}	v_3	v_2	v_2	v_2	v_2
B_{12}	v_1	v_2	v_1	v_1	v_2
B_{21}	v_3	v_2	v_2	v_2	v_3
B_{22}	v_3	v_2	v_2	v_2	v_2
B_{31}	v_3	v_4	v_4	v_4	v_4
B_{32}	v_3	v_4	v_3	v_3	v_3

各风险等级对应的区域评分数域为[0，1]，将专家给出的风险等级转化为云模型表示如表 5.5 所示。

表 5.5　基础风险因子节点风险评估表的云模型表示

基础风险因子节点	评审专家				
	D_1	D_2	D_3	D_4	D_5
A_{11}	(0.5, 0.033, 0.001)	(0.7, 0.033, 0.001)	(0.7, 0.033, 0.001)	(0.7, 0.033, 0.001)	(0.7, 0.033, 0.001)
A_{12}	(0.5, 0.033, 0.001)	(0.3, 0.033, 0.001)	(0.3, 0.033, 0.001)	(0.3, 0.033, 0.001)	(0.1, 0.033, 0.001)
A_{13}	(0.1, 0.033, 0.001)	(0.3, 0.033, 0.001)	(0.1, 0.033, 0.001)	(0.1, 0.033, 0.001)	(0.3, 0.033, 0.001)
A_{21}	(0.9, 0.033, 0.001)	(0.7, 0.033, 0.001)	(0.7, 0.033, 0.001)	(0.7, 0.033, 0.001)	(0.7, 0.033, 0.001)
A_{22}	(0.1, 0.033, 0.001)	(0.3, 0.033, 0.001)	(0.1, 0.033, 0.001)	(0.3, 0.033, 0.001)	(0.1, 0.033, 0.001)

续表

基础风险 因子节点	评审专家				
	D_1	D_2	D_3	D_4	D_5
A_{23}	(0.5, 0.033, 0.001)	(0.3, 0.033, 0.001)	(0.1, 0.033, 0.001)	(0.3, 0.033, 0.001)	(0.5, 0.033, 0.001)
A_{31}	(0.5, 0.033, 0.001)	(0.7, 0.033, 0.001)	(0.7, 0.033, 0.001)	(0.7, 0.033, 0.001)	(0.7, 0.033, 0.001)
A_{32}	(0.5, 0.033, 0.001)	(0.3, 0.033, 0.001)	(0.3, 0.033, 0.001)	(0.3, 0.033, 0.001)	(0.1, 0.033, 0.001)
B_{11}	(0.5, 0.033, 0.001)	(0.3, 0.033, 0.001)	(0.3, 0.033, 0.001)	(0.3, 0.033, 0.001)	(0.3, 0.033, 0.001)
B_{12}	(0.1, 0.033, 0.001)	(0.3, 0.033, 0.001)	(0.1, 0.033, 0.001)	(0.1, 0.033, 0.001)	(0.3, 0.033, 0.001)
B_{21}	(0.5, 0.033, 0.001)	(0.3, 0.033, 0.001)	(0.3, 0.033, 0.001)	(0.3, 0.033, 0.001)	(0.5, 0.033, 0.001)
B_{22}	(0.5, 0.033, 0.001)	(0.3, 0.033, 0.001)	(0.3, 0.033, 0.001)	(0.3, 0.033, 0.001)	(0.3, 0.033, 0.001)
B_{31}	(0.5, 0.033, 0.001)	(0.7, 0.033, 0.001)	(0.7, 0.033, 0.001)	(0.7, 0.033, 0.001)	(0.7, 0.033, 0.001)
B_{32}	(0.5, 0.033, 0.001)	(0.7, 0.033, 0.001)	(0.5, 0.033, 0.001)	(0.5, 0.033, 0.001)	(0.5, 0.033, 0.001)

　　本节假定各评审专家的权重相同，利用线性加权法可以得到各基础风险因子节点的风险量的云模型如表 5.6 所示。

表 5.6　基础风险因子节点风险量云模型

基础风险因子节点	风险量云模型	基础风险因子节点	风险量云模型
A_{11}	(0.66, 0.015, 0.0004)	A_{32}	(0.3, 0.015, 0.0004)
A_{12}	(0.3, 0.015, 0.0004)	B_{11}	(0.34, 0.015, 0.0004)
A_{13}	(0.18, 0.015, 0.0004)	B_{12}	(0.18, 0.015, 0.0004)
A_{21}	(0.74, 0.015, 0.0004)	B_{21}	(0.38, 0.015, 0.0004)
A_{22}	(0.18, 0.015, 0.0004)	B_{22}	(0.34, 0.015, 0.0004)
A_{23}	(0.34, 0.015, 0.0004)	B_{31}	(0.66, 0.015, 0.0004)
A_{31}	(0.66, 0.015, 0.0004)	B_{32}	(0.54, 0.015, 0.0004)

3）风险因子节点间耦合关系的确定及云模型表示

对于风险因子节点间的耦合关系的判断，首先确定其耦合类型，是纯耦合、强耦合还是弱耦合。在确定完耦合类型后，根据专家评估法或者历史数据确定其耦合的强度。耦合类型在建立影响图模型时已经确定，然后需给出风险因子节点间耦合强度的判别如表 5.7 所示。

表 5.7　质量风险因子节点间耦合关系评估表

风险因子节点耦合关系	评审专家				
	D_1	D_2	D_3	D_4	D_5
$A_{11}\&A_{12}$	l_3	l_3	l_4	l_4	l_3
$A_{11}\&A_{13}$	l_3	l_2	l_2	l_2	l_2
$A_{12}\&A_{13}$	l_1	l_2	l_2	l_1	l_1
$A_{21}\&A_{22}$	l_4	l_3	l_4	l_4	l_3
$A_{21}\&A_{22}$	l_3	l_2	l_2	l_2	l_2
$A_{22}\&A_{23}$	l_1	l_2	l_2	l_1	l_1
$A_{31}\&A_{32}$	l_2	l_2	l_3	l_2	l_2
$B_{11}\&B_{12}$	l_3	l_2	l_3	l_2	l_2
$B_{21}\&B_{22}$	l_4	l_3	l_4	l_4	l_3
$B_{31}\&B_{32}$	l_4	l_4	l_5	l_5	l_4
$A_{1p}\&A_{2p}$	l_4	l_3	l_4	l_4	l_3
$A_{1p}\&A_{3p}$	l_2	l_2	l_3	l_2	l_2
$A_{2p}\&A_{3p}$	l_2	l_2	l_2	l_1	l_1
$B_{1p}\&B_{2p}$	l_3	l_3	l_4	l_4	l_3
$B_{1p}\&B_{3p}$	l_3	l_3	l_4	l_4	l_3
$B_{1p}\& R_{P_A}$	l_3	l_4	l_4	l_4	l_3
$B_{2p}\&B_{3p}$	l_3	l_3	l_4	l_4	l_3
$B_{2p}\& R_{P_A}$	l_3	l_2	l_4	l_4	l_3
$B_{3p}\& R_{P_A}$	l_3	l_3	l_4	l_4	l_3

风险耦合的等级对应的区域评分数域为[0，1]，将专家给出的风险等级转化为云模型表示如表 5.8 所示。

表 5.8　质量风险因子节点间耦合关系评估的云模型表示

风险因子节点耦合关系	评审专家				
	D_1	D_2	D_3	D_4	D_5
$A_{11}\&A_{12}$	(0.5, 0.033, 0.001)	(0.5, 0.033, 0.001)	(0.7, 0.033, 0.001)	(0.7, 0.033, 0.001)	(0.5, 0.033, 0.001)
$A_{11}\&A_{13}$	(0.5, 0.033, 0.001)	(0.3, 0.033, 0.001)	(0.3, 0.033, 0.001)	(0.3, 0.033, 0.001)	(0.3, 0.033, 0.001)
$A_{12}\&A_{13}$	(0.1, 0.033, 0.001)	(0.3, 0.033, 0.001)	(0.3, 0.033, 0.001)	(0.1, 0.033, 0.001)	(0.1, 0.033, 0.001)
$A_{21}\&A_{22}$	(0.7, 0.033, 0.001)	(0.5, 0.033, 0.001)	(0.7, 0.033, 0.001)	(0.7, 0.033, 0.001)	(0.5, 0.033, 0.001)
$A_{21}\&A_{23}$	(0.5, 0.033, 0.001)	(0.3, 0.033, 0.001)	(0.3, 0.033, 0.001)	(0.3, 0.033, 0.001)	(0.3, 0.033, 0.001)
$A_{22}\&A_{23}$	(0.1, 0.033, 0.001)	(0.3, 0.033, 0.001)	(0.3, 0.033, 0.001)	(0.1, 0.033, 0.001)	(0.1, 0.033, 0.001)
$A_{31}\&A_{32}$	(0.3, 0.033, 0.001)	(0.3, 0.033, 0.001)	(0.5, 0.033, 0.001)	(0.3, 0.033, 0.001)	(0.3, 0.033, 0.001)
$B_{11}\&B_{12}$	(0.5, 0.033, 0.001)	(0.5, 0.033, 0.001)	(0.5, 0.033, 0.001)	(0.3, 0.033, 0.001)	(0.3, 0.033, 0.001)
$B_{21}\&B_{22}$	(0.7, 0.033, 0.001)	(0.5, 0.033, 0.001)	(0.7, 0.033, 0.001)	(0.7, 0.033, 0.001)	(0.5, 0.033, 0.001)
$B_{31}\&B_{32}$	(0.7, 0.033, 0.001)	(0.7, 0.033, 0.001)	(0.9, 0.033, 0.001)	(0.9, 0.033, 0.001)	(0.7, 0.033, 0.001)
$A_{1p}\&A_{2p}$	(0.7, 0.033, 0.001)	(0.5, 0.033, 0.001)	(0.7, 0.033, 0.001)	(0.7, 0.033, 0.001)	(0.5, 0.033, 0.001)
$A_{1p}\&A_{3p}$	(0.3, 0.033, 0.001)	(0.3, 0.033, 0.001)	(0.5, 0.033, 0.001)	(0.3, 0.033, 0.001)	(0.3, 0.033, 0.001)
$A_{2p}\&A_{3p}$	(0.3, 0.033, 0.001)	(0.3, 0.033, 0.001)	(0.3, 0.033, 0.001)	(0.1, 0.033, 0.001)	(0.1, 0.033, 0.001)
$B_{1p}\&B_{2p}$	(0.5, 0.033, 0.001)	(0.5, 0.033, 0.001)	(0.7, 0.033, 0.001)	(0.7, 0.033, 0.001)	(0.5, 0.033, 0.001)
$B_{1p}\&B_{3p}$	(0.5, 0.033, 0.001)	(0.5, 0.033, 0.001)	(0.7, 0.033, 0.001)	(0.7, 0.033, 0.001)	(0.5, 0.033, 0.001)
$B_{1p}\& R_{P_A}$	(0.5, 0.033, 0.001)	(0.7, 0.033, 0.001)	(0.7, 0.033, 0.001)	(0.7, 0.033, 0.001)	(0.5, 0.033, 0.001)
$B_{2p}\&B_{3p}$	(0.5, 0.033, 0.001)	(0.5, 0.033, 0.001)	(0.7, 0.033, 0.001)	(0.7, 0.033, 0.001)	(0.5, 0.033, 0.001)
$B_{2p}\& R_{P_A}$	(0.5, 0.033, 0.001)	(0.3, 0.033, 0.001)	(0.7, 0.033, 0.001)	(0.7, 0.033, 0.001)	(0.5, 0.033, 0.001)
$B_{3p}\& R_{P_A}$	(0.5, 0.033, 0.001)	(0.5, 0.033, 0.001)	(0.7, 0.033, 0.001)	(0.7, 0.033, 0.001)	(0.5, 0.033, 0.001)

本节假定各评审专家的权重是相同的，从而可以得到各风险因子节点间的耦合关系的云模型如表 5.9 所示。

表 5.9　风险因子节点间耦合关系的云模型表示

风险因子节点耦合关系	耦合强度云模型	风险因子节点耦合关系	耦合强度云模型
A_{11}&A_{12}	（0.58, 0.015, 0.0004）	A_{1p}&A_{2p}	（0.62, 0.015, 0.0004）
A_{11}&A_{13}	（0.34, 0.015, 0.0004）	A_{1p}&A_{3p}	（0.34, 0.015, 0.0004）
A_{12}&A_{13}	（0.18, 0.015, 0.0004）	A_{2p}&A_{3p}	（0.22, 0.015, 0.0004）
A_{21}&A_{22}	（0.62, 0.015, 0.0004）	B_{1p}&B_{3p}	（0.62, 0.015, 0.0004）
A_{21}&A_{23}	（0.34, 0.015, 0.0004）	B_{1p}&B_{2p}	（058, 0.015, 0.0004）
A_{22}&A_{23}	（0.18, 0.015, 0.0004）	B_{1p}& R_{P_A}	（0.62, 0.015, 0.0004）
A_{31}&A_{32}	（0.34, 0.015, 0.0004）	B_{2p}&B_{3p}	（0.58, 0.015, 0.0004）
B_{11}&B_{12}	（0.38, 0.015, 0.0004）	B_{2p}& R_{P_A}	（0.54, 0.015, 0.0004）
B_{21}&B_{22}	（0.58, 0.015, 0.0004）	B_{3p}& R_{P_A}	（0.62, 0.015, 0.0004）
B_{31}&B_{32}	（0.78, 0.015, 0.0004）		

4）确定权重比值

利用两两比较法确定质量风险传导影响图中下层节点对上层节点影响的权重的具体比值，如表 5.10 所示。

表 5.10　同级节点权重比值

比例项	权重比值	比例项	权重比值
$A_{11}:A_{12}:A_{13}$	0.55：0.3：0.15	$A_{1s}:A_{2s}:A_{3s}$	0.25：0.25：0.5
$A_{21}:A_{22}:A_{23}$	0.40：0.48：0.12	$A_{1p}:A_{2p}:A_{3p}$	0.3：0.3：0.4
$A_{31}:A_{32}$	0.55：0.45	$B_{1c}:B_{2c}:B_{3c}$	0.25：0.35：0.4
$B_{11}:B_{12}$	0.67：0.33	$B_{1s}:B_{2s}:B_{3s}$	0.27：0.25：0.48
$B_{21}:B_{22}$	0.35：0.65	$B_{1s}:B_{2s}:B_{3s}:R_{P_A}$	0.2：0.2：0.3：0.3
$B_{31}:B_{32}$	0.45：0.55	$R_{C_A}:R_{C_B}$	0.2：0.8
$A_{1c}:A_{2c}:A_{3c}$	0.3：0.4：0.3	$R_{S_A}:R_{S_B}$	0.3：0.7

5.5.2　无人机工程研制阶段质量风险传导分析

利用风险耦合的计算公式和节点风险贡献度公式求得各节点的风险值及影响它的质量风险节点的风险贡献度如表 5.11 所示。

表 5.11　节点风险值及贡献度表

目标节点	风险值	影响节点	风险贡献度
A_1	(0.503, 0.01, 0.0003)	A_{11}	(0.744, 0.022, 0.00065)
		A_{12}	(0.20, 0.01, 0.003)
		A_{13}	(0.056, 0.005, 0.00013)
A_2	(0.444, 0.01, 0.0003)	A_{21}	(0.69, 0.02, 0.0006)
		A_{22}	(0.21, 0.017, 0.0005)
		A_{23}	(0.10, 0.0047, 0.00014)
A_3	(0.515, 0.011, 0.0003)	A_{31}	(0.722, 0.022, 0.0006)
		A_{32}	(0.278, 0.014, 0.0004)
B_1	(0.239, 0.01, 0.0003)	B_{11}	(0.552, 0.03, 0.001)
		B_{12}	(0.448, 0.04, 0.001)
B_2	(0.371, 0.011, 0.0003)	B_{21}	(0.381, 0.018, 0.0005)
		B_{22}	(0.619, 0.03, 0.001)
B_3	(0.663, 0.011, 0.0003)	B_{31}	(0.5, 0.013, 0.0004)
		B_{32}	(0.5, 0.015, 0.0005)
R_{C_A}	(0.481, 0.006, 0.0003)	A_1	(0.202, 0.005, 0.0002)
		A_2	(0.177, 0.0048, 0.0002)
		A_3	(0.621, 0.016, 0.00045)
R_{S_A}	(0.493, 0.0065, 0.0002)	A_1	(0.255, 0.006, 0.00023)
		A_2	(0.223, 0.006, 0.00023)
		A_3	(0.522, 0.013, 0.00037)
R_{P_A}	(0.518, 0.006, 0.0002)	A_1	(0.313, 0.007, 0.00027)
		A_2	(0.366, 0.0067, 0.00026)
		A_3	(0.32, 0.01, 0.0003)
R_{C_B}	(0.4548, 0.0064, 0.0002)	B_1	(0.1314, 0.006, 0.0002)
		B_2	(0.2855, 0.01, 0.00026)
		B_3	(0.583, 0.0127, 0.00035)
R_{S_B}	(0.4755, 0.0065, 0.00018)	B_1	(0.136, 0.006, 0.00017)
		B_2	(0.195, 0.0064, 0.00017)
		B_3	(0.669, 0.0144, 0.0004)
R_{P_B} (R_P)	(0.523, 0.005, 0.00014)	B_1	(0.103, 0.004, 0.00011)
		B_2	(0.158, 0.0045, 0.00012)
		B_3	(0.413, 0.007, 0.0002)
		R_{P_A}	(0.326, 0.003, 0.0001)
R_C	(0.46, 0.005, 0.00016)	R_{C_A}	(0.21, 0.0035, 0.0001)
		R_{C_B}	(0.79, 0.014, 0.0004)
R_S	(0.48, 0.005, 0.00014)	R_{S_A}	(0.31, 0.005, 0.00015)
		R_{S_B}	(0.69, 0.012, 0.0003)

　　根据云的正向发生器算法，利用 MATLAB 对质量风险的三种后果程度进行模拟，如图 5.19 所示。

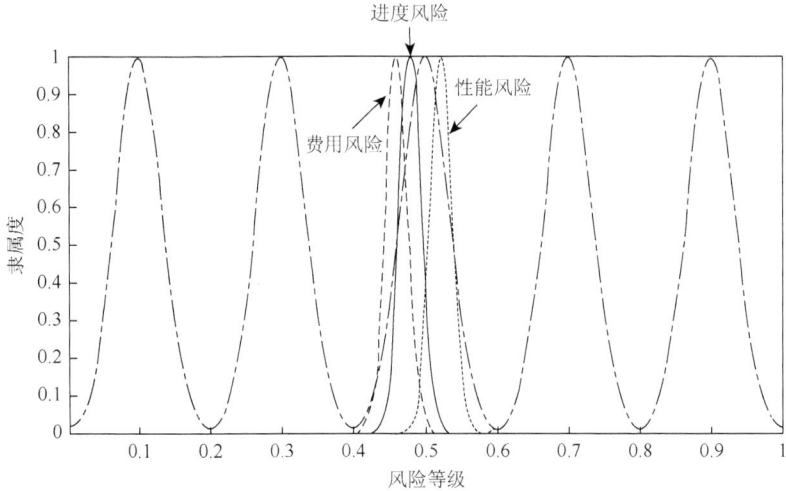

图 5.19　风险后果图

　　从图 5.19 可以得出，处于中等风险等级的有性能风险、费用风险和进度风险。从表 5.11 可以知道，想要降低项目研制的进度风险和费用风险，B 阶段初步阶段中的 B_3 阶段需要加大监控力度控制 B_{31} 和 B_{32} 质量风险。对于研制阶段的性能风险后果，降低它需要从控制对其影响较大的研制 A 阶段概念设计和 B 阶段初步设计阶段的质量风险入手。经过以上分析，降低 A 阶段的质量风险，需要从改善质量风险因素 A_{11}、A_{21} 和 A_{31} 着重入手；降低 B 阶段质量风险，需要着重关注质量风险因素 B_{31} 和 B_{32}，从降低 B_3 阶段质量风险入手。同时需要注意不同阶段质量风险之间的程度强烈的强耦合效应，这些风险因素之间的强耦合效应可能会导致小的质量风险交互作用成为大的质量风险。

第6章　基于蒙特卡罗仿真的风险传导分析

6.1　系统仿真原理

通过系统模型的试验来研究存在或设计中的系统，从而获得对系统行为的认识或帮助解决决策问题，复现实际系统中发生的本质过程就是仿真。仿真可以将问题或系统的任何适当假设模型化，当问题表现出在分析上一般不易处理的不确定性时，往往采用仿真的方法。

常用的计算机仿真包含系统、模型、计算机三个基本要素，通过系统建模、仿真建模（又称二次建模）和仿真实验这三项基本活动对三个基本要素进行联系。系统作为研究的对象，模型作为系统行为特征的描述，仿真则通过模型试验达到研究系统的目的，三要素之间相辅相成、关系密切[31]。

三要素之间的关系可以表示为图 6.1（a），在本章对延迟交付风险传导问题的研究中，可以表示为图 6.1（b）。

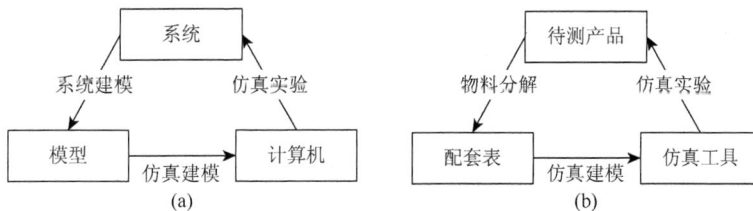

图 6.1　仿真系统三要素之间的关系

系统建模是对系统要素及其关系的建模，仿真建模是系统模型在计算机上的应用，通过研究不同形式的系统模型得到解算法，仿真实验在注重仿真程序的检验基础上，还区分了试验框架与运行控制。在试验框架定义下，规范了一组条件，包括模型参数、输入变量、观测变量、初始条件、终止条件、输入说明等。

6.2　蒙特卡罗仿真

蒙特卡罗法也称统计试验法，是一种通过构造概率模型并对其进行随机试验来解算数学问题的方法。数字计算机的发展为大规模的随机试验提供了有效的工具，使蒙特卡罗法成为广泛应用的随机仿真方法。

蒙特卡罗法的目标是从输入参数分布中随机取样来预见（测量）输出响应，从概率收敛的意义上模拟已有的模型（可以是方程式、模拟或实际设备）。

假设函数 $y=f(x_1,x_2,\cdots,x_n)$，蒙特卡罗法利用一个随机数发生器通过抽样去除每一组随机变量 $(x_{1i},x_{2i},\cdots,x_{ni})$，然后按 $y=f(x_1,x_2,\cdots,x_n)$ 的关系式确定函数值 $y_i=f(x_{1i},x_{2i},\cdots,x_{ni})$。反复独立抽样多次 $(i=1,2,\cdots,n)$，便可得到函数的一组抽样数据 $(y_1,y_2,\cdots,y_n)$，当模拟次数足够多时，便可给出与实际情况相近的函数 y 的概率分布与其数字特征。

蒙特卡罗模拟的实质是利用服从某种分布的随机数来模拟现实系统中可能出现的随机现象。由于每次模拟试验只能描述所观察系统可能出现的一次情况，在进行大量次数的模拟试验后，根据概率论的中心极限定理和大数定理，即可得出有价值的统计结论[32]。

蒙特卡罗仿真的基本步骤如下。

（1）分析实际问题，构造用于仿真的数学概率模型。

（2）根据数学概率模型的特点，设计和应用降低方差的各种方法，以加快结果的收敛。

（3）给出概率模型中各种不同分布的随机变量的抽样方法。

（4）统计处理仿真的结果，得到问题的解，并估计解的精度。

6.3　蒙特卡罗仿真适用性分析

6.3.1　蒙特卡罗仿真的优势

蒙特卡罗仿真的优势如下。

（1）蒙特卡罗仿真是通过大量简单重复抽样来实现的，并不依赖于解析数学的理论分析，受条件限制影响较小，因此方法简单灵活，易于实现和改进，不受状态函数是否线性、随机变量是否正态分布等条件限制，只要模拟次数足够多就可得到比较精确的统计特征。

（2）适应性强，模拟所得的标准误差和收敛速度与所解决问题的维数之间具有较强的独立性，适用于多变量、多时间阶段的高维问题，并且模拟误差容易确定。

（3）可以更有效地发挥专家的作用，因为关于每一个随机变量的分布的判断可由对参数最熟悉的专家来作出，并且随机变量的数量不受限制。

6.3.2　蒙特卡罗仿真的局限

蒙特卡罗仿真的局限如下。

（1）蒙特卡罗仿真利用计算机仿真技术来模拟真实环境，因此其局限在于没有精确的答案，给出的是具有概率特征的置信区间，即得到统计层面上近似的结果，模拟运行后的结果仅是许多可能结果中的一个。

（2）模拟结果的精确性依赖于所建立的模拟模型是否能最大限度地反映实际系统，如果建立的模拟模型与原系统不符，那么所得的解肯定是不正确的。但是，假如能正确和明智地应用模型，这个缺点是可以克服的。

6.4　Z 公司供应商延迟交付风险传导分析

6.4.1　Z 公司的数据说明

Z 公司是某装备研制主要厂商，需要从外部大量采购原材料和部件，经常面临供应商延迟交付问题，为了更好地控制供应商延迟交付问题，展开此案例研究。

选取 Z 公司主要产品的数据进行研究，产品编码分别为 21E5-911-205_011-H1-N-R3-A 和 21E5-911-207_020-H1-N-R3-C。数据种类包括产品完整配套表、配套所需子件的当前库存、配套所需子件的生产和采购时间。

6.4.2　仿真构建步骤

根据蒙特卡罗仿真的一般流程，设计的延迟交付仿真构建步骤如下。

（1）仿真关系模型构建。

（2）仿真参数识别。

（3）随机输入参数的分布拟合。

（4）搭建仿真系统。

（5）单次仿真跟踪及调试。

（6）仿真结果输出及解释。

1. 仿真关系模型构建

仿真关系模型构建需要用到产品的完整配套关系，逐级分解到最底层。以

J599/20KA98PN 产品为例构建仿真模型，根据所获数据，产品子件及配套级别见表 6.1。

表 6.1　产品子件及配套级别表

子件编码	配套级别	子件类型
21E5-911-205_011-H1-N-R3-A	0 级	产品
21E6-781-10182_001-R3-A	1 级	自制零部件
21E8-270-070-L41	2 级	外购零部件
21E8-376-1631-R3-A	2 级	物料
21E8-751-1806-P41-N	2 级	物料
21E8-781-4370-P41-N	2 级	物料
21E8-001-1107-H1-N	1 级	外购零部件
21E8-345-182-P36	1 级	外购零部件
21E8-345-191-P36	1 级	外购零部件
21E8-376-903-R3-B	1 级	物料
21E8-570-1222-L16	1 级	外购零部件
21E8-701-238-R3	1 级	物料
21E8-701-4214-A1	1 级	外购零部件
21E8-701-885-A1	1 级	外购零部件

Z 公司产品配套及生产是以库存为核心逐级进行的，当订单下达时，检测下级子件的库存是否充足，若不充足，则要求下级子件通过生产或采购的方式补充库存；若充足，则随时可用于生产。根据上述过程，可以将配套流程表达为图 6.2。

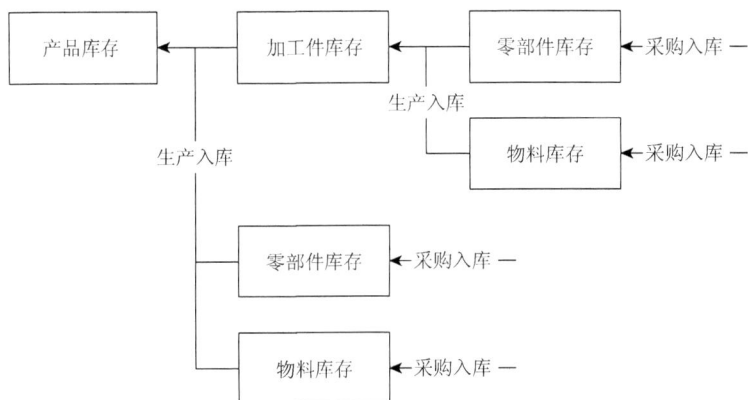

图 6.2　基本供应链风险传导关系图

基本供应链配套关系的数学表达：

$$产品总生产周期 = 产品当前生产时间+产品配套的前置准备时间 \quad (6.1)$$

$$产品配套的前置准备时间 = \max\{子件i任务时间 \mid i=1,2,\cdots,n\} \quad (6.2)$$

$$子件 i 任务时间 = \begin{cases} 0, & 当前库存 \geqslant 产品配套需求数量 \\ 子件i入库时间, & 其他 \end{cases} \quad (6.3)$$

$$子件 i 入库时间 = \begin{cases} 子件i采购入库时间, & 物料、外购零部件 \\ 自制零部件i生产周期, & 自制零部件 \end{cases} \quad (6.4)$$

$$\begin{aligned} 自制零部件i生产周期 &= 自制零部件i生产时间 \\ &\quad +自制零部件i前置准备时间 \end{aligned} \quad (6.5)$$

$$自制零部件 i 前置准备时间 = \max\{子件 i \rightarrow j任务时间 \mid j=1,2,\cdots,n\} \quad (6.6)$$

注：式（6.6）中子件 $i \rightarrow j$ 任务时间按照式（6.3）进行循环计算。

在实际生产过程中，采购入库时间属于外部变量，但生产时间是内部可控变量，子件延迟入库，产品可能延期，计划调度部门或制造部门可以对生产过程加急，达到赶工的目的。这个过程可以表示为图 6.3。

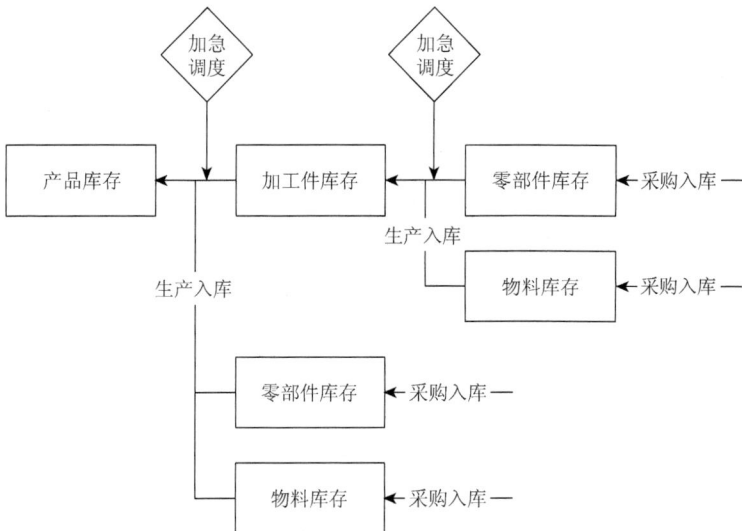

图 6.3 主动控制的供应链风险传导关系图

主动控制的供应链配套关系的数学表达：

$$产品总生产周期 = 产品当前生产时间+产品配套的前置准备时间 \quad (6.7)$$

$$产品配套的前置准备时间 = \max\{子件i任务时间 \mid i=1,2,\cdots,n\} \quad (6.8)$$

$$产品生产时间 = \begin{cases} 产品正常生产时间, & 产品配套的前置准备时间 \leqslant 产品配套临界时间 \\ 产品加急生产时间, & 其他 \end{cases}$$

$$(6.9)$$

$$子件 i 任务时间 = \begin{cases} 0, & 当前库存 \geqslant 产品配套需求数量 \\ 子件 i 入库时间, & 其他 \end{cases} \quad (6.10)$$

$$子件 i 入库时间 = \begin{cases} 子件 i 采购入库时间, & 物料、外购零部件 \\ 自制零部件 i 生产周期, & 自制零部件 \end{cases} \quad (6.11)$$

$$自制零部件 i 生产周期 = 自制零部件 i 生产时间 \\ + 自制零部件 i 前置准备时间 \quad (6.12)$$

$$自制零部件 i 前置准备时间 = \max\{子件 i \to j 任务时间 \mid j = 1, 2, \cdots, n\} \quad (6.13)$$

$$自制零部件 i 生产时间 = \begin{cases} 自制零部件 i 正常生产时间, & 自制零部件 i 前置准备时间 \geqslant 自制零部件 i 临界时间 \\ 自制零部件 i 加急生产时间, & 其他 \end{cases}$$

$$(6.14)$$

注：式（6.13）中子件 $i \to j$ 任务时间按照式（6.10）进行循环计算。

2. 仿真参数识别

仿真参数识别是蒙特卡罗仿真的关键步骤，将参数正确地划分才能建立有效的仿真模型。仿真模型参数通常包括以下几方面。

（1）固定输入参数：是企业内变量，可知变量，历史和当前信息。在本章案例中，包括产品需求数量、各级子件需求数量、各级子件库存数量。

（2）随机输入参数：是企业外变量，不可知变量，未来信息。在本章案例中，包括各级子件采购时间、产品及自制零部件制造时间。

（3）决策参数：是风险关系传导路径的控制参数。在本章案例中，包括前置准备超过临界时间、可能或已经导致延期、加工阶段加急赶工产品配套临界时间、自制零部件临界时间。

（4）输出参数：是仿真监控时间，可与输入参数重叠。在本章案例中，包括产品总生产周期、特定子件采购时间、子件前置准备时间、子件是否加急、产品是否加急。

实施传导仿真分析时，采用水晶球（Crystal Ball）软件，它是 Microsoft Excel 软件的一个插件。

在输入参数时，四类参数各不相同。固定输入参数为数值，可直接输入 Excel 中，不需要其他设置；随机输入参数为随机分布，需要通过水晶球插件的定义假设（Define Assumption）功能设置合适的分布种类和分布参数，若有历史数据，最好的办法是通过分布拟合的方法找到最佳匹配的随机分布；决策参数是带有决策逻辑的数值，数字直接输入 Excel 中，但需增加与仿真模型的逻辑关系；输出参数是数值或公式的计算结果，需要通过水晶球插件的定义预测（Define Forecast）功能指定该单元格为输出参数，这样，在运行仿真之后会对所有输出参数进行跟踪，并生成相应的仿真图表，水晶球插件工具栏见图 6.4。

图 6.4　水晶球插件工具栏

3. 随机输入参数的分布拟合

与真实数据能够最佳匹配的方法是分布拟合，该方法也是提高仿真准确度的重要步骤。为了能够准确地再现延迟交付风险传导的真实过程，需要应用实际数据对每个随机输入参数进行拟合，根据历史数据对实际生产时间的分布拟合如图 6.5 所示。

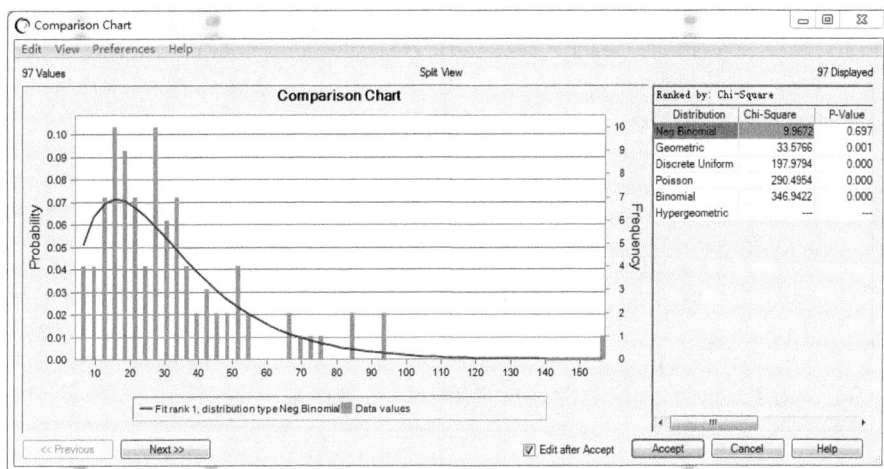

图 6.5　根据历史数据对实际生产时间的分布拟合

输入数据：配套所需子件的历史入库所需时间。

所需工具：拟合工具。

输出结果：配套所需子件的分布及分布参数。

操作步骤如下。

（1）选中待设置随机输入参数的目标单元格，在 Define Assumption 的下拉列表中选择 Distribution Gallery 选项。

（2）在弹出的窗口中选择 Fit，进入 Fit Distribution 窗口，分布拟合对话框见图6.6。

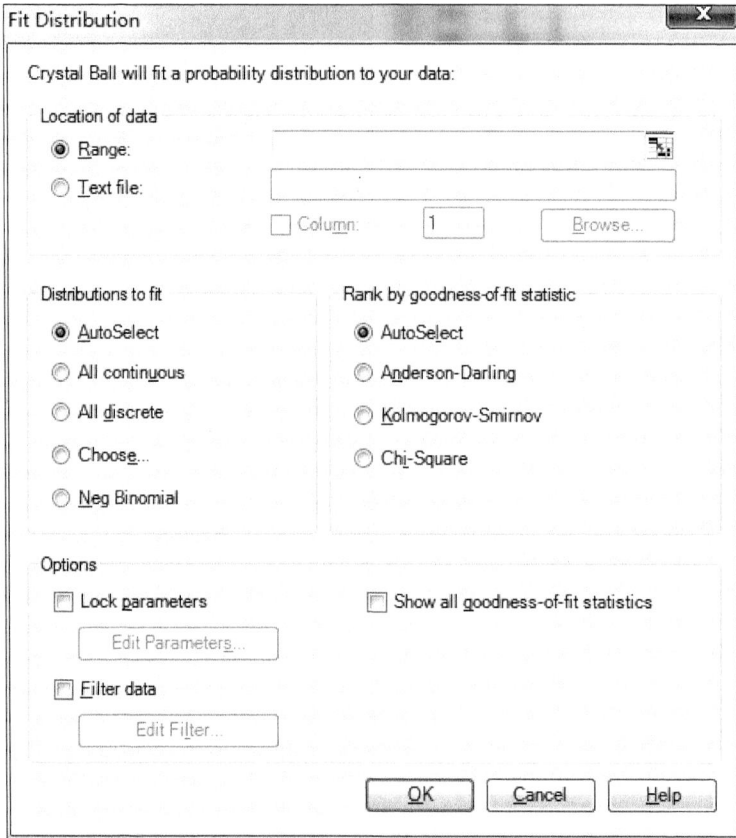

图 6.6　水晶球的分布拟合对话框

（3）利用 Range 的选取功能选择要拟合的数据区域，并确认，本操作见图6.7。

图 6.7　选取功能选择要拟合的数据区域

（4）单击 OK 按钮忽略可能的通知提示 "No valid fits were found for one or more distributions."，得到拟合结果，结果窗口见图6.8。

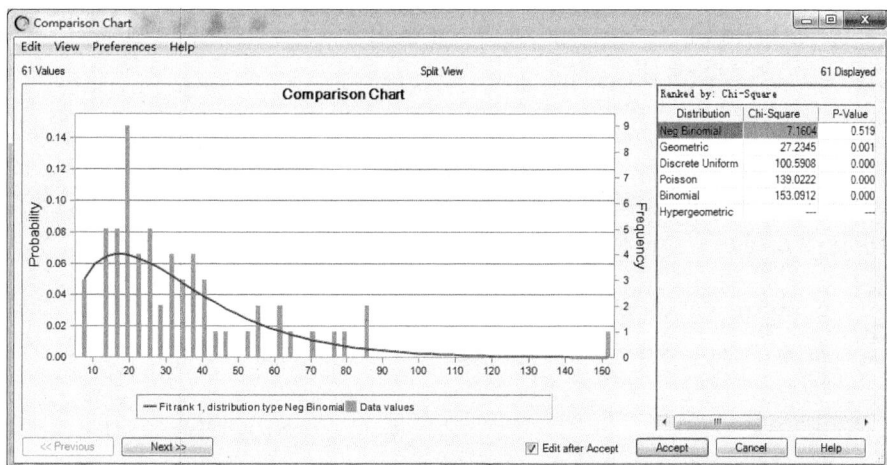

图 6.8　水晶球的分布拟合结果窗口

（5）Comparison Chart 窗口左侧为数据直方图和拟合线，右侧为每种分布的概率，用于比较拟合结果的优劣。单击 Accept 按钮，得到最后拟合的参数假设，水晶球的负二项分布的参数假设见图 6.9。

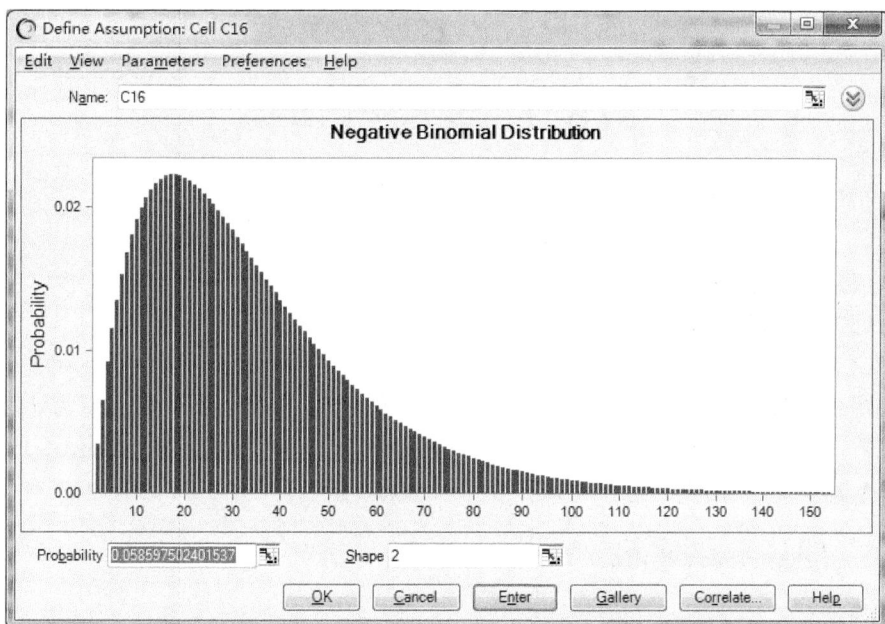

图 6.9　水晶球的负二项分布的参数假设

（6）单击 OK 按钮，随机参数设置完毕后，该随机输入参数的目标单元格会变为绿色填充的格式。此时一个随机输入参数设置完毕，重复步骤（1）～步骤（6）的操作，设置其他随机输入参数。

4. 搭建仿真系统

搭建仿真系统所需要的工具为 Microsoft Excel+Crystal Ball，Excel 的仿真工具模板见图 6.10。

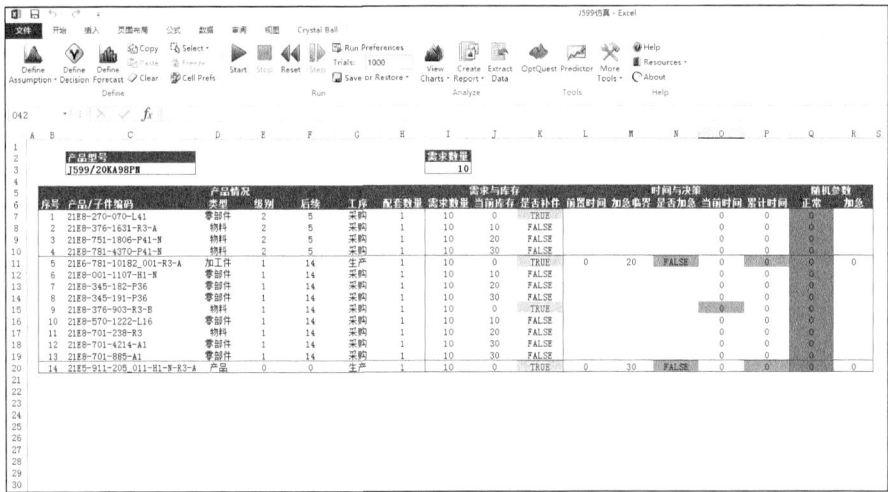

图 6.10　基于 Excel 的仿真工具模板

搭建仿真系统通常需要四个步骤。

（1）将固定输入参数、初始随机输入参数、初始决策参数输入系统。

（2）输入带有决策逻辑的传导关系式。

（3）设置随机输入参数分布。

（4）设置输出参数监控。

图 6.10 为建立的仿真系统。"随机参数"下的"正常"所在列中的数值为随机输入参数，"时间与决策"下的表格区域中的阴影部分为输出参数。传导关系用 Excel 的函数建立关系，用到的运算符除了加、减、乘、除，还有大于、小于以及函数 MAX。

5. 单次仿真跟踪及调试

单次仿真是生成一组仿真数据并暂停，供人为检查仿真系统是否正常运行、传导逻辑和决策逻辑是否正确、参数是否合理。水晶球插件中的 Step 按钮为单次仿真按钮，每一次单击该按钮，将生成一组仿真数据，水晶球运行单次仿真见图 6.11。

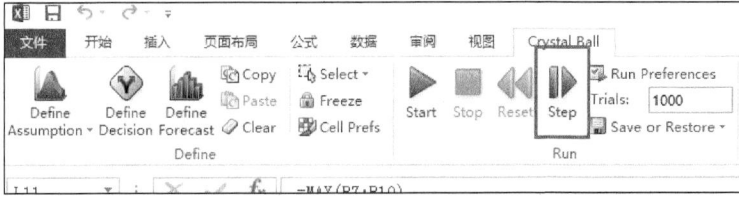

图 6.11　水晶球运行单次仿真

6. 仿真结果输出及解释

仿真系统建立完成，通过单击 Start 按钮进行完整仿真，工具栏中的 Trials 参数可以设置仿真次数，水晶球运行完整仿真见图 6.12。

图 6.12　水晶球运行完整仿真

仿真结束后会显示已设置的输出参数的结果，水晶球中输出参数仿真结果的直方图见图 6.13。

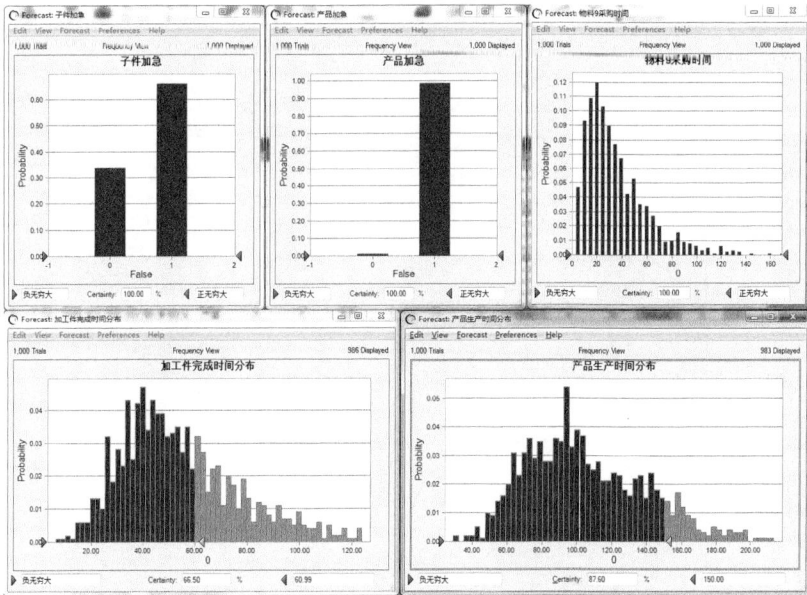

图 6.13　水晶球中输出参数仿真结果的直方图

仿真结果有多种形式，常用的有五种。

（1）频率直方图（最直观），见图 6.14。

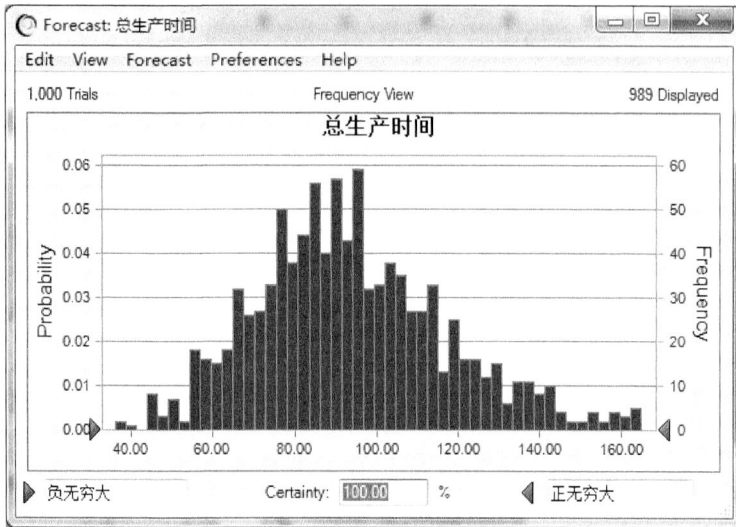

图 6.14　水晶球结果形式之频率直方图

（2）描述统计（均值、标准差、中位数、众数、偏度等），见图 6.15。

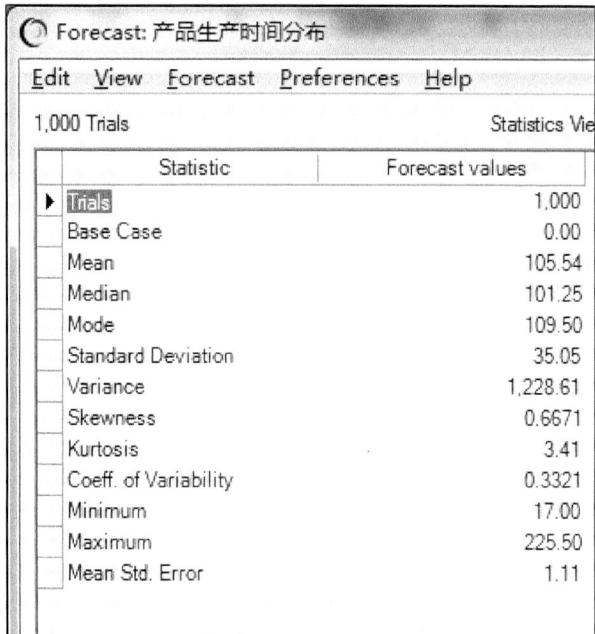

图 6.15　水晶球结果形式之描述统计

（3）分位数（0%，10%，20%，…，100%分位数的预测值），见图 6.16。

图 6.16　水晶球结果形式之分位数

（4）输出参数的概率分布拟合，水晶球结果形式之分布概率拟合线见图 6.17，水晶球结果形式之分布概率拟合表见图 6.18。

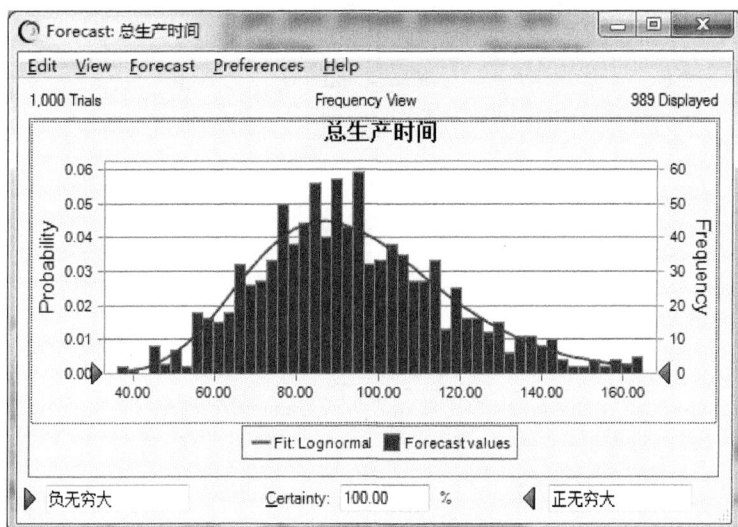

图 6.17　水晶球结果形式之分布概率拟合线

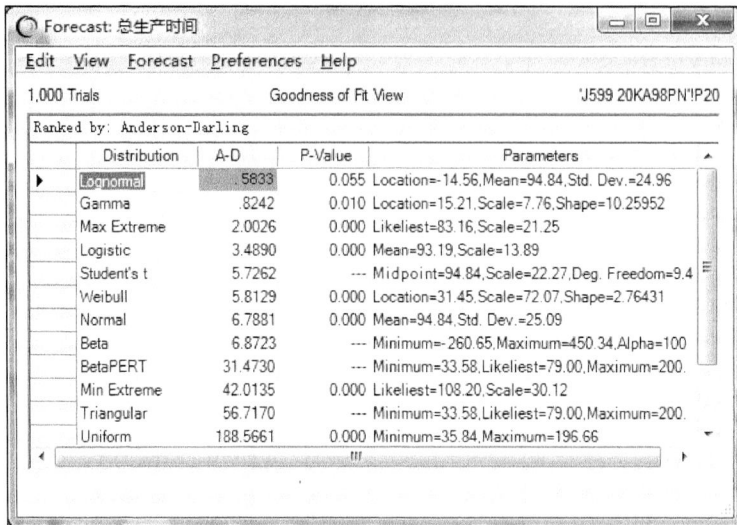

图 6.18　水晶球结果形式之分布概率拟合表

（5）敏感性分析（某个随机输入参数变化对某个输出参数的影响程度），见图 6.19。

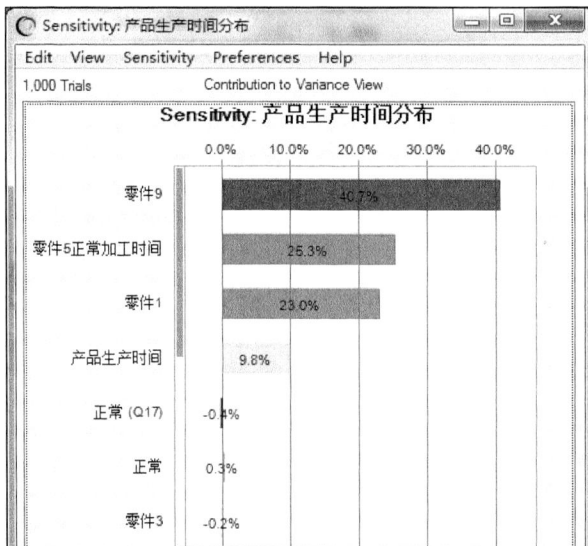

图 6.19　水晶球结果形式之敏感性分析

6.4.3　工具及模板的使用

仿真工作环境：Microsoft Excel+Crystal Ball。

仿真模板使用步骤如下。

（1）修改配套关系。

（2）设置产品需求数量、子件库存。

（3）设置自制零部件的前置时间公式、加急临界。

（4）收集物料、外购零部件采购时间数据用以自制零部件生产时间数据。

（5）拟合物料、外购零部件采购时间数据用以自制零部件生产时间数据。

（6）设置物料、外购零部件采购时间数据用以自制零部件生产时间数据。

（7）设置待监控的输出参数。

（8）单次仿真及完整仿真。

此模板可以进一步信息化，若加入拟合算法，则可简化掉步骤（4）、步骤（5）；若加入 Excel 仿真模板，则可简化掉步骤（1）～步骤（6）。

6.4.4 小结

本章以 J599/20KA98PN 产品为例构建仿真模型，进行 Z 公司供应商延迟交付风险传导的仿真操作，能够实现对延迟交付风险的分析，结合实际生产情况，有利于了解供应商风险传导的过程和影响。

研究中用到预测模型和仿真模型。预测模型是基于数据的建模方法，在已知数据的前提下，挖掘潜在的数据关系，并利用这种关系进行预测。而仿真模型是基于结构的建模方法，仿真模型是在确定结构的前提下，通过输入数据的变化来了解可能的输出结果与过程。除此之外，还有验证模型和分析模型。四类模型的信息已知情况可以表示为图 6.20。

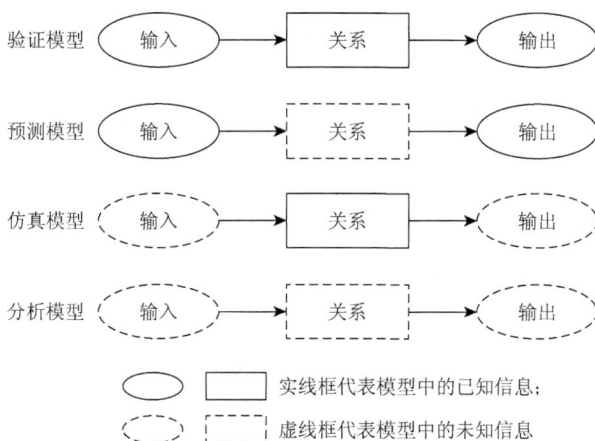

图 6.20 不同种类的模型所对应的信息已知情况

第7章 质量风险传导分析中的专家判断抽取与集成

7.1 概　　述

专家是指精通某方面的专业知识并能够将这些知识表达出来的人[80-82]。判断是指根据某一学科的事实、数据和惯例的陈述，进行推断或评估，真实的判断是对命题的信念和观点，原则上，这种判断可以被证明是对或错的。

从拥有知识和经验的专家身上获取风险事件概率分布的方法称为专家判断获取（expert judgment elicitation，EJE），它受情绪、动机、社会、认知等多种因素的影响[61, 83-85]。EJE 在风险分析、可靠性/安全性分析、预测、非常规突发事件决策、战略和政策制定、医疗诊断、生态和环境评估等诸多领域具有重要的应用，很多情况下甚至是唯一的选择[86, 87]。

在存在多个专家的情况下，需要将这些专家的判断进行有效的集成，专家判断集成可分为数学方法和行为方法两种不同思路[88]。对于数学方法，最常见的是线性意见池方法，这是一种将专家判断的概率分布进行线性加权集成的方法，便于理解和计算，当所有专家分配相同的权重时，便成为最简单的算术平均法。然而，这种线性判断集成方法规定每个专家分配的权重必须为正值[89]。Cooke[90]针对意见池的权重选择问题，提出了一种方法，认为应将更高的权重分配给更好的专家。这些加权方法主要忽视了专家之间的相互关系，O'Hagan 等[91]认为，此方法中一组相同意见的专家将获得巨大的权重，而少数方意见将被低估。此外，贝叶斯方法也是专家判断集成的一种常用的数学方法，然而，由于参数很难估计，这种方法很难应用[88]。专家判断集成的行为方法包括常见的德尔菲法、名义小组法（参见 2.2.1 小节）和头脑风暴法等，主要是在专家互动中存在信息交流，从而可以提高判断效果[92, 93]。

目前数学方法和行为方法孰优孰劣还没有定论，有些人认为数学方法好[94]，有些人认为行为方法好[95]，O'Hagan 等[91]认为行为方法或许更有潜力。

7.2 行为方法和数学方法

数学和行为两类方法的主要差异如表 7.1 所示。

表 7.1　集成专家判断方法的差异

集成的方法	数学方法	行为方法
含义	先让专家给出各自的概率判断，然后通过某种数学规则将所有专家的判断集成为一个统一的概率分布	让专家进行沟通和讨论，在这个过程中逐渐形成一个一致意见[7]
方法	线性意见池方法、线性对数意见池方法、贝叶斯方法[7]	头脑风暴法、德尔菲法、访谈法等
优点	相对简单、花费较少，而且集成的过程明确	相对容易得到一个专家认可的一致意见
缺点	专家权重难以确定、参数难以估计、专家认知偏差难以消除等问题[8]	耗时较长、花费较大、集成过程不明确，容易受到群体思维等负面影响

7.2.1　行为方法

1. 头脑风暴法

头脑风暴的目的在于全面考虑多元质量信息，将其有效整合，它需要组织试验安全管理的相关人员参与，在主持人的引导下，与会者提供多元质量信息，并相互启发促进，以便更有效地进行安全事件预警。在此过程中，可以利用试验项目的工作分解结构或试验流程图来辅助讨论。

与一般自由讨论会议不同的是，头脑风暴需要明确的会议程序，并需专门的主持人引导。主持人控制会议程序的能力对头脑风暴的效率具有特别重要的影响。

头脑风暴在实施时需要注意以下几个方面，见表 7.2。

表 7.2　头脑风暴实施需要注意的方面

实施活动	应注意的方面
确定议题	要明确界定头脑风暴需解决的问题和达成的目标，但不要限制方案的范围。一般而言，具体议题能使与会者更快地思维聚焦，主持人相对容易把控；而抽象或宏观的议题聚焦时间长，但思想的创造性和广度也较强
会前准备	提前让参会者了解会议主题相关的背景资料可以提高头脑风暴的效率和效果。可以对会场进行适当的布置和布局调整，一般来说教室形的座位排列没有圆环形排列效果好。此外，在会议正式开始前还采取一些措施，提出一些有趣的测试题等，活跃气氛，促进思维
确定人选	一般以 8～12 人为宜，也可略有增减（5～15 人）
明确分工	一定要推举一名主持人，并配备 1～2 名记录员。主持人的作用是控制会议进程，提高会议效果，如通报会议进展情况、归纳某些发言的核心内容、提出自己的设想、活跃会场气氛或者让大家静下来认真思索片刻再组织下一个发言高潮等
规定纪律	头脑风暴是一个相对结构化的会议，需要规定若干纪律，由主持人把控
掌握时间	会议时间长短不要在会前明确，而是由主持人根据实际讨论情况而定，一般为 30～45min。经验表明，创造性较强的设想一般要在会议开始 10～15min 后逐渐产生

头脑风暴法的优缺点对比如表 7.3 所示。

表 7.3　头脑风暴法的优缺点对比

优点	缺点
适用面广，易操作，成本较低	对主持人要求很高
能充分发挥参会者的创造力，开阔思路，激发灵感	会议进程不容易控制
过程明确，在较短时间内可以获得更有价值的判断，会议效率高	容易受到权威的影响
气氛活跃，沟通氛围良好，有利于培养团队精神	成员容易搭便车

适用场合：参会者人数恰当且地位相对平等。

2. 其他行为方法

DeGroot[96]对德尔菲法进行了改进，每位专家根据其他专家的观点修改自己的信念，将线性意见池应用于所有的分布，每位专家对其他专家观点的看法进行评估，选择赋予每个分布多大的权重，这个过程是迭代进行的，每一轮得到修改后的分布，将再次呈现给各位专家，得到改进后的意见池。

Kaplan[97]认为，小组讨论的方法应该更着重于专家给出的证据，而不是对专家给出的观点直接集成。在小组会议上，专家提出证据，并进行讨论，引导者根据整合后的证据，给出一个分布，这就需要引导者具有统计专业知识，以得到一个恰当的概率分布。然而，根据经验，统计人员一般无法得到一个合适的概率分布，专家需要根据会议上的证据，得到自己的概率判断。

通常，行为方法要想取得良好的效果，需要以下几个特征：①公正，反对团队互动时的偏见；②一个好的制度，包括人物的仔细安排和分解；③通过计算机技术持续反馈专家判断。

7.2.2　数学方法

数学方法的基本思路是假设有 n 个不同的专家对于某个未知的量 X 进行判断，判断的结果以概率分布 $f_i(X)$ 的形式表示，这样就会得到一系列概率分布的集合 $\{f_1(X), f_2(X), \cdots, f_n(X)\}$，主要有意见池方法、Cooke 法、贝叶斯方法、贝叶斯模型平均和中位数平均法等，最常用的是意见池方法。

1. 意见池方法

线性意见池（linear opinion pool）方法是最常用的方法，实质就是线性加权法，集成的公式为

$$f(X) = \sum_{i=1}^{n} w_i f_i(X) \tag{7.1}$$

其中，n 为专家的数量；X 为所要判断的变量；$f_i(X)$ 为第 i 个专家针对 X 给出的概率分布；w_i 为第 i 个专家所具有的权重，其值非负且总和为 1；$f(X)$ 为专家判断集成后的概率分布。

线性意见池方法是将各专家给出的概率分布进行线性加权的方法，直观简单，便于理解和计算，而且满足一些看起来合理的公理，并且满足边际性（marginalization property，MP）。在实际应用中，人们往往会给更权威的专家赋予更高的权重，以增加其判断在整体当中的比例，而在无法确定各个专家的权重时，往往赋予他们相同的权重，即 $w_i = 1/n$，而且往往能取得良好的集成效果。然而，线性意见池方法也具有明显的缺点，各专家的权重一般需要人为给出，带有大量的主观因素，权重的赋予会对结果产生巨大的影响，在线性意见池应用过程中，如何合理地分配权重成为一个难题且需要重点考虑，另外，它不满足外部贝叶斯性（external Bayesianity，EB），即随着新信息的出现，线性意见池方法无法对每个专家判断的概率分布进行更新。

另外一种常用的意见池方法是对数意见池（logarithmic opinion pool）方法，是将各专家给出的概率分布进行几何加权平均的计算方式：

$$f(X) = k \prod_{i=1}^{n} f_i(X)^{w_i} \tag{7.2}$$

其中，k 为一个标准化常量，以保证 $f(X)$ 依然为一个概率分布，其余变量的表示与线性意见池的表示相同。

对数意见池方法满足外部贝叶斯性，如果已经按照这种方法计算出专家判断集成后的概率分布，当新信息到达后，可以根据新信息更新 $f_i(X)$，也可以直接更新 $f(X)$。然而，对数意见池方法同样面临权重分配的问题，另外对数意见池方法不满足边际性。

2. Cooke 法

Cooke 法是 Cooke[90] 提出的一种解决专家权重分配的方法，基于每个专家的表现，即对种子变量（seed variables，SV）的判断绩效来分配权重。

SV 是来自相同领域的未知量，这里需要一个引导者，引导者知道或很快就知道 SV 的分布，但提供信息的专家并不知道（实际是一个测试分布），专家需要给出这些变量的不同分位数（通常为第 5 百分位、第 50 百分位、第 95 百分位），若专家给出的概率校准不精确（信息错误）或者分布很宽泛（信息含量低），则认为专家的表现是欠佳的，该专家的判断权重就较低。

每个专家需要给出对多个 SV 的判断，对第 j 次判断，专家判断绩效与校准部

分 C_j 和信息部分 K_j 的乘积成正比，C_j 和 K_j 的值取决于两个不同概率分布的 K-L（Kullback-Leibler）距离。如果一个随机变量有 m 种取值，这个随机变量的两个概率分布为 $P=(p_1,p_2,\cdots,p_m)$ 和 $Q=(q_1,q_2,\cdots,q_m)$，则它们的 K-L 距离为

$$I(P,Q)=\sum_{i=1}^{m}p_i\ln(p_i/q_i) \qquad (7.3)$$

C_j 是 SV 的概率分布与专家判断之间的距离，不精确的校准值将导致较小的权重值。K_j 是专家给出的 n 个 SV 的分布与均匀分布的 K-L 距离的平均值，通过这种方式，提供较多信息的专家将会赋予更多的权重。

虽然 Cooke 给出了一种较好的权重分配方法，但这种方法忽略了专家间的相关程度，如果两个专家提供相似的信息，那么两者将得到相同的权重，并进行集成，而实际上，这两个专家具有高度的相关性，因此，其中一个专家给出的信息是冗余的。

3. 贝叶斯方法

按照贝叶斯思想，应该将每个专家给出的概率分布看成数据，并根据这些数据更新分布，这就需要决策者本身对于判断目标的信念，即先验分布。先验分布可表示为 $f(X)$，后验分布可表示为 $f(X\mid D)$，其中，$D=\{g_1,g_2,\cdots,g_n\}$，代表 n 个专家提供的信息，按照贝叶斯公式：

$$f^*=f(X\mid g_1,g_2,\cdots,g_n)\propto\frac{f(X)L(g_1,g_2,\cdots,g_n\mid X)}{f(g_1,g_2,\cdots,g_n)} \qquad (7.4)$$

其中，L 为各专家提供信息的似然函数。

令 p_i 表示专家 i 给出的 θ 发生的概率，为了表示 θ 发生的后验概率 q^*，$q^*=p^*/(1-p^*)$，独立模型可以表示为

$$q^*=\frac{p_0}{1-p_0}\prod_{i=0}^{n}\frac{f_{1i}(p_i\mid q=1)}{f_{0i}(p_i\mid q=0)} \qquad (7.5)$$

其中，$f_{1i}(f_{0i})$ 为在 θ 发生（不发生）条件下专家给出 p_i 的概率；p_0 为先验概率 $p(\theta=1)$。该模型认为每个专家在评估 p^* 时给出了相互独立的概率分布，因此，更多专家参与评估，结果会更加确定。

贝叶斯方法可以集成任何种类的信息，随着新信息的到达，不断更新模型，然而，在实际应用中，贝叶斯方法却难以应用，问题在于似然函数 L 难以评估，且决策者要主观给出先验分布 $f(X)$，这个先验分布会对最终结果产生很大的影响。

4. 贝叶斯模型平均

决策者一般会从众多专家判断集成模型中选择一个模型，并认为数据就是由

这个模型产生的，这种方法忽略了模型选择的不确定性，在推断和决策中会出现过分自信的情况，贝叶斯模型平均（Bayesian model averaging，BMA）提供了一种机制，能够将这些判断集成模型的不确定性考虑进来。

如果 Δ 是某个关注量，在给定数据 D 的条件下，其后验概率分布为

$$\mathrm{pr}(\Delta|D) = \sum_{k=1}^{K} \mathrm{pr}(\Delta|M_k, D)\mathrm{pr}(M_k|D) \qquad (7.6)$$

这个公式表示了所有考虑的判断集成模型的后验分布的加权平均，其中权重为各个模型的后验概率，式（7.6）中，$M_1, M_2, \cdots, M_k$ 是所有考虑的模型，模型 M_k 的后验概率为

$$\mathrm{pr}(M_k|D) = \frac{\mathrm{pr}(D|M_k)\mathrm{pr}(M_k)}{\sum_{l=1}^{K} \mathrm{pr}(D|M_l)\mathrm{pr}(M_l)} \qquad (7.7)$$

其中

$$\mathrm{pr}(D|M_k) = \int \mathrm{pr}(D|\theta_k, M_k)\mathrm{pr}(\theta_k|M_k)\mathrm{d}\theta_k \qquad (7.8)$$

这就得到了模型 M_k 的完整概率分布，θ_k 是模型 M_k 的参数，$\mathrm{pr}(\theta_k|M_k)$ 是在给定模型 M_k 的条件下 θ_k 的先验分布，$\mathrm{pr}(D|\theta_k, M_k)$ 是可能性，$\mathrm{pr}(M_k)$ 是 M_k 的先验分布。认为模型 M_k 是真正的模型，所有的概率分布都隐含在 M 的条件下，M 是所有考虑的模型所构成的集合。

Δ 的后验期望和方差分别为

$$E(\Delta|D) = \sum_{k=0}^{K} \hat{\Delta}_k \mathrm{pr}(M_k|D) \qquad (7.9)$$

$$\mathrm{Var}(\Delta|D) = \sum_{k=0}^{K} (\mathrm{Var}(\Delta|D, M_k) + \hat{\Delta}_k^2)\mathrm{pr}(M_k|D) - E(\Delta|D)^2 \qquad (7.10)$$

其中，$\hat{\Delta}_k = \int \Delta \mathrm{pr}(\Delta|M_k, D)\mathrm{d}\Delta$。

尽管贝叶斯模型平均直观上很好地解决了判断集成模型的不确定性问题，但还没有成为标准数据分析工具箱的一部分，因为在贝叶斯模型平均实施过程中还存在许多困难之处。

（1）式（7.10）条目众多，表现为大量求和的不可行性。

（2）式（7.10）中的积分通常难以计算，马尔可夫链蒙特卡罗方法在一定程度上解决了这个问题，但依然存在一定的技术问题。

（3）$\mathrm{pr}(M_k)$ 难以确定。

（4）最基本的一个问题，是如何选择用于求平均的模型集合。

5. 中位数平均法

根据各个专家给出的判断的中位数对概率分布进行集成，即

$$F_M(x) = \mathrm{median}[F_1(x), F_2(x), \cdots, F_n(x)] \tag{7.11}$$

当n为奇数时，中位数平均分布是唯一的；当n为偶数时，中位数平均分布为各个x的取值在累积概率分布上第$n/2$个数和第$n/2+1$个数的平均值。

中位数平均法的优点是只需对很少的量进行评估且不需要归一化，应用方便，也不需要对专家判断进行进一步判断；缺点是忽略了很多信息，如反映专家个人经验的某些信息。

7.3　基于因果逻辑的专家判断集成

最近的一些研究表明，专家判断中因果逻辑是一个极为重要的因素，从因果分析入手可以解释某些认知偏差[98-102]。因果关系是一种充分关系，即当原因事件满足时，就必然会导致结果事件的发生，且原因事件和结果事件在时间上具有先后关系。由于人们的认识具有局限性，原因事件和结果事件之间通常是一种可以用概率表示的可能性关系，即如果原因事件发生，则结果事件会以一个高概率发生。此外，一些学者的研究认为，集成专家提供的证据比单独集成意见更为重要[97]，因此，将因果关系引入专家判断，并针对专家提供的证据进行集成，将成为更加有效的专家判断集成方式。

如果把专家判断的逻辑用一个因果贝叶斯网络表示，就可以利用贝叶斯网络融合的方法将多个代表专家判断的网络融合为一个网络，其代表的是所有专家判断集成后的结果。

贝叶斯网络融合，是将描述同一问题的多个贝叶斯网络进行有效的集成，形成一个综合的贝叶斯网络的过程，这些贝叶斯网络可能来自多个不同的领域，由不同的专家给出，这样融合后的贝叶斯网络就能够涵盖各个领域的信息。为方便起见，将融合前的贝叶斯网络称为输入贝叶斯网络，将融合后的贝叶斯网络称为输出贝叶斯网络，分别简称为输入网络和输出网络。输出网络应包含输入网络中涵盖的所有信息，包含输入网络的所有变量，并且不改变输入网络中各变量之间的条件概率关系以及因果关系，在此基础上，应确保输出网络尽可能简单直观。

贝叶斯网络融合有多种分类方式，按照输入网络中不同变量的总数量，贝叶斯网络融合分为单变量贝叶斯网络融合和多变量贝叶斯网络融合两种情况；按照输入网络的结构关系，贝叶斯网络融合可以分为结构相同的贝叶斯网络融合和结构不同的贝叶斯网络融合。对于单变量的情况，各个贝叶斯网络的结构必然是相同的，而在多变量情况下，需要融合的贝叶斯网络的结构可能相同，也可能不同，需要分别进行研究。

对于贝叶斯网络融合，应满足以下原则：①CH 评分，输出网络的评分要高于大部分输入网络的评分；②节点，输出网络要包含输入网络的所有节点；③边，输入网络集合中，与输出网络有相同边的数量小于总边数 90%的输入网络占总输入网络的比例应小于 5%；④输出网络不应改变输入网络中潜在的变量间因果关系；⑤联合概率分布的复杂度应尽量小。

7.3.1　单变量贝叶斯网络融合方法

单变量贝叶斯网络融合是贝叶斯网络融合中最简单的情况，按照贝叶斯网络学习的思想，贝叶斯网络融合主要分为两个步骤，第一步，确定输出贝叶斯网络的结构；第二步，确定输出贝叶斯网络的参数。下面部分中，融合用符号"$\oplus$"来表示。

考虑输入网络是由多值变量 X 组成的贝叶斯网络，设 X 有 r 个取值，取值空间表示为 $\Omega_X = \{x_1, x_2, \cdots, x_r\}$，假设共有 m 个贝叶斯网络，$m \geq 2$，这 m 个贝叶斯网络表示为 $\{N(g(X), \theta_1), N(g(X), \theta_2), \cdots, N(g(X), \theta_m)\}$。这些贝叶斯网络的结构相同，均由一个变量 X 组成，其结构记为 $g(X)$，但它们参数不同，其中第 g 个贝叶斯网络的参数集合表示为 $\theta_g = (\theta_{g,1}, \theta_{g,2}, \cdots, \theta_{g,r})$，$g = 1, 2, \cdots, m$，每个参数 $\theta_{g,i} = P_g(X = x_i)$，$i = 1, 2, \cdots, r$，$g = 1, 2, \cdots, m$，表示第 g 个贝叶斯网络的第 i 个参数。由于概率的规范性，$\sum_{i=1}^{r} \theta_{m,i} = 1$。

对于输出网络，表示为 $N(g^*(X), \theta^*)$ 的形式，$g^*(X)$ 表示输出网络的结构；θ^* 表示输出网络的参数，记为 $\theta^* = (\theta_1^*, \theta_2^*, \cdots, \theta_r^*)$，$\theta_i^* = P^*(X = x_i)$ 表示第 i 个参数的概率分布。由于概率的规范性，同样有 $\sum_{i=1}^{r} \theta_i = 1$。

融合时首先应确定融合后的贝叶斯网络的结构。由于贝叶斯网络的结构是相同的,融合后的贝叶斯网络的结构依然不变，如图 7.1 所示。其数学形式可以表示为

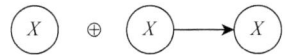

图 7.1　结构相同参数不同单变量贝叶斯网络融合的结构

$$g^*(X) = g(X) \oplus g(X) \oplus \cdots \oplus g(X) = g(X) \quad (7.12)$$

需要注意的是，如果每个输入网络都只包含一个变量，但这些变量并不完全相同，那么在这种情况下，输入网络集合中包含的不同变量的总数量并不是 1，因此属于多变量贝叶斯网络融合范畴。

接下来确定输出网络的参数集合 θ^*。对于每一个参数，有

$$\theta_i^* = \theta_{1,i} \oplus \theta_{2,i} \oplus \cdots \oplus \theta_{m,i}, \quad i = 1, 2, \cdots, r \quad (7.13)$$

由于 $\theta_{g,i} = P_g(X = x_i)$，$i = 1, 2, \cdots, r$，$g = 1, 2, \cdots, m$，可以得

$$\theta_i^* = P_1(X = x_i) \oplus P_2(X = x_i) \oplus \cdots \oplus P_m(X = x_i), \quad i = 1, 2, \cdots, r \quad (7.14)$$

可以看出，单变量贝叶斯网络参数融合的问题，可以转变为概率分布集成的问题，这里考虑使用三种简单的概率集成方式确定输出网络的参数。

1. 线性意见池方法

如果使用线性意见池方法对概率分布进行集成，可以表示为

$$\theta_i^* = \sum_{g=1}^{m} w_g P_g(X = x_i) = \sum_{g=1}^{m} w_g \theta_{g,i}, \quad i = 1, 2, \cdots, r \tag{7.15}$$

其中，w_g 为第 g 个贝叶斯网络所占的权重，其值非负且总和为 1，这样便可以确定输出网络的参数。如 7.2.2 小节所述，线性意见池方法简单易用，但也存在一系列问题，最主要的是，各个贝叶斯网络所占的权重的分配将会极大地影响最终的参数确定，而在各个贝叶斯网络的权重难以确定的情况下，一般可以取 $w_g = \dfrac{1}{m}$，此外，线性意见池方法无法根据新信息的到达而更新概率分布，这也是线性意见池方法的一个弊端。

2. 对数意见池方法

对数意见池方法与线性意见池方法相似，如果使用对数意见池方法对概率分布进行集成，可以表示为

$$\theta_i^* = k \prod_{g=1}^{m} P_g(X = x_i)^{w_i} = k \prod_{g=1}^{m} \theta_{g,i}^{w_i} \tag{7.16}$$

其中，k 为一个标准化常量，以保证 θ_i^* 依然为一个概率分布。

3. 贝叶斯方法

假设在 $X = x_i$ 的条件下，各个专家所给出的判断是条件独立的，那么利用贝叶斯方法的独立模型来确定模型参数，可以表示为

$$\frac{\theta_i^*}{1 - \theta_i^*} = \frac{\theta_{0,i}}{1 - \theta_{0,i}} \prod_{g=1}^{m} \frac{\theta_{g,i}}{1 - \theta_{g,i}} \tag{7.17}$$

其中，$\theta_{0,i}$ 为决策者对于该参数的先验概率。

贝叶斯方法能够根据新信息的到达不断更新参数，新的专家给出的参数估计对于最终参数的确定来讲，相当于新的信息到达，随着不断有专家提供新的信息，决策者就可以不断更新参数。然而，独立模型只是贝叶斯方法中较为简单的一种，而且假设各个专家所给出的判断是条件独立的，而在实际应用中，贝叶斯方法操作较为复杂，此外，决策者的先验概率分布 $\theta_{0,i}$ 对于最终的结果评估影响巨大。

7.3.2　多维单变量贝叶斯网络融合

多维单变量是指一个变量可以由多个指标共同描述。在实际风险管理过程中，有很多风险因素可以由多个维度共同描述，对于某型号研制试验过程中的性能风险，可以由高度、速度、射程等多个维度进行描述，表示为

性能风险(高度,速度,射程,…)

各个维度之间并没有必然的相关性关系，有些维度之间相互独立，有些维度之间具有一定程度的相关性关系。

在进行贝叶斯网络融合的过程中，对于这种多维变量的贝叶斯网络融合，在不考虑相关性的情况下，可以利用单变量贝叶斯网络融合方法对各个维度分别进行参数融合，一旦将各个维度之间的相关性考虑进来，则需要对整个参数进行整体性参数融合，首先针对每一个单独的贝叶斯网络，通过各个维度的参数量化整个参数，得到每个贝叶斯网络的 θ_g，再利用数学方法等，对这些参数进行有效集成。在特殊情况下，如果其他各个维度都绝对依赖于某一个维度，那么可以将这个维度独立出来，作为这个贝叶斯网络的唯一参数，按照一维变量单变量贝叶斯网络融合的方法进行融合。

7.3.3　结构相同的多变量贝叶斯网络融合

考虑一个由 n 个变量 $X=\{X_1,X_2,\cdots,X_n\}$ 组成的贝叶斯网络 N，设其中的节点 X_i 共有 r_i 个取值，其父节点 $\pi(X_i)$ 的取值共有 q_i 个组合，若 X_i 无父节点，则 $q_i=1$，那么网络的参数为

$$\theta_{ijk}=P(X_i=k\mid \pi(X_i)=j) \tag{7.18}$$

其中，i 的取值范围是 $1\sim n$；而对一个固定的 i，j 的取值范围是 $1\sim q_i$；k 的取值范围是 $1\sim r_i$。用 θ 记所有 θ_{ijk} 的集合，由于概率的规范性，有

$$\sum_{k=1}^{r_i}\theta_{ijk}=1,\quad \forall i,j \tag{7.19}$$

假设存在 m 个结构如此的贝叶斯网络，其网络结构记为 $g(X)$，其参数分别为 $\theta_{1,ijk},\theta_{2,ijk},\cdots,\theta_{m,ijk}$，其中：

$$\theta_{g,ijk}=P_g(X_i=k|\pi(X_i)=j),\quad g=1,2,\cdots,m \tag{7.20}$$

在对多变量贝叶斯网络进行融合时，首先要确定网络结构，这里以两个五变

量的贝叶斯网络为例进行说明，其融合后的贝叶斯网络结构依然不变，如图 7.2 所示。

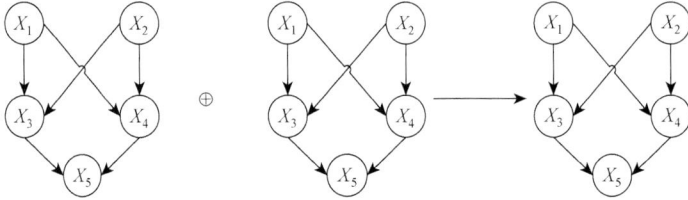

图 7.2　结构相同参数不同多变量贝叶斯网络融合的结构

1. 标准参数融合

接下来确定贝叶斯网络参数，对于每个参数 θ_{ijk}，有

$$\theta_{ijk} = \theta_{1,ijk} \oplus \theta_{2,ijk} \oplus \cdots \oplus \theta_{m,ijk}, \quad \forall i,j,k \tag{7.21}$$

由于 $\theta_{g,ijk} = P_g(X_i = k | \pi(X_i) = j)$，有

$$\theta_{ijk} = P_1(X_i = k | \pi(X_i) = j) \oplus P_2(X_i = k | \pi(X_i) = j)$$
$$\oplus \cdots \oplus P_m(X_i = k | \pi(X_i) = j), \quad \forall i,j,k \tag{7.22}$$

可以看出，这个贝叶斯网络参数融合的问题，同样可以转变为概率分布集成的问题，这里考虑使用线性意见池方法对概率分布进行集成，即

$$\theta_{ijk} = \sum_{g=1}^{m} w_g P_g(X_i = k | \pi(X_i) = j), \quad \forall i,j,k \tag{7.23}$$

其中，w_g 为第 g 个贝叶斯网络所占的权重。

对于单个贝叶斯网络，一般给出根节点的参数以及各个节点之间的条件概率关系，便可以确定整个贝叶斯网络的所有参数。在贝叶斯网络实际应用中，并不需要对所有节点的参数进行估计，在大部分情形下，只需要最终确定某个节点的参数即可。例如，在风险评估的过程中，一般会有一个总风险节点作为整个网络的唯一叶子节点，这个节点是其他所有节点共同作用的结果，只需要对这个节点的参数作出恰当的评估。还有一种情形，需要对整个贝叶斯网络的联合概率分布进行估计，接下来分别采用后融合方法和先融合方法来确定输出网络的叶子节点参数和整个贝叶斯网络的联合概率分布。

2. 后融合方法

后融合方法是指先分别计算出各个网络每个节点的概率分布，再进行参数融合。对于有 n 个节点 $X = \{X_1, X_2, \cdots, X_n\}$ 的贝叶斯网络，对于第 i 个贝叶斯网络，

根据贝叶斯公式，可以计算出总节点的概率分布，用 $P_i(X_n)$ 来表示，根据贝叶斯公式，其联合概率分布为

$$P_i(X_1, X_2, \cdots, X_n) = \prod_{i=1}^{n} P_i(X_i \mid \mathrm{Pa}(X_i)) \tag{7.24}$$

其中，$\mathrm{Pa}(X_i)$ 为一系列 X_i 的父节点，当 $\mathrm{Pa}(X_i) = \varnothing$ 时，$P_i(X_i \mid \mathrm{Pa}(X_i))$ 为边缘分布 $P_i(X_i)$。按照后融合的思想，利用线性意见池方法，可以得到输出网络的联合概率分布，表示为

$$P(X_1, X_2, \cdots, X_n) = \sum_{g=1}^{m} w_g P_g(X_1, X_2, \cdots, X_n) \tag{7.25}$$

输出网络的总节点的概率分布可以表示为

$$P(X_n) = \sum_{g=1}^{m} w_g P_g(X_n) \tag{7.26}$$

其中，w_g 为第 g 个贝叶斯网络所占的权重。

3. 先融合方法

先融合方法并不需要计算出各个网络每个节点的概率分布，而是首先根据输入网络的根节点的概率分布和各个节点之间的条件概率分布，计算出输出网络的根节点的概率分布和各个节点之间的条件概率分布，再由此计算出输出网络的联合概率分布和总节点的概率分布。

对于输出网络的任一根节点 X_i，其概率分布为

$$P(X_i) = \sum_{g=1}^{m} w_g P_g(X_i) \tag{7.27}$$

对于输出网络的任一条件概率关系 $P_i(X_i \mid \mathrm{Pa}(X_i))$，可表示为

$$P_i(X_i \mid \mathrm{Pa}(X_i)) = \sum_{g=1}^{m} w_g P_g(X_i \mid \mathrm{Pa}(X_i)) \tag{7.28}$$

根据先融合的思想，在计算出输出网络的根节点概率分布以及各个节点之间的条件概率关系之后，便不再考虑输入网络的参数信息，只根据输出网络现有的参数信息便可以计算出总节点的概率分布以及贝叶斯网络的联合概率分布。

根据全概率公式可得

$$P(B) = \sum_{i=1}^{n} P(A_i) P(B \mid A_i) \tag{7.29}$$

由根节点开始进行迭代计算，可以计算出总节点的概率分布如下：

$$P(X_n) = \sum_{i=1}^{q} P(\mathrm{Pa}_i(X_n)) P(X_n \mid \mathrm{Pa}_i(X_n)) \tag{7.30}$$

其中，总节点 X_n 的父节点共有 q 种取值情形，分别为 $\mathrm{Pa}_i(X_n), i = 1, 2, \cdots, q$。而输出网络的联合概率分布可以表示为

$$P_i(X_1, X_2, \cdots, X_n) = \prod_{i=1}^{n} \sum_{g=1}^{m} w_g P_g(X_i \mid \mathrm{Pa}(X_i)) \tag{7.31}$$

其中，对于根节点 X_i，有

$$P_g(X_i \mid \mathrm{Pa}(X_i)) = P_g(X_i), \quad g = 1, 2, \cdots, m \tag{7.32}$$

7.3.4 结构不同的两变量的贝叶斯网络融合

对于结构不同的多变量贝叶斯网络，按照贝叶斯网络学习的思想，首先应确定贝叶斯网络的结构，再确定贝叶斯网络的参数。在 7.3.3 小节所述情形中，所有输入网络的结构均是相同的，因此输出网络的结构很容易便可以确定下来，而对于结构不同的贝叶斯网络融合，如何确定输出网络的结构才是融合的重点。

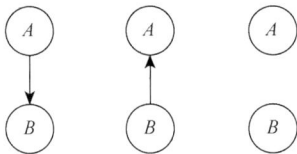

图 7.3　两个变量的贝叶斯网络

两个变量的情形是多变量贝叶斯网络融合中最简单的情形，也具有一定的代表意义，考虑由两个变量 A 和 B 构成的贝叶斯网络，共有以下三种情形，如图 7.3 所示。

考虑三个变量的情形，每两个变量之间的连线有三种可能，如图 7.3 所示，而从三个变量中任取两个变量，共有 $C_3^2 = 3$ 种组合，因此，在不考虑出现环的情况下，三个变量所构成的贝叶斯网络共有 $3^3 = 27$ 种情形，而三个变量构成环的情形共有两种可能，因此，三个变量 A、B、C 所构成贝叶斯网络的情形共有 25 种，如图 7.4 所示。

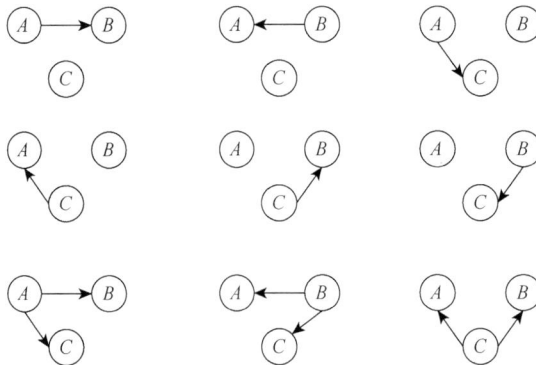

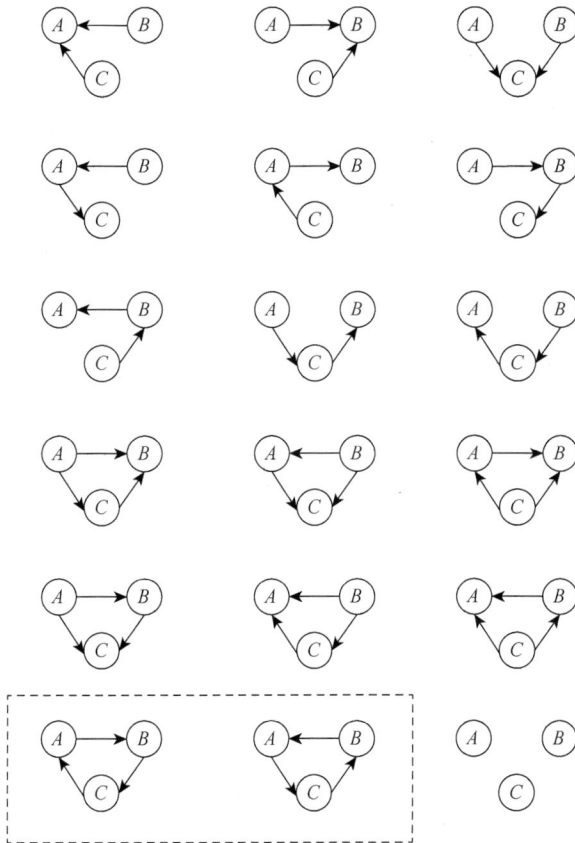

图 7.4　三个变量的贝叶斯网络

可以推出，对于 n 个变量构成的贝叶斯网络，共有 $3^{C_n^2} - X$ 种情形，其中 X 表示构成环的情形的数量，当 $n = 2$ 时，不会构成环，共有 3 种情形，当 $n = 3$ 时，共有两种情形会构成环，因此不同的贝叶斯网络共有 25 种情形。可以看出，随着变量数量的增加，可能的贝叶斯网络的情形数量急速增长，因此，对两个变量的贝叶斯网络融合进行研究，进而推广到更多变量的贝叶斯网络融合是非常有必要的。

网络拓扑融合是以增量图形融合方法为基础的，其目标是将多个贝叶斯网络融合成一个输出贝叶斯网络，其包含所有输入网络的关系结构。

在融合时首先要提取出输入网络的所有节点和边。输入网络的边可以分为四类：①已经在输出网络中的边；②可以加入输出网络的边，并且不产生闭环；③需要反转的边；④暂缓考虑的边。对于前两种情况，可以直接加入输出网络，对于第三种情况，需要引入新的边，并对这些边重新分类，对于第四种情况，可能是由于引入这些边会产生非常复杂的网络结构，需要统一进行分类处理，一次性将这些边加入输出网络[103]。

对于每个有向无环图 G 中的节点 X ，都存在一个拓扑值 $\tau(X)$ ，该值是根据这个图形的拓扑性质得来的，所有的根节点的拓扑值都是 0，其他节点的拓扑值为根节点到该节点的最长路径的长度，用 $\mathrm{Pa}(X)$ 表示 X 的父节点的集合，则任意节点的拓扑值可以表示为如下两值。

（1）如果 X 为根节点，即 $\mathrm{Pa}(X)=\varnothing$ ，则 $\tau(X)=0$ 。

（2）如果 X 非根节点，即 $\mathrm{Pa}(X)\neq\varnothing$ ，则 $\tau(X)=1+\max\{\tau(Y)\,|\,Y\in\mathrm{Pa}(X)\}$ 。

因此，每个有向无环图都有一个拓扑值序列，如果从低拓扑值的节点向高拓扑值的节点引入边，则不会产生环，如果从高拓扑值向低拓扑值引入一条边，则会产生环，这种情况应给予相应的处理措施，因此需要引入边翻转的概念。

边翻转是指，如果一个贝叶斯网络包含一条边，由 A 指向 B ，需要改变其网络拓扑结构，变成由 B 指向 A ，那么就需要在 A 的每个父节点增加一条指向 B 的边，在 B 的每个父节点增加一条指向 A 的边，如图 7.5 所示，这样不会影响贝叶斯网络潜在的关系结构。

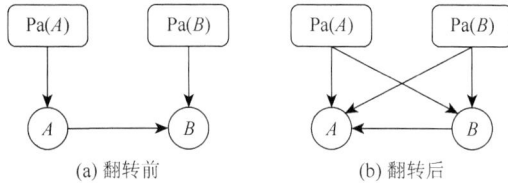

(a) 翻转前　　　　　　　　　　(b) 翻转后

图 7.5　边翻转示意图

边翻转对于贝叶斯网络融合具有重要的意义，因为在贝叶斯网络融合的过程中，可能会出现有向环的情形，这就需要将某些边进行边翻转操作，但如果不加选择地对边进行翻转操作，可能会产生新的闭环，因此应按照某种机制选择需要翻转的边。

用 $D=(V,E)$ 表示贝叶斯网络的结构，V 代表节点的集合，E 代表边的集合。用 $P_D(x)=\{y\in V\,|\,(y,x)\in E\}$ 表示 x 的父节点集合，用 $S_D(x)=\{y\in V\,|\,(x,y)\in E\}$ 表示 x 的子节点集合，对于全部输入网络，$P_D^*(x)$ 表示全部父节点集合，$S_D^*(x)$ 表示全部子节点集合。

将待操作的边分为以下三类。

（1）可直接操作的边，用 DIR 表示：

$$\mathrm{DIR}=\{(x,y)\in E_2\,|\,(x,y)\notin E^*,\tau_{D^*}(x)<\tau_{D^*}(y)\} \tag{7.33}$$

（2）需翻转的边，用 REV 表示：

$$REV = \{(x, y) \in E_2 \,\big|\, \tau_{D^*}(x) > \tau_{D^*}(y)\} \tag{7.34}$$

（3）拓扑值与输出网络相等的边，用 EQ 表示：

$$EQ = \{(x, y) \in E_2 \,|\, \tau_{D^*}(x) = \tau_{D^*}(y)\} \tag{7.35}$$

具体的融合步骤如下。

（1）选取 D_1、D_2，令 D_1 作为目标网络，将 D_2 融合到 D_1 中。

（2）初始化 D^*：$V^* = V_1 \bigcup V_2$，$E^* = E_1$。

（3）处理 D_2 中的 REV。

（4）将 DIR 融入 D^*。

（5）将 EQ 融入 D^*。

7.4　基于贝叶斯知识融合的专家判断集成

集成专家提供的概率信息可能会遇到几个问题，例如，专家可能不赞同某一事件的概率，或者他们可能不赞同两个事件之间的因果方向（如一个专家认为 A 导致 B，然而其他专家认为 B 导致 A）。专家可能甚至不赞同整个概率网络中变量之间的依赖结构。针对这个问题，一个可行的解决方法是，先建立概率模型作为贝叶斯知识库（Bayesian knowledge base，BKB），然后提出贝叶斯知识融合算法，其可以将多个 BKB 融合成一个 BKB 并保留所有来自输入源的信息，这样就很容易集成和拆分来自多个专家源的信息，并且通过提供一个包含所有观点和因果关系的框架来协助决策[104]。

一个 BKB 是一系列条件概率规则（conditional probability rules，CPR）的表现形式，如果 $A_1 = a_1, A_2 = a_2, \cdots, A_n = a_n$，那么 $B = b$ 的概率为 p，满足归一化条件和互斥性。在这些规则中，A_i 和 B 是随机变量，a_i 和 b 是这些随机变量的实例化或者状态。所有贝叶斯网络可以表示为 BKB。与贝叶斯网络相反，但与概率决策图相似的是，BKB 通过随机变量之间的状态确定依赖关系而不是随机变量本身。BKB 不要求概率分布一定是完整的，推理是基于这些确定的规则完成的。这样可以避免输入一个大的条件概率表，并且不一定所有的条件概率表都可以得到。与贝叶斯网络相似的是，一个 BKB 可以由图形表示，但是图形并不要求是无环的。一个 BKB 图形中有两种类型的节点。I 节点表示一个随机变量的某状态，S 节点，即支持节点，表示一个或多个 I 节点向某个 I 节点转移的变换关系。每个节点分配一个可靠指数，表示特定节点包含的知识来源的可信度。有了这些源节点和其相应的可靠度，在融合 BKB 的推理过程中就可以考虑到来自多个信息源的信息。一个 BKB 实例如图 7.6 所示[104]。

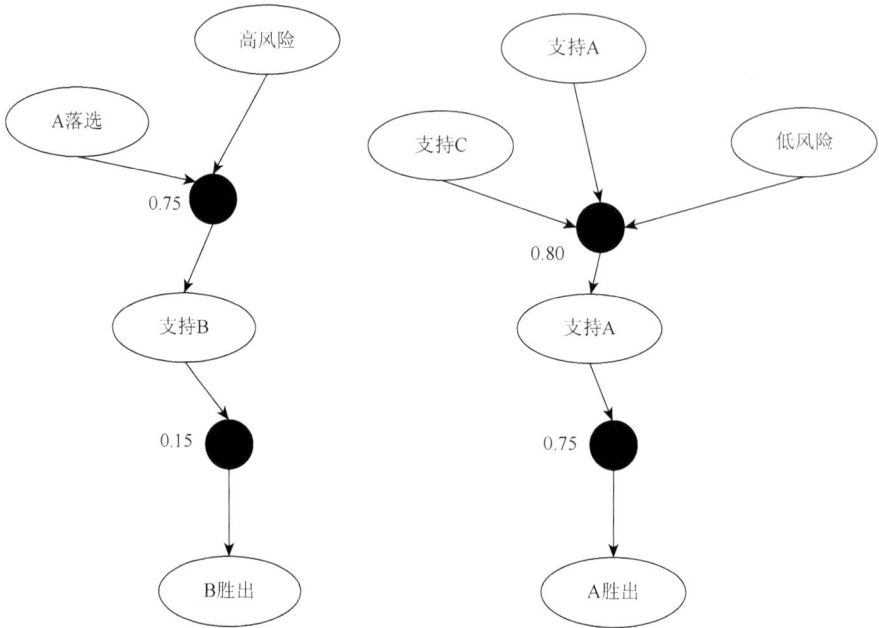

图 7.6　某装备企业部门经理竞聘

图 7.6 中的实心黑圆是 S 节点，S 节点旁边的数字是其权重。每个包含文本的椭圆形是一个 I 节点，代表某一个随机变量的一个状态。

融合的算法具体如下。

（1）$I' \leftarrow \bigcup_{i=1}^{n} I_i$。

（2）$S' \leftarrow \bigcup_{i=1}^{n} S_i$。

（3）$E' \leftarrow \bigcup_{i=1}^{n} E_i$。

（4）对于所有 K_i，$i \leftarrow 1 \sim n$。

（5）对于所有 S 节点，$q \in S_i$。

（6）令 $\alpha \leftarrow \text{Head}_{G_i(q)}$。

（7）令 q 的源节点 $s = (S_{R_a} = \sigma_i)$。

（8）将 s 加入 I'，将一个新的 S 节点 q_s 加入 S'。

（9）将边 $q_s \rightarrow s$ 和边 $s \rightarrow q$ 加入 E'。

（10）令 $w'(q) \leftarrow w_i(q)$。

（11）对于所有源变量 S_{R_a}。

（12）令 $\wedge = \{s \mid s$ 是状态 S_{R_a} 的源节点$\}$。

（13）令 $\rho \leftarrow \sum_{s \in \wedge} r(s)$。

（14）对于每个 $s \in \wedge$，令 $q_s \rightarrow s \in E'$。

（15）令 $w'(q_s) \leftarrow r(s) / \rho$。

（16）返回 $K' = (G', w')$。

其中，G、w 定义一个有效的 BKB，E 表示所有边的集合，σ 为 BKB 的源，$r(\sigma)$ 为可靠指数。

7.5　专家诚实判断激励

贝叶斯吐真剂（Bayesian truth serum，BTS）是麻省理工学院的 Prelec[105]提出的一种激励机制，可以在不知晓判断问题真实答案时激励专家真实表达意见。BTS 方法的创新在于并不偏向于多数人的共同认识，即使被试者的答案只占少数，也没必要为了追求和多数人的答案相同而更改自己的答案。

BTS 方法原理如下。

设有 n 个参与者要回答一个有 m 个选项的问题，每个参与者仅能选择一个选项作为自己的判断。首先，BTS 方法需要每个参与者提供两个判断：①参与者的选择，称为信息报告；②参与者对群体选择的预测，称为预测报告。

用 $x^r = (x_1^r, \cdots, x_k^r, \cdots, x_m^r)$ 表示参与者 r 的选择，$x_k^r \in \{0,1\}$，$\sum_k x_k^r = 1$。x_k^r 为 1 表示参与者 r 选择选项 k，x_k^r 为 0 表示参与者 r 没有选择选项 k，因此 x^r 实际上是一个单位向量。用 $\bar{x}_k = \frac{1}{n} \sum_{r=1}^{n} x_k^r$ 表示整个群体选择选项 k 的算术平均值。

用 $y^r = (y_1^r, \cdots, y_k^r, \cdots, y_m^r)$ 表示参与者 r 对群体选择的预测，y_k^r 是参与者 r 对群体选择选项 k 的比例的估计，因此，$y_k^r \geq 0$，$\sum_k y_k^r = 1$。用 $\bar{y}_k$ 表示参与者群体对选项 k 预测的几何平均值，即 $\ln \bar{y}_k = \frac{1}{n} \sum_{r=1}^{n} \ln y_k^r$。

然后，分别计算参与者 r 和选项 k 的 BTS 得分。参与者 r 的 BTS 得分 u^r 由式（7.36）给出：

$$u^r = \sum_{k=1}^{m} x_k^r \ln\left(\frac{\bar{x}_k}{\bar{y}_k}\right) + \sum_{k=1}^{m} \bar{x}_k \ln\left(\frac{y_k^r}{\bar{x}_k}\right) \tag{7.36}$$

式（7.36）右侧的前半部称为参与者 r 的信息得分，后半部称为参与者 r 的预测得分。选项 k 的 BTS 得分 $\bar{u}_k$ 由式（7.37）计算：

$$\bar{u}_k = \frac{1}{n\bar{x}_k} \sum_{r=1}^{n} x_k^r u^r \tag{7.37}$$

最后，比较参与者和选项的 BTS 得分，将具有最大 BTS 得分的选项作为诚实（也是最优的）答案，并奖励具有最大 BTS 得分的参与者。

Prelec 证明了当 $n \to \infty$ 时，若参与者目标是最大化自己的 BTS 得分，则他们说真话（诚实作出选择）是严格的贝叶斯纳什均衡。

在复杂装备研制中，大部分质量风险情况的判断和评价问题是无法获得真实答案的，因此在激励专家真实表达自己的意见时，无法简单地用判断准确度来衡量专家判断效果，BTS 也就有了用武之地。同时，在集成专家判断时，不应追求准确的答案，而应追求真实表达的判断，在真实判断基础上集成专家判断更有实际应用价值。

BTS 方法的优点在于其假设所有参与者有一个共同的先验（common prior）但可以不为机制设计者所知，缺点在于参与者人数必须充分多，而现实中参与者往往有限，特别是在某些重大安全风险事件分析中，这个问题需要注意。此时可以采用一些其他方法，如鲁棒贝叶斯真理血清（robust Bayesian truth serum，RBTS）方法[106]，它的效果虽然比不上 BTS[107]，但是可以应用在人数较少的场合。

7.6　贝叶斯网络融合在某型导弹试验风险分析中的应用

7.6.1　某型导弹试验流程分析

首先邀请专家分别识别某型导弹试验过程中的风险因素及其影响关系，建立各自判断后的因果贝叶斯网络图，然后再利用网络融合算法集成专家的判断。

本节采用基于流程的识别方法，先明确某型导弹大型地面试验的流程，然后再根据该流程识别风险及其因果关系，这种识别符合人的顺序思维习惯，可以更自然地确定风险因素间的因果关系[42]。

某型导弹试验流程图如图 4.21 所示，具体包括开始阶段、试验策划阶段、试验设计阶段、试验准备阶段、试验实施阶段、试验总结阶段和结束阶段。

7.6.2　风险因素初步识别

在确定某型导弹试验的流程之后，选择某资深专家进行第一轮访谈，根据专家经验，初步识别出各个试验阶段可能存在的风险因素（但不必然是后续专家识别的风险因素，他们有各自的看法），如表 7.4 所示。

表 7.4　某型导弹试验风险因素识别

阶段序号	阶段	风险编号	风险因素	风险描述
1	试验策划	1.1	试验任务书调整	作为整个试验的输入文件,试验任务书的内容由于需求方需求发生变更,或任务书制定与需求有差异,需要调整试验任务书
		1.2	质量计划更改	军事代表签署质量计划时,会对质量计划进行检查,当发现质量计划不明确,或质量计划与实际要求不符时,会修改质量计划书
2	试验设计	2.1	试验大纲更改	没有对被试装备进行系统的跟踪了解,对被试装备结构、战术技术要求以及研制情况理解不深,导致制订的试验大纲未能对被试装备进行全面考核或对被试装备考核不充分;试验大纲未征求论证部门、使用部门以及研制部门的意见;试验大纲未经评审或评审不严格或评审不符合规定程序导致试验质量不满足要求
		2.2	评审不到位	未召开评审会;在评审过程中,某些问题没有发现,到后续阶段才发现
3	试验准备	3.1	试验组织机构设置不合理	机构设置未考虑新型装备试验需求,设置不合理,职权划分不清、机制不健全造成的管理混乱;信息沟通不顺畅导致的决策风险;对试验监管不力造成时间延误、费用增加等影响试验顺利实施
		3.2	试验资源配置不合理	人员未按试验专业需要配置造成对被试装备结构、性能以及使用要求的认识与理解不一致;关键岗位、重要岗位未识别或没按双岗设置导致人员变动影响试验进程和质量;试验费用估算不科学或错误以及预算不周造成武器弹药数量不足、物资器材补充困难;试验费用使用与监督不力造成费用超出计划等
		3.3	试验方案不合理	对战术技术性能及使用要求理解不透彻导致的试验方案不完整或有缺陷,试验条件与使用要求差异大不能反映装备实际使用情况,关键技术和关键件考核不严格,方案未经优化或未按规定程序评审等,导致试验质量难以满足规定要求
		3.4	试验方法研究不充分	试验方法未进行先期研究或研究不充分,试验鉴定技术与被试装备不协调,试验方法落后于被试装备等,导致难以作出鉴定结论或结论不准确,未能实现试验目标
		3.5	试验保障条件不足	试验条件建设滞后或保障资源准备不充分,测试设备研制进度与试验进程不协调,各类仪器设备维修保养不善导致的故障,试验条件准备监督不力等,导致试验延迟或中断
		3.6	产品质量证明文件不合格	没有进行产品质量证明文件查验,或产品质量证明文件缺失,或产品质量证明文件与实物不符
		3.7	技术状态不合规	在试验过程中,每个阶段的产品都有明确的技术状态,要达到相应的技术状态才能继续进行,如果技术状态与实际要求不符,则会影响后续的试验过程
		3.8	试验准备不到位	在试验过程中,每个阶段进行之前,相应的准备工作需要做好,如果这些准备工作没有达到所需的状态,则无法开展下一步试验流程
		3.9	应急保护措施不足	在试验过程中,可能会有一些突发情况,如果没有相应的应急措施,缺少相应的规定(如发生短路该怎样处理)没有对员工进行培训,那么在发生紧急事件时,会有很大的危险,另外应急保护的设备不充足或不到位都会造成潜在的危险
		3.10	调试不合格	在调试过程中,可能会出现意外,或者会漏掉某些问题
		3.11	试验实施计划制订不合理	试验过程未能有效识别,输入输出关系不明确,重要或关键过程缺少控制措施,试验项目编排无逻辑关系或缺少评价依据,计划关键路径选择错误,未考虑状态变换以及不切实际的计划安排,计划未优化和评审,没有对计划可能的变动制定相应预案导致的风险等,导致试验计划项目未能囊括所有性能指标,试验存在漏项或重复,不能充分暴露设计缺陷,试验不能达到预期目标

阶段序号	阶段	风险编号	风险因素	风险描述
4	试验实施	4.1	被试装备未按要求交接	未履行规定交接程序和手续，交接记录不全不细或未及时归档，状态更改后未进行复位（归零）验证等，导致技术状态不确定，技术文件或备注附件不齐全，零部件出现问题无法追溯，影响试验质量和进度
		4.2	静态测量检查不充分或不合规	被试装备测量检查时机不正确，测量检查过程未按规定程序操作，未采取测量操作与记录相分离措施，测量数据未履行逐级审批手续或审查不严，导致测量数据失效或不准确，出现装备损坏或人员伤亡事故，影响试验进度和评价结论
		4.3	现场试验未按规定实施	试验流程未经演练或演练不充分，参数漏测、误测或未及时对测试数据作出有效性评估，重要参数测试未采用备份设备，导致数据录取率或精度不能满足评价要求；人员或仪器设备准备不力，不能在计划时间内就位，未按程序操作或误操作造成的装备（设备）故障或损坏，故障事件报告不及时造成时机延误或决策失误，未制定试验异常情况或故障处理预案，现场试验问题未记录或记录不全等，导致试验延迟、中断或无法作出准确的结论，影响试验目标完成
		4.4	现场试验保障不充分	现场试验过程中因技术保障、物资保障、人力保障、勤务保障、气象保障、通信保障、安全保障等计划不周密、工作不到位，造成现场试验临时中断或导致试验不能达到预期的目标
		4.5	测试数据收集汇总不充分或有误	未及时收集测试数据或数据损坏、丢失等，导致试验重复，造成试验时间、费用浪费
		4.6	试验实施与大纲不符	实施过程的操作方式、设备、技术状态等与大纲规定的不相符
		4.7	结果分析和问题处理不及时	重复性或系列试验组成的试验，在前项试验结束后，没有及时组织结果分析和问题处理
		4.8	临时项目变更	试验时需临时增加或减少试验项目，没有按规定办理手续，没有与相关单位会签并履行批准程序；试验过程中，试验提出方改变试验产品状态，没有经设计方代表、生产方检验员验收合格，没有经试验实施单位会签，没有经顾客同意
		4.9	会签未通过	未进行会签，或会签拖延进度，或会签未通过
		4.10	试验终止或变更	某些原因导致试验终止或变更：没有充分的理由；没有按规定进行审批
5	试验总结	5.1	试验数据分析处理不到位	数据处理方法存在缺陷，设备未经计量校准造成数据精度不够；数据处理过程中未按对读、复读、对算、复算要求产生的人为错误；试验有效数据录取率不足或非正常数据剔除后出现的数据容量不足，导致试验重复或试验结论错误
		5.2	试验结果分析与评价偏差	试验数据不足或分析不透彻，装备故障或存在问题定位不准，试验过程或试验信息掌握不全，试验总结报告未囊括所有试验内容，导致试验评价不准确或错误，试验目标未全面完成，试验质量低
		5.3	试验结论与建议质量低	试验结论不准确或结论可信性差，建议不正确或针对性不强，试验故障处理结果未予以跟踪或反馈，未履行审查程序、职责或因工作不细造成的语言文字错误未能予以纠正等，导致试验质量差，试验任务不满足规定要求
		5.4	试验文书归档缺失或出错	原始试验记录不翔实、不完整，试验过程信息记录有遗漏，故障现象及解决措施无记录，试验往来文书或技术资料缺失等，导致试验文书不全，试验问题无法追溯

该步骤的主要目的在于从全局了解整个某型导弹试验风险因素，为接下来的正式访谈提供背景资料和信息，便于后续与专家更好地进行沟通和交流。

7.6.3　某型导弹试验关键阶段风险分析

在某型导弹试验过程中，试验实施阶段是最重要的环节，也是发生风险最密集的环节，本节主要针对试验实施阶段进行重点讨论分析。

接下来进行第二轮访谈，访谈对象为某型导弹试验相关的六位高工职称的专家，该轮访谈对这几位专家进行分别访谈，访谈目的包括以下几个方面：①识别试验各个阶段可能存在的风险因素，确定责任部门；②判断风险因素发生的可能性，用数字 1～9 表示，1 表示几乎不发生，9 表示极有可能发生；③识别各个风险因素之间的直接因果关系，构造风险传导模型，即因果贝叶斯网络的结构模型；④确定网络的参数，包括各个风险因素发生的概率以及风险因素之间的条件概率关系。

试验实施阶段的访谈数据如下。

1. 第一位专家访谈结果

（1）风险因素、后续风险因素、责任部门以及发生的可能性，见表 7.5。

表 7.5　第一位专家给出的风险因素清单

阶段序号	阶段	风险编号	风险因素	后续风险因素	责任部门	发生的可能性
4	试验实施	4.1	被试装备未按要求交接	4.2；4.3	试验部门	0.3
		4.2	静态测量检查不充分或不合规	4.4；4.5	试验部门	0.2
		4.3	现场试验未按规定实施	4.4；4.8	试验部门	0.3
		4.4	试验故障处置不当	4.8；4.9	试验部门	0.3
		4.5	试验监测不到位	4.11	试验部门	0.2
		4.6	现场试验保障不充分	4.3；4.5	试验部门	0.1
		4.7	测试数据收集汇总不充分或有误	4.11	试验部门	0.3
		4.8	试验实施与大纲不符		试验部门	0.2
		4.9	试验终止或变更		试验部门	0.4
		4.10	试验产品状态变更		试验部门	0.2
		4.11	试验后产品检验不到位		检验部门	0.4

（2）贝叶斯网络结构，见图7.7。

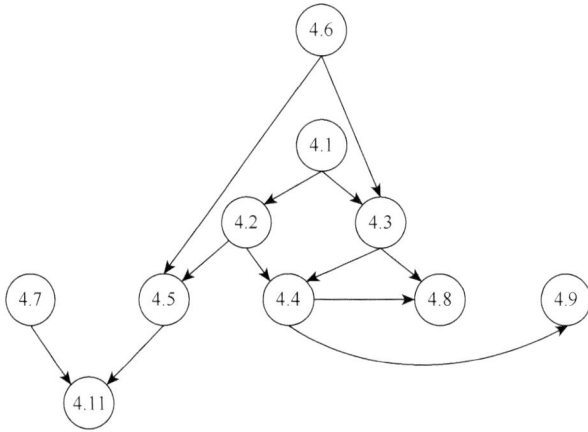

图 7.7　第一位专家给出的贝叶斯网络

（3）各节点参数，见表7.6。

表 7.6　第一位专家给出的条件概率表

4.2	=Y				=N			
	=Y		=N		=Y		=N	
	4.1=Y	4.1=N	=Y	=N	=Y	=N	=Y	=N
Y	0.9	0.4						
N	0.1	0.6						

4.3	=Y				=N			
	4.1=Y		4.1=N		=Y		=N	
	4.6=Y	4.6=N	4.6=Y	4.6=N	=Y	=N	=Y	=N
Y	0.9	0.9	0.5	0.1				
N	0.1	0.1	0.5	0.9				

4.4	=Y				=N			
	4.2=Y		4.2=N		=Y		=N	
	4.3=Y	4.3=N	4.3=Y	4.3=N	=Y	=N	=Y	=N
Y	0.9	0.9	0.6	0.2				
N	0.1	0.1	0.4	0.8				

4.5	=Y				=N			
	4.2=Y		4.2=N		=Y		=N	
	4.6=Y	4.6=N	4.6=Y	4.6=N	=Y	=N	=Y	=N
Y	0.9	0.9	0.4	0.1				
N	0.1	0.1	0.6	0.9				

续表

4.8	=Y				=N			
	4.3 = Y		4.3 = N		= Y		= N	
	4.4 = Y	4.4 = N	4.4 = Y	4.4 = N	= Y	= N	= Y	= N
Y	0.6	0.5	0.3	0.1				
N	0.4	0.5	0.7	0.9				

4.9	=Y				=N			
	= Y		= N		= Y		= N	
	4.4 = Y	4.3 = N	= Y	= N	= Y	= N	= Y	= N
Y	0.3	0.1						
N	0.7	0.9						

4.11	=Y				=N			
	4.5 = Y		4.5 = N		= Y		= N	
	4.7 = Y	4.7 = N	4.7 = Y	4.7 = N	= Y	= N	= Y	= N
Y	0.9	0.6	0.7	0.3				
N	0.1	0.4	0.3	0.7				

2. 第二位专家访谈结果

（1）风险因素、后续风险因素、责任部门以及发生的可能性，见表 7.7。

表 7.7 第二位专家给出的风险因素清单

阶段序号	阶段	风险编号	风险因素	后续风险因素	责任部门	发生的可能性
4	试验实施	4.1	方案制订不合理	4.1；4.2；4.3；4.4；4.5；4.6；4.7；4.8；4.9	试验部	0.4
		4.2	人员组织不当	4.3；4.4；4.5	综技部	0.4
		4.3	试验人员操作不当	4.6	试验部	0.4
		4.4	测试人员操作不当	4.9	测试部	0.4
		4.5	质量控制不到位		检验部	0.3
		4.6	试验设备缺失或故障		试验部	0.4
		4.7	试验保障不充分		试验部	0.3
		4.8	试验故障处置不当		相关专业部门	0.4
		4.9	试验设备状态不正确		测试部	0.3

（2）贝叶斯网络结构，见图 7.8。

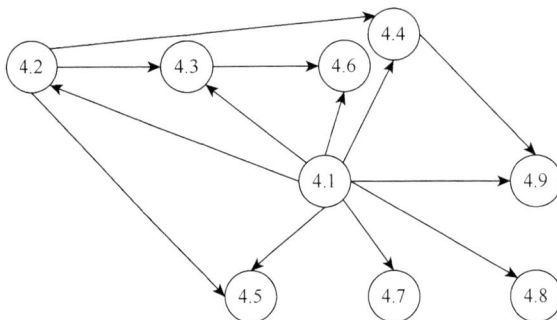

图 7.8　第二位专家给出的贝叶斯网络

（3）节点参数，见表 7.8。

表 7.8　第二位专家给出的条件概率表

4.2	= Y				= N			
	= Y		= N		= Y		= N	
	4.1 = Y	4.1 = N	= Y	= N	= Y	= N	= Y	= N
Y	0.9	0.2						
N	0.1	0.8						
4.3	= Y				= N			
	4.1 = Y		4.1 = N		= Y		= N	
	4.2 = Y	4.2 = N	4.2 = Y	4.2 = N	= Y	= N	= Y	= N
Y	0.9	0.8	0.3	0.3				
N	0.1	0.2	0.7	0.7				
4.4	= Y				= N			
	4.1 = Y		4.1 = N		= Y		= N	
	4.2 = Y	4.2 = N	4.2 = Y	4.2 = N	= Y	= N	= Y	= N
Y	0.9	0.8	0.3	0.3				
N	0.1	0.2	0.7	0.7				
4.5	= Y				= N			
	4.1 = Y		= N		= Y		= N	
	4.2 = Y	4.2 = N	= Y	= N	= Y	= N	= Y	= N
Y	0.9	0.3						
N	0.1	0.7						

续表

4.6	=Y				=N			
	4.1 = Y		4.1 = N		= Y		= N	
	4.3 = Y	4.3 = N	4.3 = Y	4.3 = N	= Y	= N	= Y	= N
Y	0.9	0.9	0.9	0.2				
N	0.1	0.1	0.1	0.8				

4.7	=Y				=N			
	= Y		= N		= Y		= N	
	4.1 = Y	4.1 = N	= Y	= N	= Y	= N	= Y	= N
Y	0.3	0.2						
N	0.7	0.8						

4.8	=Y				=N			
	= Y		= N		= Y		= N	
	4.1 = Y	4.1 = N	= Y	= N	= Y	= N	= Y	= N
Y	0.9	0.2						
N	0.1	0.8						

4.9	=Y				=N			
	4.1 = Y		4.1 = N		= Y		= N	
	4.4 = Y	4.4 = N	4.4 = Y	4.4 = N	= Y	= N	= Y	= N
Y	0.9	0.9	0.9	0.2				
N	0.1	0.1	0.1	0.8				

3. 第三位专家访谈结果

（1）风险因素、后续风险因素、责任部门以及发生的可能性，见表 7.9。

表 7.9　第三位专家给出的风险因素清单

阶段序号	阶段	风险编号	风险因素	后续风险因素	责任部门	发生的可能性
4	试验实施	4.1	现场试验未按规定实施	4.4；4.5	试验部门	0.3
		4.2	静态测量检查不充分或不合规	4.4	试验部门	0.3
		4.3	试验过程明细表未按规定进行确认	4.1；4.4	试验部门	0.2
		4.4	测试数据收集汇总不充分或有误		试验部门	0.2
		4.5	试验过程控制不到位	4.8；4.9；4.10	试验部门	0.3
		4.6	试验实施与大纲不符		试验部门	0.3
		4.7	结果分析和问题处理不及时		试验部门	0.4

续表

阶段序号	阶段	风险编号	风险因素	后续风险因素	责任部门	发生的可能性
4	试验实施	4.8	临时项目变更风险		设计部门	0.3
		4.9	会签风险		设计部门	0.4
		4.10	试验终止或变更		试验部门	0.2

（2）贝叶斯网络结构，见图 7.9。

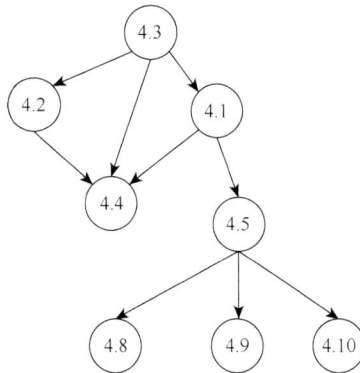

图 7.9　第三位专家给出的贝叶斯网络

（3）节点参数，见表 7.10。

表 7.10　第三位专家给出的条件概率表

4.1	=Y				=N			
	=Y		=N		=Y		=N	
	4.3=Y	4.3=N	=Y	=N	=Y	=N	=Y	=N
Y	0.5	0.2						
N	0.5	0.8						

4.4	4.1=Y				4.1=N			
	4.2=Y		4.2=N		4.2=Y		4.2=N	
	4.3=Y	4.3=N	4.3=Y	4.3=N	4.3=Y	4.3=N	4.3=Y	4.3=N
Y	0.9	0.6	0.5	0.2	0.2	0.2	0.3	0.1
N	0.1	0.4	0.5	0.8	0.8	0.8	0.7	0.9

4.5	=Y				=N			
	=Y		=N		=Y		=N	
	4.1=Y	4.1=N	=Y	=N	=Y	=N	=Y	=N
Y	0.5	0.1						
N	0.5	0.9						

续表

4.8	=Y				=N			
	=Y		=N		=Y		=N	
	4.5=Y	4.5=N	=Y	=N	=Y	=N	=Y	=N
Y	0.3	0.3						
N	0.7	0.7						
4.9	=Y				=N			
	=Y		=N		=Y		=N	
	4.5=Y	4.5=N	=Y	=N	=Y	=N	=Y	=N
Y	0.2	0.1						
N	0.8	0.9						
4.10	=Y				=N			
	=Y		=N		=Y		=N	
	4.5=Y	4.5=N	=Y	=N	=Y	=N	=Y	=N
Y	0.2	0.1						
N	0.8	0.9						

4. 第四位专家访谈结果

（1）风险因素、后续风险因素、责任部门以及发生的可能性，见表 7.11。

表 7.11　第四位专家给出的风险因素清单

阶段序号	阶段	风险编号	风险因素	后续风险因素	责任部门	发生的可能性
4	试验实施	4.1	关键岗位人员配置不合理	4.5	试验实施部门	0.4
		4.2	试验流程管控不到位	4.7	质量管理部门	0.3
		4.3	数据分析处理不及时		相关专业部门	0.5
		4.4	应急预案不完善		试验实施部门	0.1
		4.5	试验操作方法错误		试验实施部门	0.3
		4.6	试验故障分析及排查不到位		试验实施部门	0.4
		4.7	试验项目变更		项目总师	0.3
		4.8	质量管控不到位		质量管理部门	0.4
		4.9	试验记录不完整		试验实施部门	0.3

（2）贝叶斯网络结构，见图 7.10（因专家工作原因，他仅提供了如下信息）。

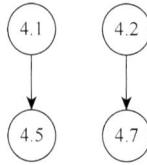

图 7.10　第四位专家给出的贝叶斯网络

（3）条件概率表，见表 7.12。

表 7.12　第四位专家给出的条件概率表

4.5	= Y				= N			
	= Y		= N		= Y		= N	
	4.1 = Y	4.1 = N	= Y	= N	= Y	= N	= Y	= N
Y	0.6	0.1						
N	0.4	0.9						

4.7	= Y				= N			
	= Y		= N		= Y		= N	
	4.2 = Y	4.2 = N	= Y	= N	= Y	= N	= Y	= N
Y	0.5	0.2						
N	0.5	0.8						

5. 第五位专家访谈结果

（1）风险因素、后续风险因素、责任部门以及发生的可能性，见表 7.13。

表 7.13　第五位专家给出的风险因素清单

阶段序号	阶段	风险编号	风险因素	后续风险因素	责任部门	发生的可能性
4	试验实施	4.1	现场试验未按规定实施	4.3；4.5	仿真室	0.5
		4.2	试验设备状态不正确	4.1；4.3	仿真室	0.4
		4.3	结果分析和问题处理不及时	4.6；4.8	系统室	0.3
		4.4	试验产品状态变更	4.8	控制室	0.4
		4.5	测试数据收集汇总不充分或有误		仿真室	0.3
		4.6	数据分析不到位		系统室	0.6
		4.7	试验过程控制不到位	4.1	仿真室	0.5
		4.8	试验实施与大纲不符		仿真室	0.6

（2）贝叶斯网络结构，见图 7.11。

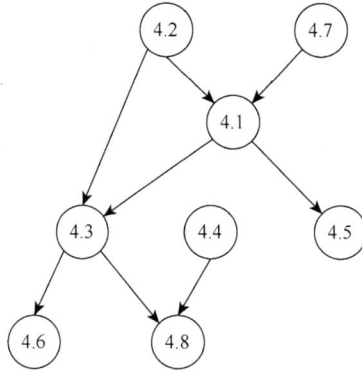

图 7.11 第五位专家给出的贝叶斯网络

（3）节点参数，见表 7.14。

表 7.14 第五位专家给出的条件概率表

4.1	= Y				= N			
	4.2 = Y		4.2 = N		= Y		= N	
	4.7 = Y	4.7 = N	4.7 = Y	4.7 = N	= Y	= N	= Y	= N
Y	0.9	0.8	0.5	0.3				
N	0.1	0.2	0.5	0.7				

4.3	= Y				= N			
	4.1 = Y		4.1 = N		= Y		= N	
	4.2 = Y	4.2 = N	4.2 = Y	4.2 = N	= Y	= N	= Y	= N
Y	0.7	0.6	0.4	0.2				
N	0.3	0.4	0.6	0.8				

4.5	= Y				= N			
	= Y		= N		= Y		= N	
	4.1 = Y	4.1 = N	= Y	= N	= Y	= N	= Y	= N
Y	0.9	0.4						
N	0.1	0.6						

4.6	= Y				= N			
	= Y		= N		= Y		= N	
	4.3 = Y	4.3 = N	= Y	= N	= Y	= N	= Y	= N
Y	0.7	0.3						
N	0.3	0.7						

续表

4.8	= Y				= N			
	4.3 = Y		4.3 = N		= Y		= N	
	4.4 = Y	4.4 = N	4.4 = Y	4.4 = N	= Y	= N	= Y	= N
Y	0.7	0.4	0.5	0.3				
N	0.3	0.6	0.5	0.7				

6. 第六位专家访谈结果

（1）风险因素、后续风险因素、责任部门以及发生的可能性，见表 7.15。

表 7.15   第六位专家给出的风险因素清单

阶段序号	阶段	风险编号	风险因素	后续风险因素	责任部门	发生的可能性
4	试验实施	4.1	环境条件不达标	4.5	相关专业部门	0.5
		4.2	人力资源配置不当	4.5	测仿部	0.2
		4.3	试验内容不正确	4.1；4.2	相关专业部门	0.3
		4.4	数据处理不到位	4.5	测仿部	0.2
		4.5	进度过慢		测仿部	0.7

（2）贝叶斯网络结构，见图 7.12。

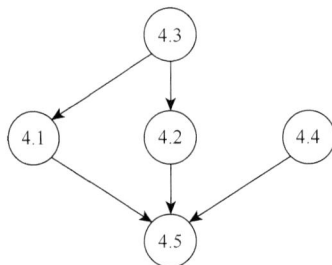

图 7.12   第六位专家给出的贝叶斯网络

（3）节点参数，见表 7.16。

表 7.16 第六位专家给出的条件概率表

4.1	= Y				= N			
	= Y		= N		= Y		= N	
	4.3 = Y	4.3 = N	= Y	= N	= Y	= N	= Y	= N
Y	0.4	0.2						
N	0.6	0.8						

4.2	= Y				= N			
	= Y		= N		= Y		= N	
	4.3 = Y	4.3 = N	= Y	= N	= Y	= N	= Y	= N
Y	0.5	0.2						
N	0.5	0.8						

4.5	4.1 = Y				4.1 = N			
	4.2 = Y		4.2 = N		4.2 = Y		4.2 = N	
	4.4 = Y	4.4 = N	4.4 = Y	4.4 = N	4.4 = Y	4.4 = N	4.4 = Y	4.4 = N
Y	0.9	0.8	0.8	0.7	0.7	0.6	0.6	0.2
N	0.1	0.2	0.2	0.3	0.3	0.4	0.4	0.8

此外，调研发现，所有专家均认为，试验任务书调整这个风险因素会对试验大纲变更这个风险因素产生直接影响，六位专家对这两个风险因素发生的可能性进行评估，具体试验数据见表 7.17。

表 7.17 试验任务书调整风险和试验大纲变更风险的概率分布

专家编号	试验任务书调整风险（发生/不发生）	试验大纲变更风险（发生/不发生）
1	0.3/0.7	0.4/0.6
2	0.2/0.8	0.3/0.7
3	0.6/0.4	0.4/0.6
4	0.2/0.8	0.2/0.8
5	0.7/0.3	0.7/0.3
6	0.3/0.7	0.3/0.7

7.6.4 专家判断集成

1. 结构相同的多变量贝叶斯网络融合

调研发现，六位专家都给出了如图 7.13 所示的贝叶斯网络。

图 7.13 试验任务调整风险 X_1 与试验大纲变更风险 X_2 之间的关系

其中 X_1 表示风险因素试验任务书调整，X_2 表示风险因素试验大纲变更，变量 X_1 和 X_2 分别有发生风险和不发生风险两种取值，网络结构用 $g(X)$ 表示，网络参数用 $\theta_{g,k,i} = P_g(X_k = x_i)$ 表示。

其中，$g = 1,2,3,4,5,6$，表示六位专家，k 表示第 k 个变量，$i = 1$ 时 $X_k = 1$ 表示发生风险，$i = 2$ 时 $X_k = 0$ 表示不发生风险。

首先确定网络结构，由于：

$$g^*(X) = g(X)$$

可以得到融合后的贝叶斯网络见图 7.14。

图 7.14 结构相同的两变量贝叶斯网络融合

接下来确定融合后的贝叶斯网络的参数，各个专家给出的输入网络的参数为

$$\theta_{1,1,1} = 0.3, \quad \theta_{1,1,2} = 0.7, \quad \theta_{1,2,1} = 0.4, \quad \theta_{1,2,2} = 0.6$$

$$\theta_{2,1,1} = 0.2, \quad \theta_{2,1,2} = 0.8, \quad \theta_{2,2,1} = 0.3, \quad \theta_{2,2,2} = 0.7$$

$$\theta_{3,1,1} = 0.6, \quad \theta_{3,1,2} = 0.4, \quad \theta_{3,2,1} = 0.4, \quad \theta_{3,2,2} = 0.6$$

$$\theta_{4,1,1} = 0.2, \quad \theta_{4,1,2} = 0.8, \quad \theta_{4,2,1} = 0.2, \quad \theta_{4,2,2} = 0.8$$

$$\theta_{5,1,1} = 0.7, \quad \theta_{5,1,2} = 0.3, \quad \theta_{5,2,1} = 0.7, \quad \theta_{5,2,2} = 0.3$$

$$\theta_{6,1,1} = 0.3, \quad \theta_{6,1,2} = 0.7, \quad \theta_{6,2,1} = 0.3, \quad \theta_{6,2,2} = 0.7$$

本节采用后融合的方法，赋予每位专家相同的权重，即 1/6，得到输出网络的参数为

$$\theta_{1,1,1} = 0.38, \quad \theta_{1,1,2} = 0.62, \quad \theta_{1,2,1} = 0.38, \quad \theta_{1,2,2} = 0.62$$

即试验任务书调整发生的可能性为 0.38，不发生的可能性为 0.62；试验大纲变更发生的可能性为 0.38，不发生的可能性为 0.62。

2. 结构不同的多变量贝叶斯网络融合

选取专家 1、专家 3、专家 5 给出的贝叶斯网络进行贝叶斯网络融合。首先确定各个专家给出的风险因素并编号，确定各个专家所给出的共性的风险因素，如表 7.18 所示，其中编号 14.1 表示第 1 个专家给出的第 4 阶段（即试验实施阶段）的第 1 个风险因素。

表 7.18 实施阶段风险因素清单

编号	风险因素	后续风险因素	共性风险因素	发生概率
14.1	被试装备未按要求交接	14.2；14.3		0.3
14.2	静态测量检查不充分或不合规	14.4；14.5	34.2	0.2
14.3	现场试验未按规定实施	14.4；14.8	34.1；54.1	0.3
14.4	试验故障处置不当	14.8；14.9		0.3

续表

编号	风险因素	后续风险因素	共性风险因素	发生概率
14.5	试验监测不到位	14.11		0.2
14.6	现场试验保障不充分	14.3；14.5		0.1
14.7	测试数据收集汇总不充分或有误	14.11	34.4；54.5	0.3
14.8	试验实施与大纲不符		34.6；54.8	0.2
14.9	试验终止或变更		34.10	0.4
14.10	试验产品状态变更			0.2
14.11	试验后产品检验不到位			0.4
34.1	现场试验未按规定实施	34.4；34.5	14.3；54.1	0.3
34.2	静态测量检查不充分或不合规	34.4	14.2	0.3
34.3	试验过程明细表未按规进行确认	34.1；34.4；34.6；34.9		0.2
34.4	测试数据收集汇总不充分或有误		14.7；54.5	0.2
34.5	试验过程控制不到位	34.8；34.9；34.10	54.7	0.3
34.6	试验实施与大纲不符		14.8；54.8	0.3
34.7	结果分析和问题处理不及时		54.3	0.4
34.8	临时项目变更风险			0.3
34.9	会签风险			0.4
34.10	试验终止或变更		14.9	0.2
54.1	现场试验未按规定实施	54.3；54.5	14.3	0.5
54.2	试验设备状态不正确	54.1；54.3		0.4
54.3	结果分析和问题处理不及时	54.6；54.8	34.7	0.3
54.4	试验产品状态变更	54.8		0.4
54.5	测试数据收集汇总不充分或有误		14.7；34.4	0.3
54.6	数据分析不到位			0.6
54.7	试验过程控制不到位	54.1	34.5	0.5
54.8	试验实施与大纲不符		14.8；34.6	0.6

　　想要确定融合后贝叶斯网络的结构，根据贝叶斯网络拓扑融合的思想，首先要确定输出贝叶斯网络的节点，将上述共性风险因素进行合并，可以得到输出网络的节点应包括被试装备未按要求交接、静态测量检查不充分或不合规、现场试验未按规定实施、试验故障处置不当、试验监测不到位、现场试验保障不充分、测试数据收集汇总不充分或有误、试验实施与大纲不符、试验终止或变更、试验产品状态变更、试验后产品检验不到位、试验过程明细表未按规定进行确认、试验过程控制不到位、结果分析和问题处理不及时、临时项目变更、会签未通过、试验设备状态不正确、数据分析不到位风险共 18 个节点。

　　在进行贝叶斯网络拓扑融合的过程中，首先对专家 3 给出的贝叶斯网络与专家 5 给出的贝叶斯网络进行融合。在融合的过程中，出现一组特殊的关系，专家 3 认为现场试验未按规定实施会对试验过程控制不到位产生影响，而专家 5 认为试验过程控制不到位会对现场试验未按规定实施产生影响，而从因果角度来讲，这是不可能同时存在的，因此不能够简单地按照边翻转的思想强行调转某一条边的方向，虽然这可能依然能够满足原有的概率关系，但从因果关系角度来讲并不合理，因此考虑引入假设的隐变量。

　　在对专家进行访谈的过程中发现，方案制订不合理也是一个重要的风险因素，会对试验实施过程中的其他风险因素产生影响，因此，在对专家 3 给出的贝叶斯网络和专家 5 给出的贝叶斯网络进行融合时，考虑引入隐变量方案制订不合理，让该风险因素指向现场试验未按规定实施和试验过程控制不到位，这种方法符合隐变量引入的原则，从专家判断角度也具有一定的依据，并非子虚乌有，而且能够使网络结构更加清晰，能够更好地解释现场试验未按规定实施和试验过程控制不到位之间的关系，将这两个网络进行融合后得到的输出网络见图 7.15。

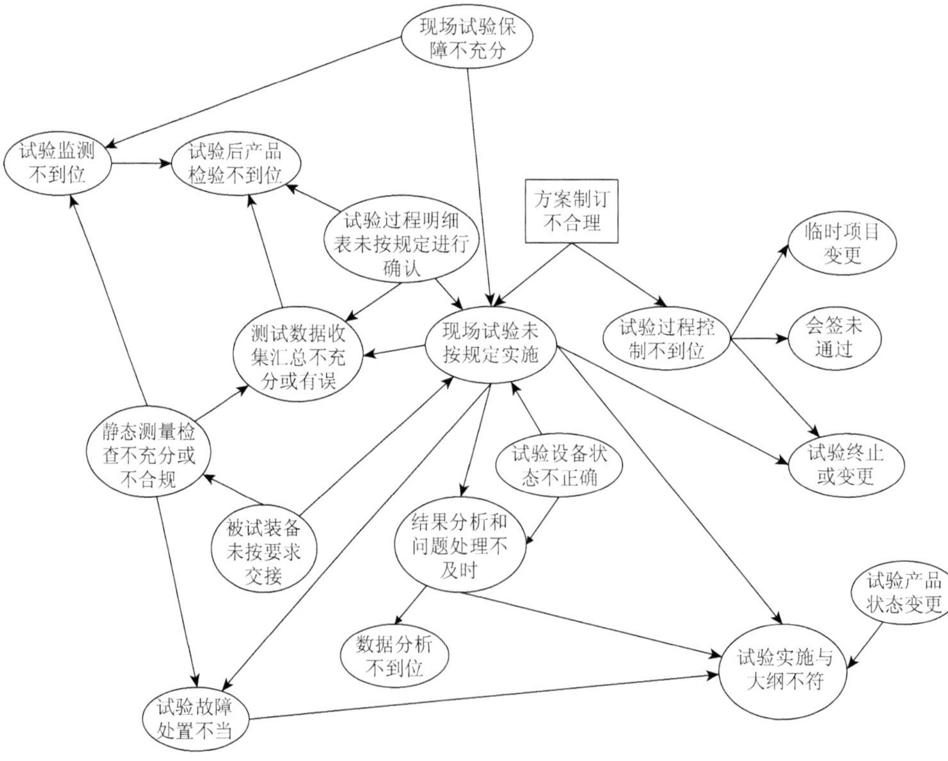

图 7.15　试验实施阶段第三位和第五位专家贝叶斯网络融合

在进一步融合专家判断后，需要让专家再一次评价该网络，并给出方案制订不合理这个节点的边缘分布，然后根据结构相同的网络融合方法集成即可。

7.6.5　效果分析及存在的问题

在对贝叶斯网络进行融合后，将融合前后的贝叶斯网络结构及参数以问卷的形式发放给之前调研的专家，让各位专家对各个贝叶斯网络结构进行打分，融合后的贝叶斯网络获得的评分高于单个贝叶斯网络的评分，因为融合后的贝叶斯网络能够整合多个专家的想法，会包括各个专家在进行专家判断过程中没有考虑到的风险因素，因此更具有全面性，同时利用贝叶斯网络融合方法的有效性，带来了良好的反馈效果。

然而在实际应用当中，贝叶斯网络融合方法同样存在着一定的问题。

（1）在专家进行判断时，由于各个专家的经历和专业领域等方面不同，所给出的贝叶斯网络往往各不相同，甚至差别很大，而且每位专家都对自己的观点非常坚持，这就给贝叶斯网络融合增加了难度，其主要原因是他们的判断都是条件概率，即每个人从自己的观察和经验中得到判断，即眼见为实，但是同时每个人的判断都是基于自己的个人观察和经验的，因此都是条件的。

（2）专家在判断时，对于风险因素的理解和归纳往往会有很大程度的差异，专家不能最小粒度地识别风险因素，而是会把一类风险因素进行一定的归纳分类，但专家本身的这种分类方式和分类层次的不同，会导致各个专家所给出的风险因素相互交叉，难以完全统一，又难以拆分。

（3）由于该案例中试验对象的特殊性，风险因素发生的可能性往往与其所可能带来的危害程度成负相关，专家在访谈过程中表现出对风险危害程度更加重视，而贝叶斯网络相反，更多地体现出风险因素发生的可能性，这一矛盾可能会带来参数评估过程中的不准确的情形，甚至有专家怀疑该模型的有效性。这些问题值得进一步研究。

第8章　某型空面导弹大型地面试验质量风险
传导分析与控制

8.1　案 例 背 景

空面导弹大型地面试验是集技术、管理和条件建设等为一体的、庞大的系统工程。为达到验证空面导弹包含飞行速度、航路规划、抗干扰、隐身等主要技术指标的突防能力，包含可用过载、制导体制及模式、典型目标特性等主要技术指标的精确制导能力，包含战斗部和引信的特性、杀伤区、杀伤概率等主要技术指标的高效毁伤能力等试验目标，解决试验拖进度、降指标、涨成本的问题，必须对整个试验过程中的质量风险进行有效控制，降低其发生的可能性，或把可能的损失控制在一定的范围内[64]。

大型地面试验是在空面导弹研制、生产、使用中，为验证突防能力、精确制导能力、高效毁伤能力、弹体结构热防护能力等技术指标或确定性能指标所开展的大规模、多参数、综合性的系统、分系统性能试验或定型试验，在空面导弹论证、研制、定型、生产和使用中发挥着重要作用。

相对于传统的航空武器装备试验，空面导弹大型地面试验具有如下特点[108]。

（1）试验指标体系复杂。空面导弹系统越来越复杂，使得空面导弹体系试验指标多、组成关系错综交联，试验指标体系越来越复杂。

某型空面导弹需要通过大型地面试验鉴定的指标体系如表 4.6 所示。

（2）试验环境构建复杂。空面导弹大型地面试验环境必须尽可能地接近实际作战环境，具有范围大、组成复杂等特点，因此，构建满足大型地面试验需求的试验环境非常复杂。

（3）试验实施复杂。空面导弹大型地面试验涉及装备多、规模庞大、持续时间长、参与人员多，使得试验实施非常复杂。

（4）试验结果分析与评估复杂。试验数据类型多、关系复杂、动态变化，底层评估指标计算复杂，评估方法复杂。

空面导弹大型地面试验的特点决定了其规模大、涉及范围广、技术难度大，周期长、耗费资金多、不可预见因素多、质量风险高。在其全过程的各项工作活动中存在各种各样的质量风险，质量是反映实体满足明确或隐含需要能力的特性总和，而风险是不确定性对目标的影响，各种突发因素和任何一个环节的疏忽或失控，都会给整个试验带来不可弥补的损失和失败，这里存在的主要质量风险因素[64]如下。

（1）试验准备质量风险，主要包括试验组织机构设置质量风险、试验资源配置质量风险、试验大纲制订质量风险、试验方案制订质量风险、试验方法设计质量风险、试验保障条件建设质量风险。

对于试验方法设计质量风险，在某型空面导弹研制中，导弹控制系统设计要经过仿真试验进行验证，试验方法有线性化仿真试验和非线性仿真试验。线性化仿真试验是在导弹的飞行空域中，选取特征点，利用其固定导弹的飞行高度、马赫数、攻角、发动机燃烧时间等，利用传统的控制理论，来研究导弹的闭环时域特性和开环频域特性；而非线性仿真试验是在导弹飞行空域内选取一条特定的弹道进行的。

线性化仿真试验是非线性模型的简化，具有模型简单、容易实现等特点，一般考虑连续系统，进行时域分析和频域分析。时域分析对系统施加一定的输入信号，通过研究系统的时间响应来评价系统性能，对某型空面导弹三回路自动驾驶仪来说，时域分析主要对角速度回路、姿态角回路和加速度回路进行闭环分析；而非线性仿真试验可以采用单项因素、机弹干扰和正交拉偏等试验进行。

某型空面导弹是一个非常复杂的系统，大攻角、非线性、强耦合等特点决定了导弹控制系统的设计必须要经过严格的仿真试验的考核。为了保证试验质量，达到试验目的，需要根据两种试验方法的特点进行试验方法设计和质量风险控制研究。

（2）试验组织实施质量风险，主要包括试验实施计划制订质量风险、被试装备交接质量风险、静态测量检查质量风险、现场试验实施质量风险、现场试验保障质量风险。

某型空面导弹测试系统功能强大，实时性要求高，采集信号种类多、精度高、数据量大，是一套较为复杂的计算机测试系统，其面临的技术问题主要是信号的干扰问题和多项测试采集同时协调工作问题，所以在试验组织实施中，研究静态测量检查质量风险控制是有必要的。

（3）数据分析处理质量风险，主要包括测试数据收集与汇总质量风险、试验数据分析处理质量风险。

在某型空面导弹试验后数据分析处理过程中，当发现导弹的运动在试验中出现振荡现象时，就应考虑到：这可能是由于弹体的弹性振动；也可能是由于阵风或助推器分离时的扰动；也可能是由于控制回路的各参数配合不当，必须把全部遥测数据（包括与运动无关的数据，如压力、温度等）综合起来看，以确定关键问题所在，稍有遗漏或疏忽，都会带来试验数据分析处理质量风险，所以要研究该风险的控制方法。

（4）试验总结质量风险，主要包括试验结果分析与评价质量风险、试验结论与建议质量风险、试验文书归档质量风险。

针对这些质量风险，本章主要做了如下工作。

（1）通过对空面导弹大型地面试验特点和质量风险间的相互影响关系，构建了相关质量风险传导网络。

（2）能够根据建立的因果贝叶斯网络找出关键质量风险因素，在质量控制中，试验科研人员能够识别不同轻重缓急程度的质量风险因素，从而能够对关键质量风险采取重点应对措施，同时能够从底层质量风险因素出发预测其对高层质量风险因素的影响。

（3）建立起有效的空面导弹大型地面试验质量风险预警及控制机制，实施高效的试验质量风险监控。

（4）针对少数无法控制或无法预知的质量风险，一旦爆发也能够采取必要的紧急规避预案和应急计划，减少盲目性、提高主动性，尽量降低损失与破坏的程度。

8.2 某型空面导弹大型地面试验质量风险传导分析

本节内容详见 4.5 节。

8.3 某型空面导弹大型地面试验质量风险应对

8.3.1 一般质量风险事件应对

前面已经完成了某型空面导弹大型地面试验质量风险的识别和度量，因此可以根据获得的结果制定项目质量风险事件的应对措施。在制定时参照的主要依据包括以下两方面。

（1）试验项目风险的特性。项目风险应对措施必须是根据项目风险的特性制定的，对于某型空面导弹大型地面试验，不同类型的质量风险、有无预警信息的质量风险就必须采用不同的项目风险应对措施。

（2）试验团队抗项目风险的能力。某型空面导弹大型地面试验项目团队的抗项目风险能力是许多要素的综合表现，包括试验负责人承受质量风险的能力、试验项目团队具有的资源和资金等。

某型空面导弹大型地面试验一般质量风险事件应对措施如表 8.1 所示。

表 8.1　某型空面导弹大型地面试验一般质量风险事件应对措施

阶段	三类风险	类别	应对措施	描述说明
试验策划	未按国家军用标准编制风险 A_{12}	技术风险	预防风险	加强对试验任务书编制人员进行编制规范教育
	未会签风险 A_{13}	管理风险	预防风险	试验项目管理组织制定监督检查制度
	质量计划内容不全风险 A_{22}	费用进度风险	储备风险	根据试验项目质量风险规律事先制定应急措施
	质量计划与试验大纲、任务书不匹配风险 A_{23}	费用进度风险	储备风险	根据试验项目质量风险规律事先制定应急措施
试验设计	技术关注不够风险 B_{11}	技术风险	回避风险	试验设计输入以文件形式加以明确,并经过评审,评审的形式可以包括会议、审签等
	信息方案利用不全风险 B_{12}	技术风险	回避风险	试验设计输入以文件形式加以明确,并经过评审,评审的形式可以包括会议、审签等
	更改标识不清楚风险 B_{22}	管理风险	预防风险	加强对试验大纲编制人员进行编制规范教育
	更改不协调风险 B_{23}	技术风险	预防风险	严格履行更改审签手续和评审
	完整性风险 B_{31}	技术风险	预防风险	抽样检查和单独评审
	一致性风险 B_{32}	技术风险	预防风险	抽样检查和单独评审
	试验计划合理性不够风险 B_{41}	费用进度风险	减轻风险	严格按照试验大纲编制试验计划,并经有关单位会签
	试验步骤描述不清楚风险 B_{42}	技术风险	预防风险	重点检查安装和连接、数据采集和处理、故障处理的流程或步骤
试验准备	技术状态不符风险 C_{11}	费用进度风险	转移风险	按照产品配套清单,对其质量证明文件进行检查、验收
	质量问题未归零风险 C_{12}	管理风险	转移风险	试验产品通过产品质量评审,并进行可靠性、风险性和安全性分析
	配套不全风险 C_{13}	保障性风险	转移风险	按照要求检查、验收试验产品的配套,并办理交接手续
	交底内容不全风险 C_{21}	技术风险	预防风险	技术交底形成正式文件
	未编写调试方案风险 C_{31}	技术风险	预防风险	按照试验大纲的要求,编制调试方案
	无调试过程记录风险 C_{32}	管理风险	预防风险	专门设置试验过程记录岗位

阶段	三类风险	类别	应对措施	描述说明
试验准备	无应急保护装置风险 C_{33}	保障性风险	预防风险	调试前,检查试验现场的应急保护装置,并验证应急保护装置的有效性
	检查所需文件不全风险 C_{41}	保障性风险	预防风险	明确规定实施试验前检查的条件、内容,实施人员和分工
	未建立故障报告、分析和纠正措施系统风险 C_{42}	管理风险	预防风险	建立故障报告、分析和纠正措施系统,并严格执行
	整改归零不具体风险 C_{43}	技术风险	减轻风险	整改归零评审会
	现场设备无明显状态标识风险 C_{52}	保障性风险	预防风险	参试设备状态清查
	未明确关键岗位风险 C_{53}	保障性风险	预防风险	采取 "双岗" 或 "三岗" 制
试验实施	重要更改未评审风险 D_{11}	管理风险	预防风险	图样和技术文件的重要更改,进行评审,并履行批准手续
	外来文件更改审签不齐全风险 D_{12}	管理风险	预防风险	制定外来图样和技术文件管理制度,并严格执行
	作废外来文件未标识风险 D_{13}	技术风险	预防风险	制定外来图样和技术文件管理制度,并严格执行
	未识别关键过程风险 D_{21}	技术风险	预防风险	编制关键过程明细表
	无关键过程控制文件风险 D_{22}	技术风险	预防风险	制订关键过程控制方案,并有效落实控制措施
	实际与记录不符风险 D_{32}	技术风险	减轻风险	专门配备试验记录核查人员
	问题转入下一环节风险 D_{33}	技术风险	减轻风险	仔细分析每一环节的试验数据和结果,彻查可能存在的问题
	未识别明确试验阶段风险 D_{41}	费用进度风险	预防风险	根据试验质量计划和试验风险情况实施试验阶段评审
	未制定预防措施风险 D_{42}	费用进度风险	减轻风险	查找潜在的不合格,并制定预防措施
	评审不充分风险 D_{43}	管理风险	预防风险	在试验的各阶段组织阶段检查和评审,合格后固化技术状态,经批准转入下阶段试验
试验总结	记录和原始数据不完整风险 E_{11}	技术风险	减轻风险	试验实施过程完成后,及时汇集、整理试验记录和原始数据
	未实施检查风险 E_{12}	技术风险	预防风险	试验结束后,对试验产品、测试仪器、设备进行全面检查或校验
	数据分析处理评价不充分风险 E_{22}	技术风险	减轻风险	对试验数据进行处理和分析,提出试验结果评价报告,评价报告侧重于数据和技术内容
	未对试验仪器设备进行总结风险 E_{31}	保障性风险	预防风险	编制试验工作总结报告,试验工作总结报告的内容包括试验仪器设备的使用经验及改进意见

续表

阶段	三类风险	类别	应对措施	描述说明
试验总结	试验工作量未统计风险 E_{32}	费用进度风险	预防风险	编制试验工作总结报告,试验工作总结报告的内容包括试验工作量统计及经费支出情况
	未按不同层次归档风险 E_{41}	管理风险	预防风险	对技术和管理文件,按不同的层次进行归档
	外来文件未归档风险 E_{42}	管理风险	预防风险	制定外来图样和技术文件管理制度,并严格执行

8.3.2　关键质量风险事件应对

在某型空面导弹大型地面试验全周期各阶段中引起质量风险的因素有很多,在质量风险控制的过程中需要全面地考虑,除了一般质量风险事件,将质量风险控制的重心放在那些关键质量风险事件上,可以有效地降低质量风险发生的可能性。

根据 4.5 节识别和分析的结果,即如表 8.2 所示的关键质量风险事件,来制定某型空面导弹大型地面试验关键质量风险事件应对措施。

表 8.2　某型空面导弹大型地面试验关键质量风险事件

阶段	三类风险	类别
试验策划	缺少任务规定风险 A_{11}	费用进度风险
	技术难点分析不充分风险 A_{21}	技术风险
试验设计	缺少依据风险 B_{21}	费用进度风险
	故障处理的措施和流程描述不具体风险 B_{43}	保障性风险
试验准备	安装无依据风险 C_{22}	技术风险
	控制措施有效性不够风险 C_{51}	保障性风险
试验实施	未有效落实控制措施风险 D_{23}	费用进度风险
	无依据风险 D_{31}	费用进度风险
试验总结	缺少技术问题处理风险 E_{21}	技术风险
	成功经验未标准化流程固化风险 E_{33}	费用进度风险

1. 缺少任务规定风险 A_{11}

采用转移风险的方法,具体应对措施如下。

(1)送试方和试验实施单位就技术指标、进度、组织管理等问题进行有效沟通。

（2）形成正式的任务规定和下达文件。

（3）组织专家进行评审。

2. 技术难点分析不充分风险 A_{21}

采用储备风险的方法，具体应对措施如下。

（1）根据试验的目的和任务，识别试验过程，对试验过程的技术难点和风险进行充分分析，形成质量计划。

（2）组织专家进行评审。

（3）进行关键技术风险分析和评估及制定故障预案安全保障措施。

3. 缺少依据风险 B_{21}

采用减轻风险的方法，具体应对措施如下。

（1）对试验的有关技术活动和管理活动进行规划与安排。

（2）将明确试验设计输入、评审等内容纳入正式的试验实施流程。

（3）借鉴以前类似试验设计提供的信息。

4. 故障处理的措施和流程描述不具体风险 B_{43}

采用减轻风险的方法，具体应对措施如下。

（1）试验现场设置应急保护装置。

（2）制定预防措施。

（3）建立故障报告、分析和纠正措施系统，并严格执行。

5. 安装无依据风险 C_{22}

采用预防风险的方法，具体应对措施如下。

（1）试验设计人员进行技术交底，交底的内容包括试验装置的设置和安装要求。

（2）由试验实施单位安装试验产品时，试验提出单位对试验产品安装状态进行检查，并签字确认。

（3）试验产品、夹具、试验设备安装后进行自检和专职检验，并填写检验记录。

6. 控制措施有效性不够风险 C_{51}

采用减轻风险的方法，具体应对措施如下。

（1）试验设备定期维护、保养，压力容器及安全设施定期检验。

（2）参试人员实行"五定"上岗，即定人员、定岗位、定职责、定协调接口关系、定仪器设备。

（3）关键岗位实行操作人员、监护人员的"双岗"或"三岗"制。

7. 未有效落实控制措施风险 D_{23}

采用减轻风险的方法,具体应对措施如下。

(1) 试验时,对关键试验产品、关键环节设置工作状态监视或故障报警系统。

(2) 对关键过程严格实行自检和专检,不合格予以返工且不允许放行。

(3) 关键过程控制定人员、定设备。

8. 无依据风险 D_{31}

采用预防风险的方法,具体应对措施如下。

(1) 严格按照试验计划、试验程序和操作规程组织实施。

(2) 试验时如需临时增加或减少试验项目,要办理手续,经有关单位会签并履行批准程序后方可实施。

(3) 试验过程中,试验提出方改变试验产品状态时,要经设计方代表、生产方检验员验收合格,并经试验实施单位会签后方可实施。

9. 缺少技术问题处理风险 E_{21}

采用预防风险的方法,具体应对措施如下。

(1) 对试验工作总结报告的内容进行规范要求。

(2) 做好试验过程、故障分析与处理记录。

(3) 专门组织专家针对试验过程中出现的技术问题进行专题评审。

10. 成功经验未标准化流程固化风险 E_{33}

采用转移风险的方法,具体应对措施如下。

(1) 组织试验提出方、试验实施方以及科技部、档案馆等有关部门对试验工作总结报告进行汇报交流。

(2) 构建知识工程信息化系统。

(3) 定期开展试验流程优化工作。

8.4　某型空面导弹大型地面试验质量风险监控

任何项目风险都有一个发生、发展的过程,必须对其过程实施动态监控。风险监控就是通过对风险识别、估计、评价、应对全过程的监视和控制,从而保证风险管理能达到预期的目标。监控风险实际是监视项目的进展和项目环境,其目的是核对风险管理策略和措施的实际效果是否与预见的相同;寻找机会改善和细化风险规避计划;获取反馈信息,以便将来的决策更符合实际。在风险监控过程中，及时发现那些新出现的以及预先制定的策略或措施不见效或性质随着时间的推延而发生变化的风险，然后及时反馈，并根据其对项目的影响程度，重新进行风险识别、估计、评价和应对，同时还应对每一个风险事件制定成败标准和判据。

风险监控过程活动包括监视项目风险的状况，检查风险应对策略是否有效，监控机制是否在正常运行并不断识别新的风险，及时发出风险预警信号并制定必要的对策措施。

8.4.1　建立质量风险预警模型

根据风险识别确立的风险影响因素，本小节建立了质量风险预警指标体系，如表 8.3 所示。

表 8.3　某型空面导弹大型地面试验质量风险预警指标体系

一级指标	二级指标	
技术风险指标	1	未按国家军用标准编制风险 A_{12}
	2	技术难点分析不充分风险 A_{21}
	3	技术关注不够风险 B_{11}
	4	信息方案利用不全风险 B_{12}
	5	更改不协调风险 B_{24}
	6	完整性风险 B_{31}
	7	一致性风险 B_{32}
	8	试验步骤描述不清楚风险 B_{42}
	9	交底内容不全风险 C_{21}
	10	安装无依据风险 C_{22}
	11	未编写调试方案风险 C_{31}
	12	整改归零不具体风险 C_{45}
	13	作废外来文件未标识风险 D_{15}
	14	未识别关键过程风险 D_{21}
	15	无关键过程控制文件风险 D_{22}
	16	实际与记录不符风险 D_{32}
	17	问题转入下一环节风险 D_{34}
	18	记录和原始数据不完整风险 E_{11}
	19	未实施检查风险 E_{12}
	20	缺少技术问题处理风险 E_{21}
	21	数据分析处理评价不充分风险 E_{22}
管理风险指标	1	未会签风险 A_{16}
	2	更改标识不清楚风险 B_{23}

续表

一级指标		二级指标
管理风险指标	3	质量问题未归零风险 C_{12}
	4	无调试过程记录风险 C_{33}
	5	未建立故障报告、分析和纠正措施系统风险 C_{44}
	6	重要更改未评审风险 D_{12}
	7	外来文件更改审签不齐全风险 D_{14}
	8	评审不充分风险 D_{43}
	9	未按不同层次归档风险 E_{41}
	10	外来文件未归档风险 E_{42}
费用进度风险指标	1	缺少任务规定风险 A_{11}
	2	质量计划内容不全风险 A_{22}
	3	质量计划与试验大纲、任务书不匹配风险 A_{23}
	4	缺少依据风险 B_{21}
	5	试验计划合理性不够风险 B_{41}
	6	技术状态不符风险 C_{11}
	7	未有效落实控制措施风险 D_{23}
	8	无依据风险 D_{31}
	9	未识别明确试验阶段风险 D_{41}
	10	未制定预防措施风险 D_{42}
	11	试验工作量未统计风险 E_{33}
	12	成功经验未标准化流程固化风险 E_{34}
保障性风险指标	1	故障处理的措施和流程描述不具体风险 B_{43}
	2	配套不全风险 C_{13}
	3	无应急保护装置风险 C_{34}
	4	检查所需文件不全风险 C_{42}
	5	控制措施有效性不够风险 C_{51}
	6	现场设备无明显状态标识风险 C_{52}
	7	未明确关键岗位风险 C_{53}
	8	未对试验仪器设备进行总结风险 E_{32}

为了保证因果链的有效性，需要优化指标体系，做法是以筛选后的指标作为贝叶斯网络的节点，通过指标间的因果关系确定模型的网络拓扑结构，然后采用因果贝叶斯网络方法，建立某型空面导弹大型地面试验质量风险预警模型，以达到对质量风险事件进行预测的目的。

根据建立的某型空面导弹大型地面试验质量风险预警模型，经过定量和定性的分析与评估，确定了关键风险因素，即需要重点采取风险应对措施应对和监控的关键风险。

8.4.2 试验质量风险预警与控制系统

针对某型空面导弹大型地面试验过程中可能出现的质量问题，事先设置质量风险触发器，通过触发器的响应来识别相应的征兆，启动试验质量风险预警与控制系统，并确定相应的应对措施。针对一些发生概率低的、影响大或复杂的、难以预测的质量问题制定质量风险预案，即一旦质量事故发生，组织计划采取的应急处理方案。

试验质量风险预警与控制系统工作原理图如图 8.1 所示。

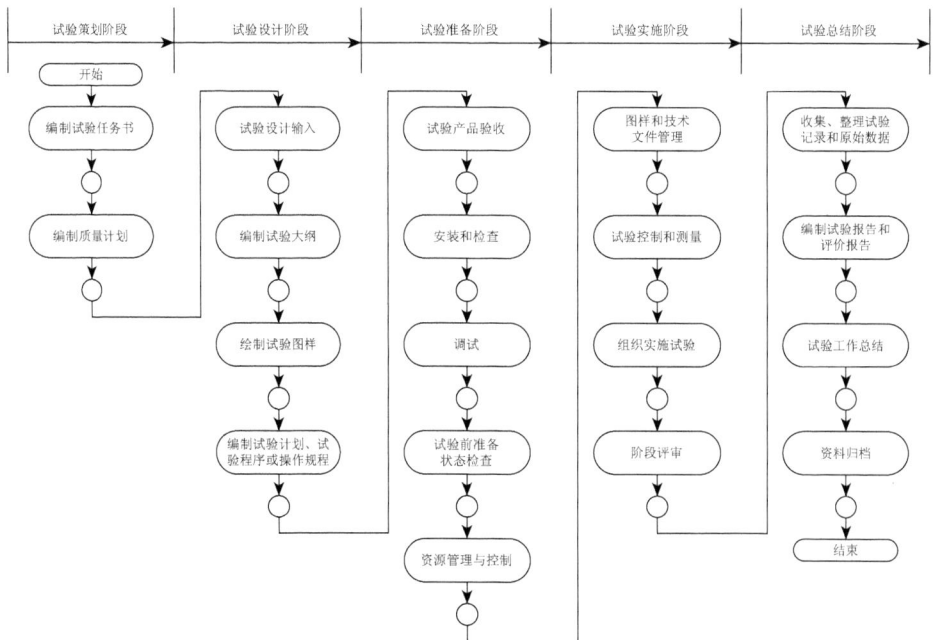

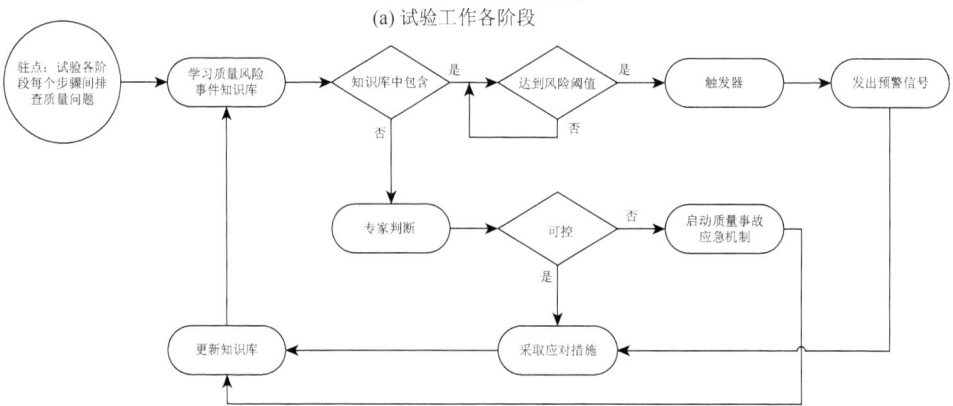

(a) 试验工作各阶段

(b) 工作原理

图 8.1　试验质量风险预警与控制系统工作原理图

在某型空面导弹大型地面试验全过程中每个步骤间设置驻点，即在试验质量风险预警与控制系统中，采用监视单风险监控技术，在试验各阶段每个步骤间排查质量问题，监视单的示例如表 8.4 所示。

表 8.4　质量风险监视单示例

试验阶段	试验活动	潜在风险	风险应对活动	预计开始时间	预计完成时间	备注
试验策划阶段	编制质量计划	技术难点分析不充分风险 A_{21}	1）根据试验的目的和任务，识别试验过程，对涉及的技术难点和风险进行充分分析，形成质量计划； 2）组织专家进行评审； 3）进行关键技术风险分析和评估及制定故障预案安全保障措施	2015.6.10	2015.6.28	

在试验质量风险预警与控制系统中，采用了技术性能度量（technical performance measures，TPM）技术来监视质量风险，为已识别出来的一般质量风险事件和经过分析与评估确定出来的关键质量风险事件设定阈值，具体如表 8.5、表 8.6 所示，表中数值 1、2、3、4 代表触发器等级，数值越高，表示警报越危险。

表 8.5　一般质量风险事件设定阈值

阶段	三类风险	类别	阈值	说明
试验策划	未按国家军用标准编制风险 A_{12}	技术风险	1	应按照 GJB 1452A—2004 编制试验任务书
	未会签风险 A_{13}	管理风险	1）1 2）2	1）试验实施部门未会签试验任务书； 2）军事代表未会签
	质量计划内容不全风险 A_{22}	费用进度风险	1）1 2）2 3）3	1）主要内容包括目标和要求、责任和权限； 2）包括针对试验项目，确定文件和资源的需求； 3）包括试验项目所需的策划、控制、评审活动以及试验的评定准则
	质量计划与试验大纲、任务书不匹配风险 A_{23}	费用进度风险	1）1 2）2	1）质量计划与试验大纲不匹配； 2）质量计划与试验任务书不匹配
试验设计	技术关注不够风险 B_{11}	技术风险	1）1 2）2 3）3 4）4	1）整体性能试验技术； 2）综合效能试验技术； 3）复杂战场环境条件试验技术； 4）一体化试验技术
	信息方案利用不全风险 B_{12}	技术风险	1）1 2）2 3）3	1）试验所必需的信息； 2）适用的法律、法规要求； 3）以前类似试验设计提供的信息
	更改标识不清楚风险 B_{22}	管理风险	1	试验大纲更改有标识
	更改不协调风险 B_{23}	技术风险	1）1 2）2	1）试验大纲有更改时，履行审签手续； 2）有重大更改时，重新进行评审，按规定重新进行审签

阶段	三类风险	类别	阈值	说明
试验设计	完整性风险 B_{31}	技术风险	1	按照质量管理体系文件中给出的图样绘制要求
	一致性风险 B_{32}	技术风险	1）1 2）2	1）与试验大纲的一致性； 2）与试验任务书的一致性
	试验计划合理性不够风险 B_{41}	费用进度风险	1）1 2）2 3）3	1）试验的先后顺序合理性； 2）参试人员分工合理性； 3）时间安排合理性
	试验步骤描述不清楚风险 B_{42}	技术风险	1）1 2）2	1）试验步骤有缺项； 2）试验步骤存在问题
试验准备	技术状态不符风险 C_{11}	费用进度风险	1）1 2）2	1）试验产品质量证明文件齐全； 2）与产品图样、技术文件相符合
	质量问题未归零风险 C_{12}	管理风险	1	产品技术质量问题归零整改和评审
	配套不全风险 C_{13}	保障性风险	1）1 2）2	1）配套工具、设备不全； 2）配套文件不全
	交底内容不全风险 C_{21}	技术风险	1）1 2）2 3）3	1）交底的内容包括试验名称和试验性质、试验目的、考核部位和试验顺序；试验装置的设置和安装要求； 2）试验安装注意事项； 3）试验调试和过程要求
	未编写调试方案风险 C_{31}	技术风险	1	按照试验大纲的要求，编制调试方案
	无调试过程记录风险 C_{32}	管理风险	1）1 2）2	1）调试完成后，给出调试记录； 2）编写调试和预试报告
	无应急保护装置风险 C_{33}	保障性风险	1）1 2）2	1）试验现场设置应急保护装置； 2）验证应急保护装置的有效性
	检查所需文件不全风险 C_{41}	保障性风险	1）1 2）2 3）3	1）技术状态文件； 2）技术保障及安全措施文件； 3）故障处置与应急预案
	未建立故障报告、分析和纠正措施系统风险 C_{42}	管理风险	1	建立故障报告、分析和纠正措施系统
	整改归零不具体风险 C_{43}	技术风险	1	问题整改归零和评审
	现场设备无明显状态标识风险 C_{52}	保障性风险	1	试验设备有明显的状态标识
	未明确关键岗位风险 C_{53}	保障性风险	1）1 2）2	1）参试人员按"五定"上岗； 2）实行操作人员、监护人员的"双岗"或"三岗"制
试验实施	重要更改未评审风险 D_{11}	管理风险	1	进行评审，并履行批准手续
	外来文件更改审签不齐全风险 D_{12}	管理风险	1	审查接收的外来文件更改页（单）的审签手续
	作废外来文件未标识风险 D_{13}	技术风险	1）1 2）2	1）外来文件统一办理交接归档手续，并先归档、后使用； 2）对作废的外来文件进行了标识

续表

阶段	三类风险	类别	阈值	说明
试验实施	未识别关键过程风险 D_{21}	技术风险	1）1 2）2	1）对试验的关键过程进行了识别； 2）编制关键过程明细表
	无关键过程控制文件风险 D_{22}	技术风险	1）1 2）2 3）3 4）4	1）制订了关键过程控制方案； 2）对与关键过程有关的工艺规程、调试方案及安装图样进行标识； 3）对关键过程严格实行自检和专检，不合格予以返工且不允许放行； 4）试验时，对关键试验产品、关键环节设置工作状态监视或故障报警系统
	实际与记录不符风险 D_{32}	技术风险	1）1 2）2	1）试验程序、操作规程与记录不符； 2）试验计划与记录不符
	问题转入下一环节风险 D_{33}	技术风险	1）1 2）2	1）带着没有结论的问题转入下一环节； 2）带着有结论但错误的问题转入下一环节
	未识别明确试验阶段风险 D_{41}	费用进度风险	1	识别明确试验阶段，并规定评审
	未制定预防措施风险 D_{42}	费用进度风险	1	查找潜在的不合格，并制定预防措施
	评审不充分风险 D_{43}	管理风险	1）1 2）2	1）对于阶段和任务较多、周期较长的试验，根据试验质量计划实施试验阶段评审； 2）对于评审中发现的问题，及时采取整改措施，并验证其实施效果的有效性，经批准后实施
试验总结	记录和原始数据不完整风险 E_{11}	技术风险	1）1 2）2	1）试验实施过程完成后，及时汇集试验记录和原始数据； 2）及时整理试验记录和原始数据
	未实施检查风险 E_{12}	技术风险	1）1 2）2	1）试验结束后，对试验产品进行全面检查或校验； 2）对测试仪器、设备进行全面检查或校验
	数据分析处理评价不充分风险 E_{22}	技术风险	1）1 2）2 3）3	1）试验是否达到试验任务书和试验大纲的要求； 2）试验结果处理及处理方法； 3）故障分析与处理情况
	未对试验仪器设备进行总结风险 E_{31}	保障性风险	1	编制试验工作总结报告，试验工作总结报告的内容包括试验仪器设备的使用经验及改进意见
	试验工作量未统计风险 E_{32}	费用进度风险	1	编制试验工作总结报告，试验工作总结报告的内容包括试验工作量统计
	未按不同层次归档风险 E_{41}	管理风险	1	对技术和管理文件，按不同的层次即资料部门、管理部门、技术部门进行归档
	外来文件未归档风险 E_{42}	管理风险	1）1 2）2	1）外来文件统一办理交接归档手续，并先归档、后使用； 2）外来文件在使用过程中，进行标识，并履行借用或分发手续

表 8.6 关键质量风险事件设定阈值

阶段	三类风险	类别	阈值	说明
试验策划	缺少任务规定风险 A_{11}	费用进度风险	1）1 2）2 3）3	1）送试方和试验实施单位就技术指标、进度、组织管理等问题进行有效沟通； 2）形成正式的任务规定并下达文件； 3）组织专家进行评审
	技术难点分析不充分风险 A_{21}	技术风险	1）1 2）2 3）3	1）根据试验的目的和任务，识别试验过程，对涉及的技术难点和风险进行充分分析，形成质量计划； 2）进行关键技术风险分析和评估及制定故障预案安全保障措施； 3）组织专家进行评审
试验设计	缺少依据风险 B_{21}	费用进度风险	1）1 2）2 3）3	1）对试验的有关技术活动和管理活动进行规划与安排； 2）借鉴以前类似试验设计提供的信息； 3）将明确试验设计输入、评审等内容纳入正式的试验实施流程
	故障处理的措施和流程描述不具体风险 B_{43}	保障性风险	1）1 2）2 3）3	1）制定预防措施； 2）构建偏差校正系统； 3）试验现场设置应急保护装置
试验准备	安装无依据风险 C_{22}	技术风险	1）1 2）2 3）3	1）试验设计人员进行技术交底，交底的内容包括试验装置的设置和安装要求； 2）试验实施单位安装试验产品时，试验提出单位对试验产品安装状态进行检查，并签字确认； 3）试验产品、夹具、试验设备安装后进行自检和专职检验，并填写检验记录
	控制措施有效性不够风险 C_{51}	保障性风险	1）1 2）2 3）3	1）试验设备定期维护、保养，压力容器及安全设施定期检验； 2）参试人员实行"五定"上岗，即定人员、定岗位、定职责、定协调接口关系、定仪器设备； 3）关键岗位实行操作人员、监护人员的"双岗"或"三岗"制
试验实施	未有效落实控制措施风险 D_{23}	费用进度风险	1）1 2）2 3）3	1）关键过程控制定人员、定设备； 2）试验时，对关键试验产品、关键环节设置工作状态监视或故障报警系统； 3）对关键过程严格实行自检和专检，不合格予以返工且不允许放行
	无依据风险 D_{31}	费用进度风险	1）1 2）2 3）3	1）严格按照试验计划、试验程序和操作规程组织实施； 2）试验时如需临时增加或减少试验项目，要办理手续，经有关单位会签并履行批准程序后方可实施； 3）试验过程中，试验提出方改变试验产品状态时，要经设计方代表、生产方检验员验收合格，并经试验实施单位会签后方可实施

续表

阶段	三类风险	类别	阈值	说明
试验总结	缺少技术问题处理风险 E_{21}	技术风险	1）1 2）2 3）3	1）试验工作总结报告的内容符合规范要求； 2）做好试验过程、故障分析与处理记录； 3）专门组织专家针对试验过程中出现的技术问题进行专题评审
	成功经验未标准化流程固化风险 E_{33}	费用进度风险	1）1 2）2 3）3	1）组织试验提出方、试验实施方以及科技部、档案馆等有关部门针对试验工作总结报告进行汇报交流； 2）构建知识工程信息化系统； 3）定期开展试验流程优化工作

在试验质量风险预警与控制系统中，采用了项目风险报告风险监控技术，在某型空面导弹大型地面试验的整个过程中都要及时报告质量风险监控过程的结果，表 8.7 是质量风险报告示例，表中风险计划表示规划风险应对的时间节点，风险剖面表示所在指标体系中的层级及内容，风险属性表示风险类别及特性，应对措施表示具体应对的行动内容，风险控制状况表示应对结果，示例报告的是某一个一般质量风险信息。

表 8.7　项目风险报告示例

风险计划	风险剖面	风险属性	阈值及触发器	应对措施	风险控制状况
2015.6.12	试验设计阶段—编制试验计划活动—试验计划合理性不够风险 B_{41}	费用进度风险；一般质量风险事件	1/2/3；状态指标超过了2级阈值，触发器发出报警信号	参试人员重新分工或进行参试人员替换	风险得到缓解

为了有效监控质量风险，防止在某型空面导弹大型地面试验过程中出现重大质量事故，需要在试验质量风险预警与控制系统中，建立质量事故应急机制。

某型空面导弹大型地面试验质量风险应急机制运作的具体步骤如下。

（1）考虑试验过程中意外情况发生，这类试验质量风险的性质是出现的概率很低，但一旦出现，损害后果相当严重，范围包括以往历史试验当中出现过的经验和教训，还包括以前从来未出现过，但不能保证现在和将来不会出现的风险事故。

（2）分析意外情况发生时，现有的应对措施是否有效，质量风险是否可控，并评估对试验目标造成的影响。

（3）制定质量风险应急计划预案。

质量风险应急计划的基本格式及示例见表 8.8。

表 8.8　质量风险应急计划的基本格式及示例

类型	示例
目的	实现：某型空面导弹制导控制系统半实物仿真试验质量风险控制
风险描述	假设：在试验过程中，三轴飞行仿真转台发生飞车质量事故，安装在转台内框的参试弹上产品跌落到地上，发生损坏，无法继续正常参与试验
影响	性能：弹上产品跌坏，性能指标根本无法保证； 进度：弹上产品需要返厂检修，试验中断； 费用：包括检修费用、弹上产品重新出厂前的例行试验费用等
应急预案	1）弹上产品分系统配套单位至少选取两家； 2）要求各分系统承研单位至少提供两套地面试验件产品； 3）在项目费用预算中单独列出预算应急费用

通过对历史发生的质量风险事件信息（发生时间、参与人员、成因、应对措施等）的整理、提取和分类汇总，在试验质量风险预警与控制系统中，建立质量风险事件知识库，在知识库中，详细记录实际发生的质量风险事件的信息，并在某型空面导弹不同类型大型地面试验过程中，不断补充和更新知识库。

8.4.3　预警与控制系统的效果分析

试验质量风险预警与控制系统在某型空面导弹大型地面试验开展过程中呈现出的效果分析如下。

（1）实时预警：系统中设置的驻点起到承上启下的作用，按照质量大纲的要求，对上一个步骤的试验活动进行检验，测量比较和阈值的偏差，实施不同程度的告警；按照质量计划的规划，对下一个步骤的试验活动进行预判，提示风险点。

（2）专家预警：邀请导弹试验专家参与到试验当中，专门针对那些不可预测的试验风险，制订预防方案，设计警报办法，在不可控时和没有预警信息时，利用专家现场警示的模式并启用应急机制。

（3）智库预警：构建风险智库，依靠大数据实现预警功能，试验科研人员在智库的指导下完成对质量风险的防范和处理。根据完结的试验项目，不断总结新的知识点，扩充智库容量，让预警的效果越来越快、准、好。

试验质量风险预警与控制系统全方位立体运作，实现预警动（实时预警）静（专家预警、智库预警）结合、点（专家预警）线（实时预警）面（智库预警）结合，在某型空面导弹大型地面试验中收效明显。

试验质量风险预警与控制系统在取得成效的同时，暴露出了一些问题。

（1）预警过程比较复杂，势必会耗费时间和相应的费用，就会随之带来额外的进度、费用风险。

（2）在试验进程中预警率还是挺高的，但偶尔也会出现虚警和漏警的情况。

因此，在今后的试验项目中不仅要合理应用该系统，还要不断完善它，从机制入手，妥善解决在运行时出现的各种问题。

参 考 文 献

[1] ISO. Risk Management: Principles and Guidelines: ISO 31000[S]. Geneva: ITM Board, 2009.

[2] 美国项目管理协会. 项目管理知识体系指南[M]. 5 版. 王勇, 张斌, 译. 北京: 电子工业出版社, 2013.

[3] Cox Jr L A. Risk Analysis of Complex and Uncertain Systems[M]. Berlin: Springer-Verlag, 2009.

[4] Aven T. Foundational issues in risk assessment and risk management[J]. Risk Analysis, 2012, 32 (10): 1647-1656.

[5] 邱菀华. 现代项目风险管理方法与实践[M]. 北京: 科学出版社, 2003.

[6] Thompson K M, Deisler P F, Schwing R C. Interdisciplinary vision: The first 25 years of the society for risk analysis (SRA), 1980—2005[J]. Risk Analysis, 2005, 25 (6): 1333-1386.

[7] 全国风险管理标准化委员会. 风险管理 术语: GB/T 23694—2013[S]. 北京: 中国标准出版社, 2013.

[8] 符志民. 航天项目风险管理[M]. 北京: 机械工业出版社, 2005: 959.

[9] 吕建伟. 武器装备研制的风险分析与风险管理[M]. 北京: 国防工业出版社, 2005.

[10] 李勘. 武器装备研制项目风险管理研究[M]. 北京: 国防工业出版社, 2011: 532-535.

[11] 夏喆. 企业风险传导的机理与评价研究[D]. 武汉: 武汉理工大学, 2007.

[12] 郭捷. 项目风险管理[M]. 北京: 国防工业出版社, 2007.

[13] 李存斌. 项目风险元传递理论与应用[M]. 北京: 中国水利水电出版社, 2009.

[14] 李存斌, 刘奇. 多项目风险元传递理论与应用[M]. 北京: 中国电力出版社, 2015.

[15] Rausand M. 风险评估: 理论、方法与应用[M]. 刘一骝译. 北京: 清华大学出版社, 2013.

[16] 程国平, 邱映贵. 供应链风险传导模式研究[J]. 武汉理工大学学报 (社会科学版), 2009, 22 (2): 36-41.

[17] 张剑光. 供应链风险传导的要素及过程研究[J]. 物流工程与管理, 2011, 33 (11): 139-141.

[18] 沈俊. 企业财务风险传导机理及控制研究[D]. 武汉: 武汉理工大学, 2011.

[19] 张凡, 魏法杰, 李权葆. 复杂装备研制项目的风险源识别[J]. 北京航空航天大学学报, 2017, 43 (5): 975-980.

[20] 李晓松, 蔡文军, 刘舒蒴. 武器装备企业的质量风险管理[J]. 中国质量, 2010 (9): 25-28.

[21] 李德毅, 刘常昱, 杜鹢, 等. 不确定性人工智能[J]. 软件学报, 2004, 15 (11): 1583-1594.

[22] 李德毅, 杜鹢. 不确定性人工智能[M]. 2 版. 北京: 国防工业出版社, 2014.

[23] Pearl J. Fusion, propagation and structuring in belief networks[J]. Artificial Intelligence, 1986, 29 (3): 241-288.

[24] Pearl J. Causality: Models, Reasoning and Inference[M]. Cambridge: Cambridge University Press, 2000: 639.

[25] Howard R A, Matheson J E. Readings on the Principles and Applications of Decision

Analysis[M]. Providence：American Mathematical Society，1993.

[26] Howard R A，Matheson J E. Influence diagram retrospective[J]. Decision Analysis，2005，2（3）：144-147.

[27] Pearl J. Influence Diagrams Historical and Personal Perspectives[M]. Catonsville：INFORMS，2005：232-234.

[28] 詹原瑞. 影响图理论方法与应用[M]. 天津：天津人民出版社，1995.

[29] 刘艳琼. 基于影响图理论的武器装备研制项目风险分析方法及应用[D]. 长沙：国防科技大学，2005.

[30] 杨敏，褚恒之. 装备研制可靠性工作项目风险评估综合模型[J]. 项目管理技术，2009，7（7）：32-37.

[31] 齐欢. 系统建模与仿真[M]. 北京：清华大学出版社，2013.

[32] 黄兆东，肖依永，常文兵. 飞机研制费用风险的扩展型蒙特卡罗仿真方法[J]. 项目管理技术，2009，8：18-21.

[33] 徐哲. 武器装备项目进度、费用与风险管理[M]. 北京：国防工业出版社，2011.

[34] Pritchard C L. Risk Management：Concepts and Guidance[M]. 5th ed. New York：Taylor and Francis Group，2014.

[35] 中国共产党中央军事委员会装备发展部. 武器装备研制项目风险管理指南：GJB/Z 171—2013[S]. 北京：总装备部军标出版发行部，2013.

[36] Rowea G，Wright G. The Delphi technique as a forecasting tool：Issues and analysis[J]. International Journal of Forecasting，1999，15（4）：353-375.

[37] 朱继洲. 故障树原理和应用[M]. 西安：西安交通大学出版社，1989.

[38] 全国电工电子可靠性与维修性标准化技术委员会. 系统可靠性分析技术失效模式和影响分析（FMEA）程序：GB/T 7826—2012[S]. 北京：中国标准出版社，2012.

[39] Schneider H. Failure mode and effect analysis：FMEA from theory to execution[J]. Technometrics，2012，38（1）：80.

[40] Fenton N，Neil M. Risk assessment and decision analysis with Bayesian networks[J]. Journal of Applied Statistics，2014，41（4）：910.

[41] 王双成，唐海燕，刘喜华. 用于风险管理的贝叶斯网络学习[J]. 控制与决策，2007，22（5）：569-572.

[42] 王爱文，杨敏，段华蕾. 基于因果贝叶斯网络的风险建模与分析[J]. 系统工程与电子技术，2013，35（5）：1023-1030.

[43] Andersen B，Fagerhaug T. 根原因分析[M]. 2 版. 贾宣东，李文成译. 北京：中国人民大学出版社，2011.

[44] Austin P. 无人机系统：设计、开发与应用[M]. 陈自力，董海瑞，江涛译. 北京：国防工业出版社，2013.

[45] 魏法杰，解盼盼，李国林. 无人机项目研制过程的风险识别方法研究[J]. 项目管理技术，2014，12（4）：9-14.

[46] 吴立新，刘平生，左重. 无人机研制程序研究[C]. 第二届无人机发展论坛，北京，2006.

[47] 李达，王崑声，马宽. 技术成熟度评价方法综述[J]. 科学决策，2012（11）：85-94.

[48] 吴燕生. 技术成熟度及其评价方法[M]. 北京：国防工业出版社，2012.

[49]　高志虎，程慧平. 技术成熟度评价在核电领域的应用[J]. 中国核工业，2015（10）：20-24.

[50]　王立群. 美国的技术成熟度等级[J]. 质量与可靠性，2009，13（2）：55-57.

[51]　魏法杰，姜姗. 基于熵权的复杂装备研制过程技术成熟度评价研究[J]. 中国管理科学，2012（S2）：911-915.

[52]　卢新来. 航空产品研制项目 WBS 分解研究[J]. 航空科学技术，2014（2）：69-72.

[53]　魏畅. 飞行器型号研发中的样机战略研究[D]. 哈尔滨：哈尔滨工业大学，2014.

[54]　中国运载火箭技术研究院. 技术成熟度在项目研制技术攻关中的应用[J]. 航天工业管理，2016（9）：82-84.

[55]　张连文，郭海鹏. 贝叶斯网引论[M]. 北京：科学出版社，2006.

[56]　Friedman N，Koller D. Being Bayesian about network structure：A Bayesian approach to structure discovery in Bayesian networks[J]. Machine Learning，2003，50（1-2）：95-125.

[57]　Koivisto M，Sood K. Exact Bayesian structure discovery in Bayesian networks[J]. Journal of Machine Learning Research，2004，5（5）：549-573.

[58]　Madigan D，Raftery A E，York J C，et al. Strategies for graphical model selection[M]. New York：Springer，1994：91-100.

[59]　Cooper G F，Herskovits E. A Bayesian method for the induction of probabilistic networks from data[J]. Machine Learning，1992，9（4）：309-347.

[60]　Spirtes P，Glymour C，Scheines R. Causation，Prediction，and Search[M]. 2nd ed. Cambridge：The MIT Press，2001.

[61]　Hora S C. Eliciting Probabilities from Experts[M]. New York：Cambridge University Press，2007：129-153.

[62]　Sugihara G，May R，Ye H，et al. Detecting causality in complex ecosystems[J]. Science，2012，338（6106）：496-500.

[63]　Pearl J，Glymour M，Jewell N P. Causal Inference in Statistics：A Primer[M]. Hoboken：Wiley，2016.

[64]　袁丹. 某空面导弹大型地面试验质量风险传导与控制研究[D]. 北京：北京航空航天大学，2016.

[65]　Zhou S，Li L，Yang M，et al. Research on the performance evaluation of experiment platforms with 2-tuple linguistic information[J]. Journal of Intelligent & Fuzzy Systems，2017，32（1）：543-549.

[66]　李德毅，刘常昱. 论正态云模型的普适性[J]. 中国工程科学，2004，6（8）：28-34.

[67]　Lai Y J，Liu T Y，Hwang C L. Topsis for MODM[J]. European Journal of Operational Research，1994，76（3）：486-500.

[68]　Zhang J，Chang W，Zhou S. An improved MCDM model with cloud TOPSIS method[C]. Control and Decision Conference，Lasvegas，2015：873-878.

[69]　Chang W，Lu X，Zhou S，et al. Quality evaluation on diesel engine with improved TOPSIS based on information entropy[C]. Control and Decision Conference，Lasvegas，2016：6485-6490.

[70]　Zhou S，Liu W，Chang W. An improved TOPSIS with weighted hesitant vague information[J]. Chaos Solitons & Fractals，2016，89：47-53.

[71] 周晟瀚，常文兵，张佳宁. 一种基于云 TOPSIS 的多属性决策方法: 中国，104679988 A[P]. 2015.

[72] Shachter R D. Evaluating influence diagrams[J]. Operations Research，1986，34（6）：871-882.

[73] Jensen F V. Bayesian Networks and Decision Graphs[M]. New York：Springer，2007：362.

[74] Yuan H，Apostolakis G. Conditional influence diagrams in risk management[J]. Risk Analysis，2010，13（6）：625-636.

[75] Dawid A P. Conditional independence in statistical theory[J]. Journal of the Royal Statistical Society，1979，41（1）：1-31.

[76] 刘金兰，韩文秀，李光泉. 大型工程建设项目风险分析方法及应用[J]. 系统工程理论与实践，1996，16（8）：62-68.

[77] 刘征驰，赖明勇，周堂，等. 基于影响图理论的供应链系统风险评估模型[J]. 软科学，2009，23（1）：123-126.

[78] 师红昆. 基于影响图理论的 ERP 项目实施风险评价研究[D]. 西安：西安理工大学，2010.

[79] 刘金兰，韩文秀，李光泉. 关于认知影响图方法的研究[J]. 系统工程学报，1997（1）：87-95.

[80] Weiss D J，Shanteau J. Empirical assessment of expertise[J]. Human Factors，2003，45（1）：104-116.

[81] Murray J V，Goldizen A W，O'leary R A，et al. How useful is expert opinion for predicting the distribution of a species within and beyond the region of expertise? A case study using brush-tailed rock-wallabies petrogale penicillata[J]. Journal of Applied Ecology，2009，46（4）：842-851.

[82] Malhotra V，Lee M D，Khurana A. Domain experts influence decision quality：Towards a robust method for their identification[J]. Journal of Petroleum Science and Engineering，2007，57（1-2）：181-194.

[83] Speirs-Bridge A，Fidler F，Mcbride M，et al. Reducing overconfidence in the interval judgments of experts[J]. Risk Analysis，2010，30（3）：512-523.

[84] Kynn M. The "heuristics and biases" bias in expert elicitation[J]. Journal of the Royal Statistical Society Series A，2008，171（1）：239-264.

[85] Brown G G，Cox J L A. How probabilistic risk assessment can mislead terrorism risk analysts[J]. Risk Analysis，2011，31（2）：196-204.

[86] Kuhnert P M，Martin T G，Griffiths S P. A guide to eliciting and using expert knowledge in Bayesian ecological models[J]. Ecology Letters，2010，13（7）：900-914.

[87] Aspinall W. A route to more tractable expert advice[J]. Nature，2010，463（7279）：294-295.

[88] Clemen R T，Winkler R L. Combining probability distributions from experts in risk analysis[J]. Risk Analysis，1999，19（2）：187-203.

[89] Hora S C，Kardeş E. Calibration，sharpness and the weighting of experts in a linear opinion pool[J]. Annals of Operations Research，2015，229（1）：1-22.

[90] Cooke R M. Experts in Uncertainty：Opinion and Subjective Probability in Science[M]. New York：Oxford University Press，1991.

[91] O'Hagan A，Buck C E，Daneshkhah A，et al. Uncertain Judgements：Eliciting Experts' Probabilities[M]. Chichester：Wiley，2006.

[92] Gerardi D，Mclean R，Postlewaite A. Aggregation of expert opinions[J]. Games and Economic

Behavior，2009，65（2）：339-371.

[93] Lightle J P，Kagel J H，Arkes H R. Information exchange in group decision making：The hidden profile problem reconsidered[J]. Management Science，2009，55（4）：568-581.

[94] Mosleh A，Bier V M，Apostolakis G. A critique of current practice for the use of expert opinions in probabilistic risk assessment[J]. Reliability Engineering and System Safety，1988，20（1）：63-85.

[95] Phillips L D. Group Elicitation of Probability Distributions：Are Many Heads Better than One?[M]. New York：Springer，1999：313-330.

[96] DeGroot M H. Reaching a consensus[J]. Journal of the American Statistical Association，1974，69（345）：118-121.

[97] Kaplan S. "Expert information" versus "expert opinions" Another approach to the problem of eliciting/combining/using expert knowledge in PRA[J]. Reliability Engineering & System Safety，1992，35（1）：61-72.

[98] Krynski T R，Tenenbaum J B. The role of causality in judgment under uncertainty[J]. Journal of Experimental Psychology：General，2007，136（3）：430-450.

[99] Griffiths T L，Tenenbaum J B. Theory-based causal induction[J]. Psychological Review，2009，116（4）：661-716.

[100] Holyoak K J，Lee H S，Lu H. Analogical and category-based inference：A theoretical integration with Bayesian causal models[J]. Journal of Experimental Psychology：General，2010，139（4）：702-727.

[101] Perfors A，Tenenbaum J B，Griffiths T L，et al. A tutorial introduction to Bayesian models of cognitive development[J]. Cognition，2011，120（3）：302-321.

[102] Tenenbaum J B，Kemp C，Griffiths T L，et al. How to grow a mind：Statistics，structure and abstraction[J]. Science，2011，331（6022）：1279-1285.

[103] Matzkevich I，Abramson B. The topological fusion of bayes nets[C]. Proceedings of the Eighth International Conference on Uncertainty in Artificial Intelligence，Stanford，1992：191-198.

[104] Eugene Santos J，Wilkinson J T，Santos E E. Fusing multiple Bayesian knowledge sources[J]. International Journal of Approximate Reasoning，2011，52（7）：935-947.

[105] Prelec D. A Bayesian truth serum for subjective data[J]. Science，2004，306（5695）：462-466.

[106] Witkowski J，Parkes D C. A robust Bayesian truth serum for small populations[C]. AAAI Conference on Artificial Intelligence，Toronto，2012：1492-1498.

[107] Yang M，Jia C，Wang Z. Performance comparison of two truth telling incentive mechanisms：An experimental method[C]. IEEE International Conference on Industrial Engineering and Engineering Management，Bali，2016：1085-1090.

[108] 姜圣广，潘源，俞敏雯. 型号大型试验的质量控制实践[J]. 质量与可靠性，2013（1）：44-47.